Matemáticas diarias®

The University of Chicago School Mathematics Project

Libro de consulta del estudiante

Matemáticas diarias®

The University of Chicago School Mathematics Project

Libro de consulta del estudiante

McGraw Hill Wright Group

The McGraw·Hill Companies

UCSMP Elementary Materials Component
Max Bell, Director

Authors
Max Bell, Jean Bell, John Bretzlauf, Amy Dillard, Robert Hartfield, Andy Isaacs, James McBride, Kathleen Pitvorec, Peter Saecker

Assistants
Lance Campbell (Research), Adam Fischer (Editorial), James Flanders (Technology), Deborah Arron Leslie (Research), John Saller (Research)

Technical Art
Diana Barrie

www.WrightGroup.com

McGraw Hill Wright Group

Printed in the United States of America.

Send all inquiries to:
Wright Group/McGraw-Hill
P.O. Box 812960
Chicago, IL 60681

ISBN 978-0-07-610071-2
MHID 0-07-610071-5

1 2 3 4 5 6 7 8 9 WEB 13 12 11 10 09 08 07

The McGraw-Hill Companies

Contenido

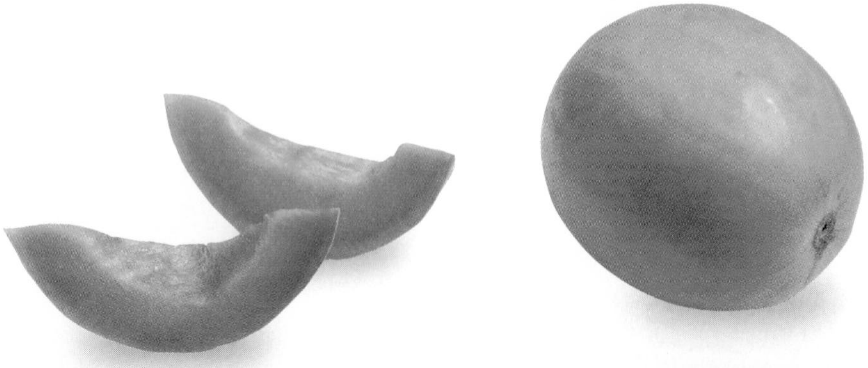

Contenido

Operaciones y cómputo 49

Datos y posibilidad 75

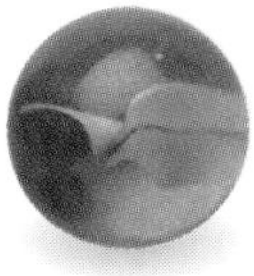

Geometría 95

Medidas 131

Contenido

Banco de datos 211

Resolver problemas 249

Calculadoras 261

Juegos 267

Acerca del *Libro de consulta del estudiante*

Un libro de consulta es un libro organizado para ayudar a las personas a encontrar información rápida y fácilmente. Los diccionarios, las enciclopedias, los libros de cocina e incluso las guías telefónicas son algunos libros de consulta que quizá hayas usado.

Puedes buscar y revisar temas de matemáticas en este *Libro de consulta del estudiante.* El libro incluye las siguientes secciones:

- Una **tabla de Contenido** que enumera las secciones y muestra cómo está organizado el libro. Cada sección tiene una banda del mismo color en la parte superior de las páginas.
- **Ensayos** dentro de cada sección, como Rectas numéricas, Números negativos, Método de resta cambiando primero, Gráficas de barras, Triángulos, Perímetro, Calendarios, Ajustar números, Patrones de números y Resolver historias de números.
- Una colección de **ensayos fotográficos** titulados **Matemáticas... a diario,** que muestran con palabras e imágenes algunas de las maneras en que se usan las matemáticas.
- Instrucciones para jugar algunos **juegos matemáticos** que te ayudan a practicar tus destrezas matemáticas.
- Un **Banco de datos** con carteles, mapas y más información.
- Un **Glosario** de términos matemáticos con definiciones breves de palabras importantes.
- Una **Clave de respuestas** para los problemas de Comprueba si comprendiste del libro.
- Un **Índice** para ayudar a localizar la información de manera rápida.

Números y conteo

Usos de los números

La mayoría de las personas usan cientos o miles de números todos los días. Hay números en los relojes, los calendarios, las placas de los autos, las estampillas postales, las balanzas, etc. Estos números se usan de diferentes maneras.

A continuación, hay una lista de los principales usos de los números.

1. Los números se usan para **contar.** Cuando contamos, un número nos dice "cuántas" cosas hay.

Ejemplos

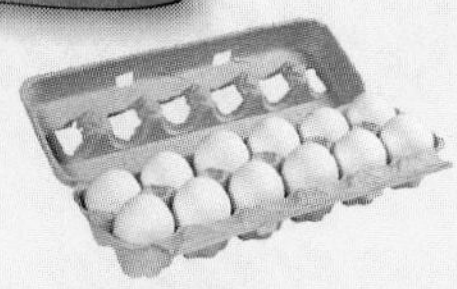

12 huevos

275 páginas

24 teclas

Los **números cardinales** son los números que usamos para contar: 1, 2, 3, 4, 5, etc.

2. Los números se usan para **medir.** Cuando medimos, un número nos dice "qué cantidad" de una cosa hay. Por ejemplo, usamos una balanza para medir cuánto pesa una cosa y usamos una regla para medir cuánto espacio hay entre dos puntos.

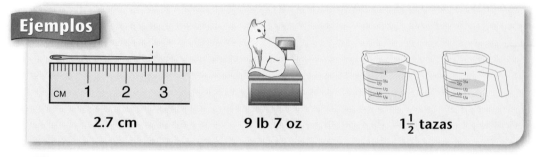

Ejemplos

2.7 cm

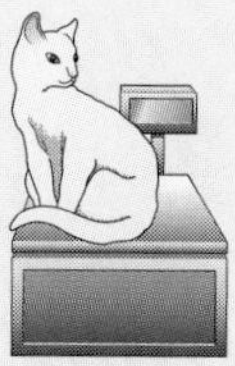

9 lb 7 oz

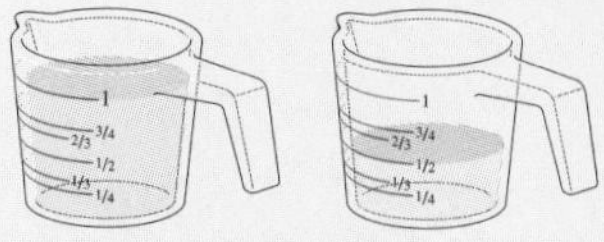

$1\frac{1}{2}$ tazas

Los números 1, 2, 3, etc. son los únicos números que necesitamos para contar. Sin embargo, para medir con exactitud necesitamos otros números, que están entre dos números cardinales. Esos números se llaman **fracciones** y **números decimales.**

Por ejemplo: una regla que sólo tiene marcadas las pulgadas no siempre será útil para medir con exactitud. Necesitamos que entre las pulgadas estén marcadas las fracciones de pulgada.

3. Los números se usan para mostrar la **ubicación** comparada con un punto de partida.

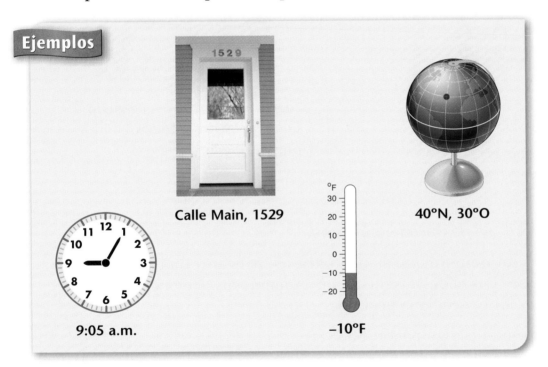

Ejemplos

Calle Main, 1529

40°N, 30°O

9:05 a.m.

−10°F

Los números de la dirección Calle Main, 1529 nos dan una ubicación en la Calle Main. La hora en el reloj nos ubica en el tiempo a partir del mediodía o la medianoche. Los números 40°N, 30°O nos dan la ubicación en la superficie terrestre con respecto al ecuador y al primer meridiano.

La temperatura da una ubicación en el termómetro a partir de 0 grados. Usamos números negativos para mostrar temperaturas inferiores a los 0 grados. Una temperatura de $-10\,^{\circ}F$ se lee "10 grados bajo cero". Los números -1, -2, -3, $-\frac{1}{2}$ y -31.6 son negativos.

4. Los números se usan para hacer **comparaciones.**

A menudo usamos los números para comparar dos cantidades o medidas.

Ejemplos

Cuenta los varones. Luego cuenta las niñas. Compara las dos cantidades.

Hay **3 veces más** varones que niñas.

Pesa el gato. Luego pesa el perro. Compara las dos medidas.

El gato pesa $\frac{1}{3}$ **de lo que** pesa el perro.

5. Los números se usan como **códigos.**

Un código es un número que se usa para identificar a una persona o cosa. Los códigos se usan en números de teléfono, tarjetas de crédito y códigos postales.

Por ejemplo, en el código postal **60637:**

6 se refiere a la parte del Medio Oeste de los Estados Unidos

06 se refiere a Chicago.

37 se refiere a un barrio específico en Chicago.

Ejemplos

772-555-1212
número de teléfono

M268-425-206
licencia de conducir

ISBN 1-57039-883

código de barras y código ISBN

Recordatorio: La mayoría de los números tienen una unidad o símbolo que muestra el significado del número: 10 gatos, 10 pulgadas, 10 a.m. y 10°F son cosas diferentes. La unidad o símbolo muestra los distintos significados.

¿Lo sabías?

Un código de barras identifica al producto y a la empresa que lo fabrica. Cuando el código de barras se lee con una máquina en una tienda, ese número de código ingresa en la computadora de la tienda. La computadora hace una "búsqueda de precios" para encontrar el que corresponde a ese código de barras. Entonces el precio aparece en la pantalla de la máquina registradora.

El código ISBN se usa para identificar libros.

Comprueba si comprendiste

Decide si los siguientes números se usan para contar, medir, mostrar una ubicación, comparar dos cantidades o como código.

1. 25 metros

2. 1-800-555-1212

3. 13 patos

4. 11/18/98

5. 4 veces más

6. 2 lb 5 oz

7. Calle Church, 237

8. $2\frac{1}{4}$ pulgadas

9. 303 niños

10. $\frac{1}{2}$ de

11. 12 del mediodía

12. 25 minutos

13. 7:40 p.m.

14. 0 elefantes rosados

15. 100°C

16. 9:15 a.m.

Comprueba tus respuestas en la página 335.

Cuadrículas de números

Un calendario mensual es un ejemplo de una **cuadrícula de números.** Los números de los días del mes están en orden.

Los números están escritos en casillas. Las casillas están alineadas en filas. Hay 7 casillas en cada fila porque la semana tiene 7 días.

Mayo

dom	lun	mar	mié	jue	vie	sáb
				1	2	3
4	5	6	7	8	9	10
11	12	13	14	15	16	17
18	19	20	21	22	23	24
25	26	27	28	29	30	31

En la siguiente página se muestra una cuadrícula de números como la que usas en clase. Los números están en orden y alineados en filas de casillas.

Contar hacia adelante en una cuadrícula de números es como leer un calendario. Al llegar al final de una línea, pasas a la siguiente línea y empiezas por la izquierda. Contar hacia atrás en una cuadrícula de números es como leer un calendario desde el final.

La cuadrícula de números que usas en clase tiene 10 casillas en cada fila. Todos los números que aparecen en la última casilla de la fila terminan con el dígito 0. Ese es el tipo de cuadrícula que estudiaremos.

−19	−18	−17	−16	−15	−14	−13	−12	−11	−10
−9	−8	−7	−6	−5	−4	−3	−2	−1	0
1	2	3	4	5	6	7	8	9	10
11	12	13	14	15	16	17	18	19	20
21	22	23	24	25	26	27	28	29	30
31	32	33	34	35	36	37	38	39	40
41	42	43	44	45	46	47	48	49	50
51	52	53	54	55	56	57	58	59	60
61	62	63	64	65	66	67	68	69	70
71	72	73	74	75	76	77	78	79	80
81	82	83	84	85	86	87	88	89	90
91	92	93	94	95	96	97	98	99	100
101	102	103	104	105	106	107	108	109	110
111	112	113	114	115	116	117	118	119	120

Los números en una cuadrícula de números siguen algunos patrones sencillos. Estos patrones hacen que la cuadrícula sea fácil de leer.

- Cuando vas hacia la *derecha,* los números *aumentan de 1 en 1.*(16 es 1 más que 15)
- Cuando vas hacia la *izquierda,* los números *disminuyen de 1 en 1.* (23 es 1 menos que 24)
- Cuando vas hacia *abajo,* los números *aumentan de 10 en 10.* (75 es 10 más que 65)
- Cuando vas hacia *arriba,* los números *disminuyen de 10 en 10.* (91 es 10 menos que 101)

Ejemplo Abajo se muestra una parte de una cuadrícula de números.

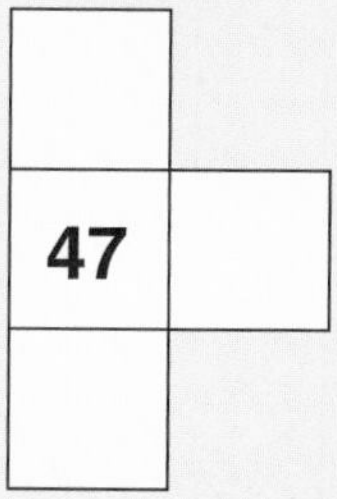
47

Se pueden usar patrones de una cuadrícula de números para escribir los números que faltan.

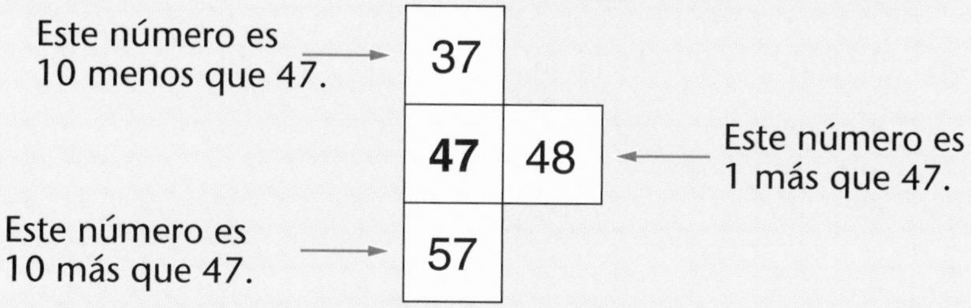
Este número es
10 menos que 47.
37
47
48
Este número es
1 más que 47.
Este número es
10 más que 47.
57

Una cuadrícula de números te ayuda a hallar la diferencia entre dos números.

Ejemplo Halla la diferencia entre 37 y 64.

31	32	33	34	35	36	37	38	39	40
41	42	43	44	45	46	47	48	49	50
51	52	53	54	55	56	57	58	59	60
61	62	63	64	65	66	67	68	69	70

- Empieza en el 37.
- Cuenta las *decenas* hacia abajo hasta el 57. Hay 2 decenas, o sea, 20.
- Cuenta las *unidades* del 57 al 64. Hay 7 unidades, o sea, 7.
- La diferencia entre 37 y 64 es 2 decenas y 7 unidades, o sea, 27.

Las cuadrículas de números también se usan para explorar patrones numéricos.

Ejemplo Empieza en 0. Cuenta de 2 en 2 hasta llegar a 100.

Las casillas azules contienen números *pares.*

Las casillas anaranjadas contienen números *impares.*

									0
1	2	3	4	5	6	7	8	9	10
11	12	13	14	15	16	17	18	19	20
21	22	23	24	25	26	27	28	29	30
31	32	33	34	35	36	37	38	39	40
41	42	43	44	45	46	47	48	49	50
51	52	53	54	55	56	57	58	59	60
61	62	63	64	65	66	67	68	69	70
71	72	73	74	75	76	77	78	79	80
81	82	83	84	85	86	87	88	89	90
91	92	93	94	95	96	97	98	99	100

Comprueba si comprendiste

1. Usa la cuadrícula de números de arriba para hallar la diferencia

a. entre 16 y 46.
b. entre 73 y 98.
c. entre 37 y 72.

2. Copia las partes de las cuadrículas de números. Usa patrones de la cuadrícula de números para hallar los números que faltan.

a.

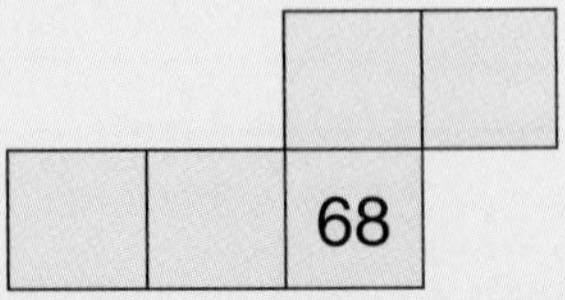

b.

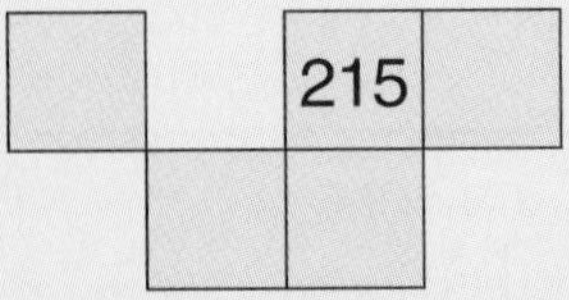

c.

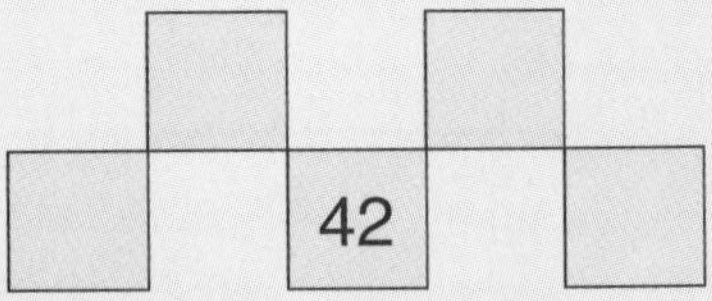

Comprueba tus respuestas en la página 335.

Rectas numéricas

Una **recta numérica** es una línea con los números marcados. Abajo se muestra un ejemplo.

El número 0 se llama **punto cero.** Todos los espacios entre las marcas tienen la misma longitud.

Los números a la derecha del 0 se llaman **números positivos.** Los números a la izquierda del 0 se llaman **números negativos.** Por ejemplo: –3 se llama "3 negativo".

Ejemplo La recta numérica de abajo muestra los números –2, –1, 0, 1, 2 y 3.

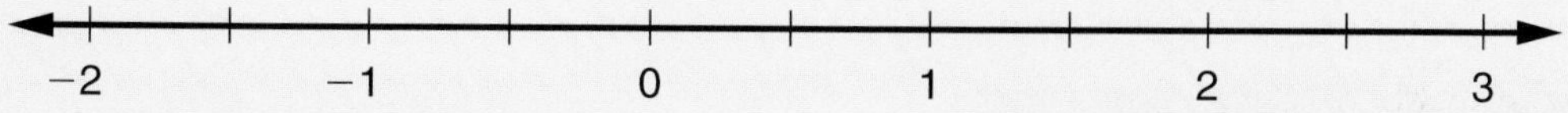

Se colocaron marcas intermedias entre las marcas numeradas.

Si usamos fracciones para escribir los números que corresponden a esas marcas, la recta numérica se verá así:

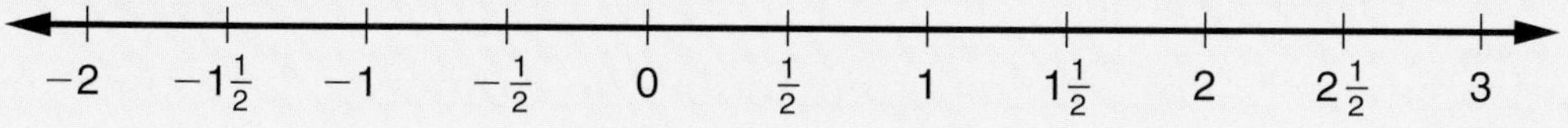

Si usamos números decimales para escribir los números que corresponden a esas marcas, la recta numérica se verá así:

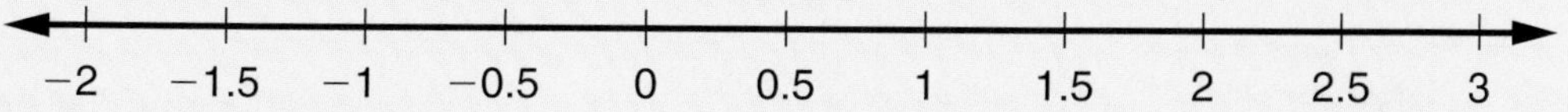

Ejemplo Toda regla es una recta numérica. Si la marca del cero está al final de la regla, puede ser que el 0 no esté escrito.

En las reglas, las pulgadas suelen estar divididas en mitades, cuartos, octavos y dieciseisavos. Las marcas que muestran las fracciones de pulgada suelen ser de diferentes tamaños.

Ejemplo Todo termómetro es una recta numérica.

La marca del cero en la escala de Celsius (0°C) es la temperatura a la que se congela el agua.

Los números negativos se muestran en el termómetro. Una temperatura de –16°C se lee "16 grados bajo cero".

Las marcas en un termómetro están a espacios iguales, generalmente de 2 grados.

Aquí tienes un método fácil para escribir los números que faltan en una recta numérica:

1. Halla la distancia entre los extremos.
2. Cuenta los espacios entre los extremos.
3. Esta fracción muestra la longitud de cada espacio:

$$\frac{\text{la distancia entre los extremos}}{\text{cantidad de espacios entre los extremos}}$$

la distancia entre los extremos ← numerador

cantidad de espacios entre los extremos ← denominador

¿Lo sabías?

La única temperatura a la cual los termómetros Celsius y Fahrenheit indican el mismo número es cuarenta grados bajo cero. −40°C = −40°F

Ejemplo Completa la recta numérica. Los extremos son 72 y 73.

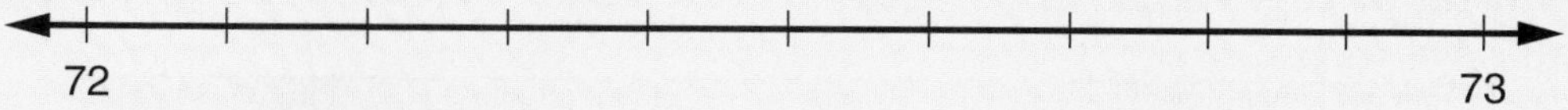

1. La distancia entre 72 y 73 es 1.

2. Hay 10 espacios entre 72 y 73.

3. Escribe la fracción $\frac{1}{10}$. El tamaño de cada espacio es $\frac{1}{10}$, o sea, 0.1.

Aquí está la recta numérica completa:

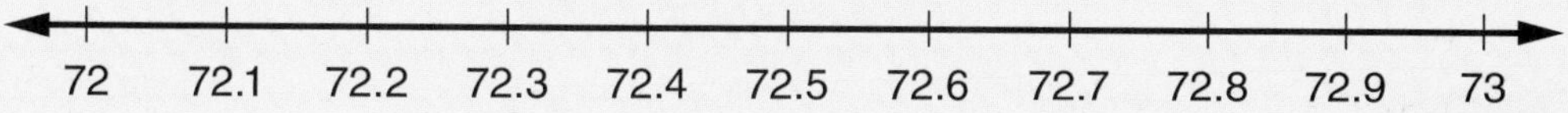

Ejemplo Completa la recta numérica. Los extremos son 200 y 204.

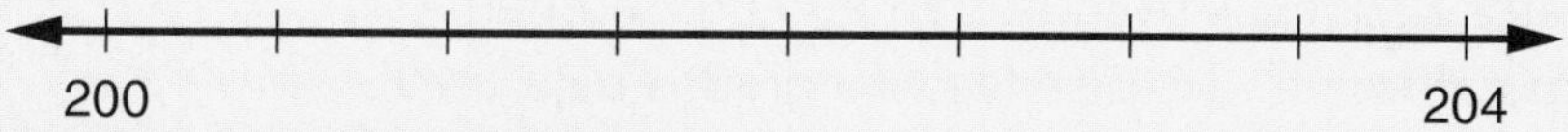

1. La distancia entre 200 y 204 es 4.

2. Hay 8 espacios entre 200 y 204.

3. Escribe la fracción $\frac{4}{8}$. $\frac{4}{8} = \frac{1}{2}$. El tamaño de cada espacio es $\frac{1}{2}$.

Aquí está la recta numérica completa:

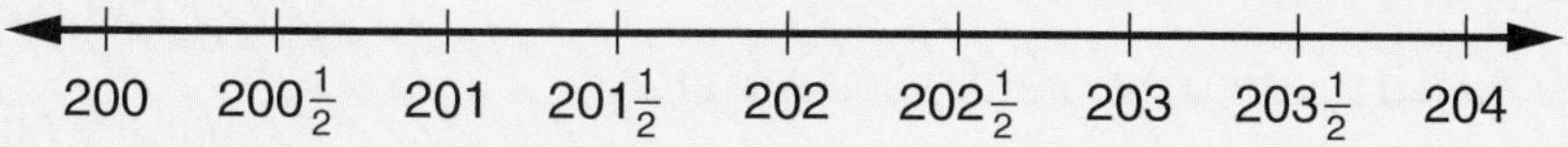

Comprueba si comprendiste

Copia las rectas numéricas. Escribe los números que faltan.

1.

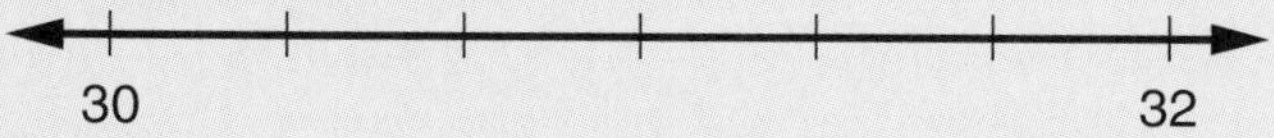

2.

Comprueba tus respuestas en la página 335.

Comparar números

Cuando se **comparan** dos números, hay dos resultados posibles:

- Los números son **iguales.**
- Los números **no** son **iguales.**
  Uno de los números es mayor que el otro.

Se usan diferentes símbolos para mostrar que los números son iguales o que no lo son.

- Usa un signo de **igual a** (=) para mostrar que los números son *iguales*.
- Usa un símbolo de **mayor que** (>) o un símbolo de **menor que** (<) para mostrar que los números *no* son *iguales*.

Aquí tienes un método para recordar el significado de los símbolos > y <. Imagina que cada símbolo es una boca. La boca debe estar abierta y lista para tragarse al número mayor.

Ejemplos La tabla de abajo muestra otros ejemplos. Algunos ejemplos comparan números, y otros comparan cantidades.

Símbolo	Significado	Ejemplos
$=$	"es igual a" "es lo mismo que"	$20 = 4 \times 5$ 3 cm = 30 mm $\frac{1}{2} = 0.5$
$>$	"es mayor que"	14 pies 7 pulg > 13 pies 11 pulg $1.23 > 1.2$
$<$	"es menor que"	$2\frac{1}{2} < 4$ 8 mil < 12,000,000

Cajas de coleccionar nombres

Un número se puede escribir de muchas maneras diferentes. Llamamos **nombres equivalentes** a los diferentes nombres que se le dan a un mismo número.

Una **caja de coleccionar nombres** es un lugar para escribir los nombres de un mismo número. Es una caja con la parte superior abierta y una etiqueta pegada.

- El nombre de la etiqueta muestra un número.
- Los nombres escritos dentro de la caja son nombres equivalentes al nombre de la etiqueta.

Ejemplo Abajo se muestra una caja de coleccionar nombres para el 8. Se llama “caja del 8”.

8

2×4 

0.8×10 ocho $8 - 0$

$8 \div 1$ *eight*

$2 + 2 + 2 + 2$

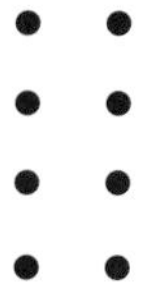

Para formar nombres equivalentes de números, puedes

- sumar, restar, multiplicar o dividir
- usar marcas de conteo o matrices
- escribir palabras en español o en otros idiomas

Comprueba si comprendiste

Escribe cinco nombres equivalentes para el número 12.

Comprueba tus respuestas en la página 335.

Ejemplo Abajo se muestra una caja de coleccionar nombres para el 50. Se llama "caja del 50".

50		
	$100 \div 2$	5×10
	$10 + 10 + 10 + 10 + 10$	
	1 más que 49	$25 + 25$
	cincuenta	*fifty*

Cada nombre en la caja del 50 es una manera diferente de decir el número 50. Es decir, podemos usar el signo de igual (=) para escribir cada uno de estos enunciados:

$50 = 5 \times 10$ $50 = 25 + 25$ $100 \div 2 = 50$ cincuenta $= 50$

Comprueba si comprendiste

1. ¿Qué nombre debe llevar la etiqueta de esta caja de coleccionar nombres?

?		
	$12 - 3$	$19 - 10$
	~~////~~ ////	$\frac{90}{10}$
	$4 + 5$	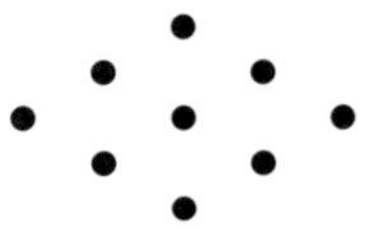

2. Dibuja una caja del 6 como la siguiente. Escribe en la caja cinco nombres equivalentes para el 6.

6

Comprueba tus respuestas en la página 335.

Paréntesis

¿A qué es igual $15 - 3 + 2$? ¿Qué debes hacer primero, *sumar* o *restar*?

Usamos **paréntesis ( )** en problemas numéricos para indicar qué operación hacer primero.

Ejemplo ¿A qué es igual $(15 - 3) + 2$?

El paréntesis indica que hay que restar primero. $15 - 3 = 12$
Luego suma $12 + 2$.

La respuesta es 14.

Ejemplo ¿A qué es igual $15 - (3 + 2)$?

El paréntesis indica que hay que sumar primero. $3 + 2 = 5$
Luego resta $15 - 5$.

La respuesta es 10.

Ejemplo $5 \times (9 - 2) = ?$

El paréntesis indica que hay que restar primero. $9 - 2 = 7$
Luego multiplica 5×7. Esto es igual a 35.

La respuesta es 35.

Ejemplo ¿A qué es igual $(2 \times 3) + (4 \times 5)$?

Hay 2 grupos de paréntesis. Resuelve primero cada problema entre paréntesis.
$2 \times 3 = 6$ y $4 \times 5 = 20$.
Luego suma estas respuestas. $6 + 20 = 26$

La respuesta es 26.

Algunas veces un enunciado numérico no tiene paréntesis. Se te pide que añadas los paréntesis.

Ejemplo Convierte este enunciado numérico en verdadero añadiendo paréntesis: $18 = 6 + 3 \times 4$.

Hay dos maneras de añadir paréntesis:

$18 = (6 + 3) \times 4$ y $18 = 6 + (3 \times 4)$

Primero suma. $6 + 3 = 9$
Luego multiplica. $9 \times 4 = 36$
18 no es igual a 36.
Este enunciado es falso.

Primero multiplica $3 \times 4 = 12$
Luego suma. $6 + 12 = 18$
18 es igual a 18.
Este enunciado es verdadero.

La forma correcta de añadir paréntesis es $18 = 6 + (3 \times 4)$.

Ejemplo Añade paréntesis para convertir este enunciado numérico en verdadero: $14 - 6 \div 2 = 4$.

Hay dos maneras de añadir paréntesis:

$(14 - 6) \div 2 = 4$ y $14 - (6 \div 2) = 4$

Primero resta. $14 - 6 = 8$
Luego divide. $8 \div 2 = 4$
4 es igual a 4.
Este enunciado es verdadero.

Primero divide. $6 \div 2 = 3$
Luego resta. $14 - 3 = 11$
11 no es igual a 4.
Este enunciado es falso.

La forma correcta de añadir paréntesis es $(14 - 6) \div 2 = 4$.

Comprueba si comprendiste

Agrega paréntesis para que cada enunciado sea verdadero.

1. $20 - 12 + 5 = 13$

2. $30 = 5 + 5 \times 5$

3. $4 \times 7 + 14 = 84$

4. $16 = 2 \times 3 + 1 \times 2$

Comprueba tus respuestas en la página 335.

Valor posicional de los números cardinales

En casi todo el mundo se escriben los números de la misma manera. Este sistema de escritura de números se inventó en la India hace unos 1,500 años y se llama **sistema de valor posicional.**

Se puede escribir cualquier número con los **dígitos** 0, 1, 2, 3, 4, 5, 6, 7, 8 y 9. El **lugar** de cada dígito dentro de un número es muy importante.

Ejemplo Los números 72 y 27 tienen los mismos dígitos, un 7 y un 2. Pero el 72 y el 27 son distintos porque el 7 y el 2 están en lugares diferentes.

lugar de las decenas	lugar de las unidades
7	2

El dígito 2 en 72 vale 2 (2 unidades).
El dígito 7 en 72 vale 70 (7 decenas).

lugar de las decenas	lugar de las unidades
2	7

El dígito 2 en 27 vale 20 (2 decenas).
El dígito 7 en 27 vale 7 (7 unidades).

Ejemplo El número 55 usa el dígito 5 dos veces. Pero los dos 5 están en lugares diferentes.

El 5 en el lugar de las decenas vale 50 (5 decenas).
El 5 en el lugar de las unidades vale 5 (5 unidades).

lugar de las decenas	lugar de las unidades
5	5

Ejemplo El dígito 0 es muy importante, aunque no tiene ningún valor.

lugar de las decenas	lugar de las unidades
7	0

El dígito 7 vale 70 en este número.

lugar de las decenas	lugar de las unidades
	7

Sin el 0, el dígito 7 sólo vale 7.

Podemos usar una **tabla de valor posicional** para mostrar el valor de un dígito en un número. El **lugar** de un dígito es su posición en el número. El **valor** de un dígito es cuánto vale.

Ejemplo En la tabla de valor posicional de abajo, se muestra el número 30,628.

10,000	1,000	100	10	1
lugar de las decenas de millar	lugar de los millares	lugar de las centenas	lugar de las decenas	lugar de las unidades
3	0	6	2	8

El dígito 8 en las unidades vale $8 \times 1 = 8$.
El dígito 2 en las decenas vale $2 \times 10 = 20$.
El dígito 6 en las centenas vale $6 \times 100 = 600$.
El dígito 0 en los millares vale $0 \times 1{,}000 = 0$.
El dígito 3 en las decenas de millar vale $3 \times 10{,}000 = 30{,}000$.

30,628 se lee "treinta mil seiscientos veintiocho".

Para números más grandes podemos usar una tabla de valor posicional más grande. Busca las comas que separan grupos de 3 dígitos. Esas comas te ayudarán a identificar los millares, los millones, etc.

Ejemplo Lee el número de abajo.

Millones				Millares				Unidades		
centenas de millón	decenas de millón	millones	,	centenas de millar	decenas de millar	millares	,	centenas	decenas	unidades
		7	,	3	3	4	,	6	0	9

Lee de izquierda a derecha.
Lee "millones" en la primera coma. Lee "mil" en la coma siguiente.

El número se lee "7 **millones,** 334 **mil,** 609."

Se puede usar una tabla de valor posicional para comparar dos números.

Ejemplo Compara los números 63,429 y 63,942. ¿Qué número es mayor?

10,000 decenas de millar	**1,000** millares	**100** centenas	**10** decenas	**1** unidades
6	3	4	2	9
6	3	9	4	2

Empieza por el lado izquierdo.
Los dígitos de las decenas de millar *son* iguales. Ambos valen 60,000.
Los dígitos de los millares *son* iguales. Ambos valen 3,000.
Los dígitos de las centenas *no* son iguales. El 4 vale 400 y el 9 vale 900.
El 9 vale más.

Entonces, 63,942 es el número mayor.

Ejemplo Phil y Meg usan tablas de valor posicional para escribir el número 35.

Phil

10 decenas	**1** unidades
3	5

Meg

10 decenas	**1** unidades
2	15

La tabla de Phil muestra 3 decenas y 5 unidades. O sea, 30 + 5 = 35.

La tabla de Meg muestra 2 decenas y 15 unidades. O sea, 20 + 15 = 35.
La manera de Meg de completar la tabla puede ser poco común, pero es correcta.

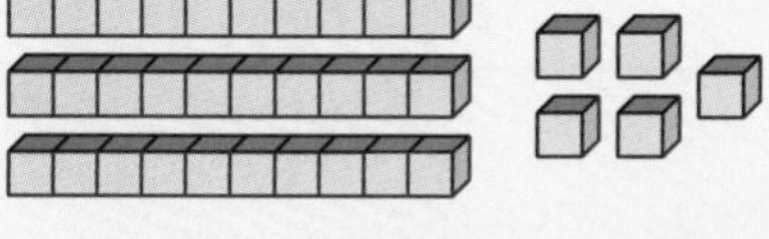

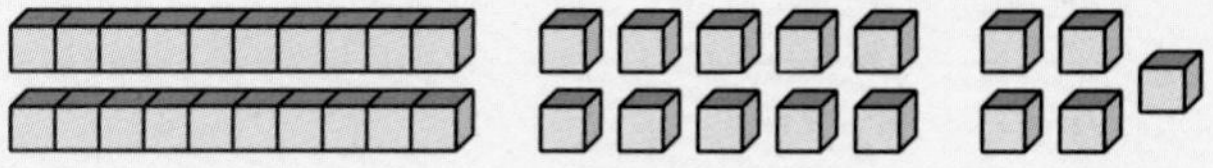

Tanto Phil como Meg lo hicieron correctamente.

Comprueba si comprendiste

1. Cuenta de 10 en 10 desde 142. Escribe los diez números siguientes.

2. Escribe el número que tiene:

7 en el lugar de las decenas,

8 en el lugar de las decenas de millar,

6 en el lugar de las unidades,

0 en el lugar de las centenas y

2 en el lugar de los millares.

3. Escribe el número que es 1,000 más.

a. 3,789

b. 7,890

4. Escribe el número que es 1,000 menos.

a. 7,671

b. 2,874

5. ¿Cuál es el número de 3 dígitos más grande que puedes formar con los dígitos 3, 7 y 5?

Comprueba tus respuestas en la página 336.

¿Lo sabías?

Los babilonios fueron los primeros en usar un símbolo para una cantidad que falta. Ya en el año 300 a.C. usaban el símbolo que ves aquí para representar el cero.

Usar fracciones para nombrar partes de un entero

Los números $\frac{1}{2}$, $\frac{3}{4}$, $\frac{5}{4}$ y $\frac{25}{100}$ son todos **fracciones.** Una fracción se escribe con dos números. El número de arriba es el **numerador.** El número de abajo es el **denominador.**

Al nombrar una fracción, nombramos primero el numerador. Luego nombramos el denominador.

tres cuartos $\frac{3}{4}$ ← numerador → $\frac{25}{100}$ veinticinco centésimos
← denominador →

Las fracciones se usan para nombrar una parte de un objeto entero.

Ejemplo ¿Qué fracción de este cuadrado está sombreada?

El objeto entero es el cuadrado.
Se ha dividido en 8 partes iguales.
Cada parte es $\frac{1}{8}$ (un octavo) del cuadrado.
Tres de las partes están sombreadas.

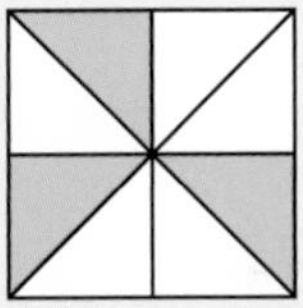

Entonces, $\frac{3}{8}$ (tres octavos) del cuadrado están sombreados.

3 ← El *numerador* 3 indica el número de partes *sombreadas.*
8 ← El *denominador* 8 indica el número de partes iguales en el cuadrado *entero.*

Ejemplo ¿Qué fracción de este círculo está sombreada?

El círculo está dividido en 12 partes iguales.
Cada parte es $\frac{1}{12}$ (un doceavo) del círculo.
Cinco de las partes están sombreadas.

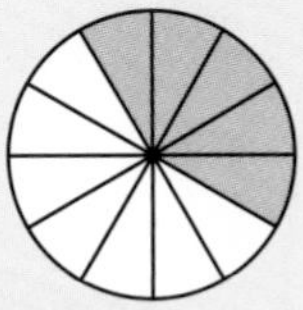

La parte sombreada es $\frac{5}{12}$ (cinco doceavos) del círculo.

Ejemplos ¿Qué fracción del rectángulo está sombreada?

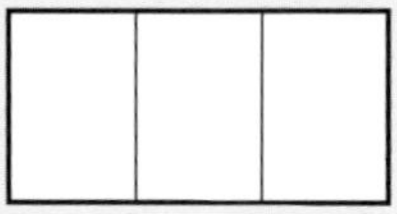

La parte sombreada es $\frac{0}{3}$ (cero tercios) del rectángulo.

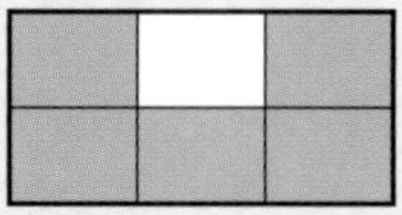

La parte sombreada es $\frac{5}{6}$ (cinco sextos) del rectángulo.

Cuando el numerador es cero, la fracción es igual a cero.

Ejemplos $\frac{0}{2}$, $\frac{0}{8}$, $\frac{0}{12}$, $\frac{0}{100}$ Cada una de estas fracciones es igual a 0.

Cuando el numerador y el denominador son iguales, la fracción es igual a 1.

Ejemplos $\frac{2}{2}$, $\frac{8}{8}$, $\frac{12}{12}$, $\frac{100}{100}$ Cada una de estas fracciones es igual a 1.

Comprueba si comprendiste

1. Escribe cada una de estas fracciones.

   a. cinco dieciseisavos **b.** dos tercios **c.** cuatro tercios

2. ¿Qué fracción está sombreada?
   Escribe la fracción con números y en palabras.

   a. 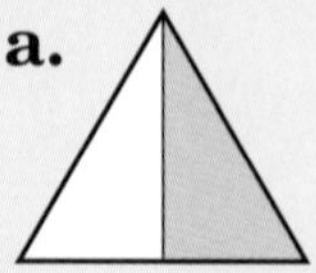 **b.**  **c.** 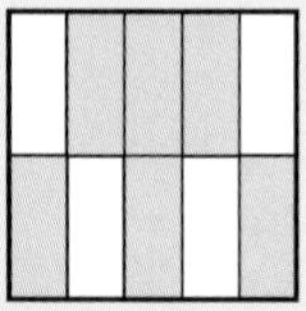 **d.** 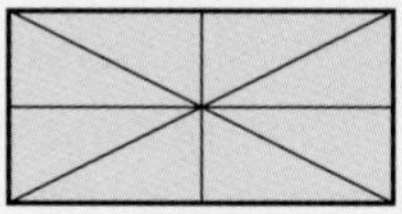

Comprueba tus respuestas en la página 336.

Usar fracciones para nombrar partes de una colección

Las fracciones se usan para nombrar partes de una colección.

Ejemplo ¿Qué fracción de los botones son pequeños?

Hay 7 botones en total.
Tres botones son pequeños.
Tres de 7 botones son pequeños.
Esta fracción muestra qué parte de la colección de botones son botones pequeños:

$\frac{3}{7}$ ← número de botones pequeños / número total de botones

$\frac{3}{7}$ (tres séptimos) de los botones son pequeños.

Ejemplo De estos puntos, ¿qué fracción está encerrada?

Hay 12 puntos.
Siete puntos están encerrados.
Siete de 12 puntos están encerrados.

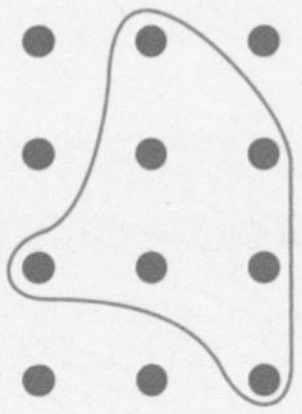

La fracción de puntos encerrados es $\frac{7}{12}$.

Ejemplo ¿Qué fracción de las fichas son círculos?

Hay 12 fichas en total.
Cinco fichas son círculos.
Cinco de 12 fichas son círculos.

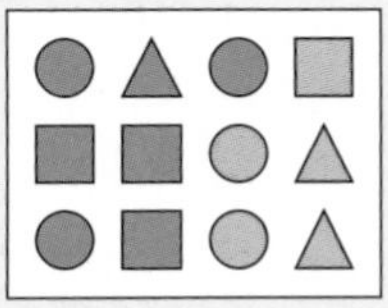

La fracción de fichas que son círculos es $\frac{5}{12}$.

Usar fracciones para medir

Se usan fracciones para tomar medidas más exactas.

Piensa en una regla con pulgadas. Imagina que no se marcan los espacios entre cada pulgada. Con una regla como ésta podemos medir solamente a la pulgada más cercana. Cuando marcamos los espacios entre las marcas de las pulgadas, podemos medir a la $\frac{1}{2}$ pulgada y al $\frac{1}{4}$ de pulgada más cercanos.

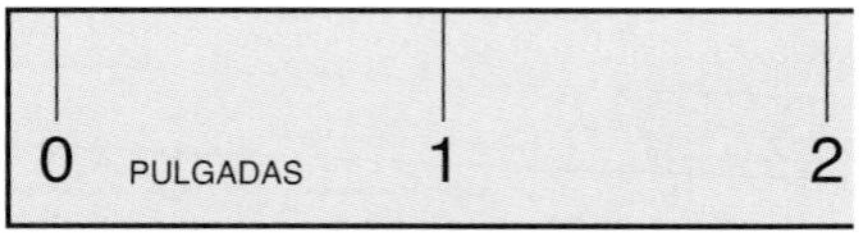

Regla con pulgadas solamente. Podemos medir a la pulgada más cercana.

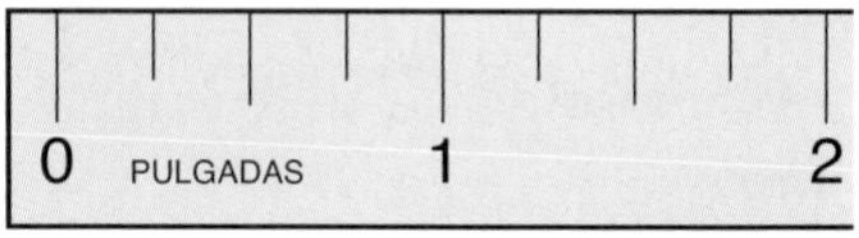

Regla con marcas de $\frac{1}{4}$ y $\frac{1}{2}$ pulg. Podemos medir al $\frac{1}{4}$ de pulg más cercano.

Otros instrumentos de medida están marcados para mostrar fracciones de una unidad. Las tazas de medida tienen marcado $\frac{1}{4}$ de taza, $\frac{1}{3}$ de taza y $\frac{1}{2}$ taza.

Las básculas de cocina tienen marcadas las onzas, que dividen las marcas de las libras. 1 libra = 16 onzas. Entonces 1 onza es igual a $\frac{1}{16}$ de libra.

Ten cuidado. Siempre menciona o escribe la unidad que usaste para medir. Si mediste un objeto usando una escala en pulgadas, debes dar su longitud en pulgadas. Si pesaste un objeto a la libra más cercana, debes dar su peso en libras.

Comprueba si comprendiste

Mide la longitud de este segmento.

1. a la pulgada más cercana **2.** a la $\frac{1}{2}$ pulgada más cercana

3. al $\frac{1}{4}$ de pulgada más cercano

Comprueba tus respuestas en la página 336.

Otros usos de las fracciones

Las fracciones pueden indicar puntos situados “entre” los puntos ya marcados en una recta numérica.

Ejemplos

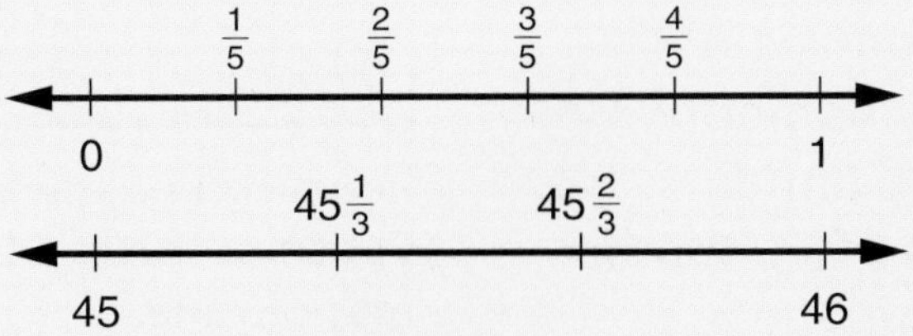

Las fracciones se usan para describir la posibilidad de que un suceso ocurra.

Ejemplo Esta rueda giratoria tiene $\frac{1}{3}$ de color verde. $\frac{2}{3}$ del círculo no están coloreados.

Al hacer girar la flecha, hay $\frac{1}{3}$ de posibilidad de que pare en verde.

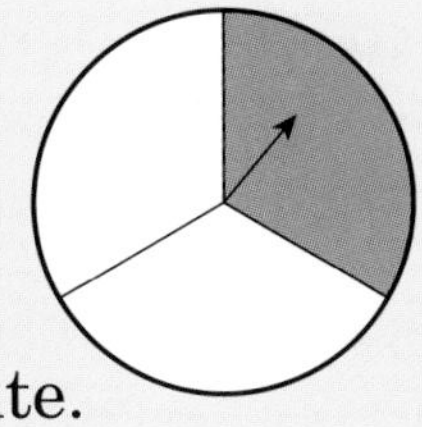

Si la hacemos girar varias veces parará en verde $\frac{1}{3}$ de las veces aproximadamente.

Las fracciones se usan para comparar dos números.

Ejemplo Kay tiene \$60. Faith tiene \$30. Alex tiene \$10. Compara las cantidades.

Faith tiene $\frac{1}{2}$ del dinero que tiene Kay.

Alex tiene $\frac{1}{3}$ del dinero que tiene Faith.

Alex tiene $\frac{1}{6}$ del dinero que tiene Kay.

Fracciones equivalentes

Las **fracciones equivalentes** son fracciones diferentes que nombran la misma cantidad.

Esas fracciones son equivalentes porque nombran el mismo número.

Abajo se muestran dos círculos. La mitad superior de cada uno está sombreada. Los círculos son del mismo tamaño. El primer círculo está dividido en 2 partes iguales. El segundo está dividido en 6 partes iguales.

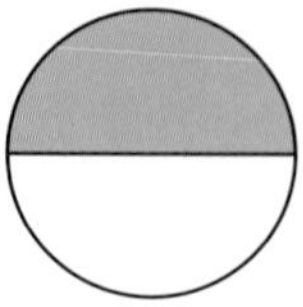

2 partes iguales
1 parte está sombreada
$\frac{1}{2}$ círculo está sombreado

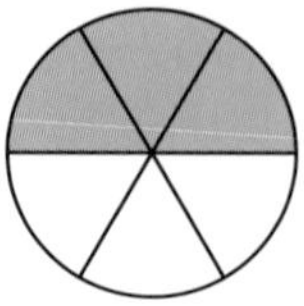

6 partes iguales
3 partes están sombreadas
$\frac{3}{6}$ del círculo están sombreados

La cantidad sombreada es igual. Entonces, $\frac{3}{6}$ del círculo es igual a $\frac{1}{2}$ círculo.

Las fracciones $\frac{3}{6}$ y $\frac{1}{2}$ son fracciones equivalentes.

Escribimos $\frac{3}{6} = \frac{1}{2}$.

Ejemplo Ocho estudiantes van a una fiesta. Dos son niñas y seis son varones.

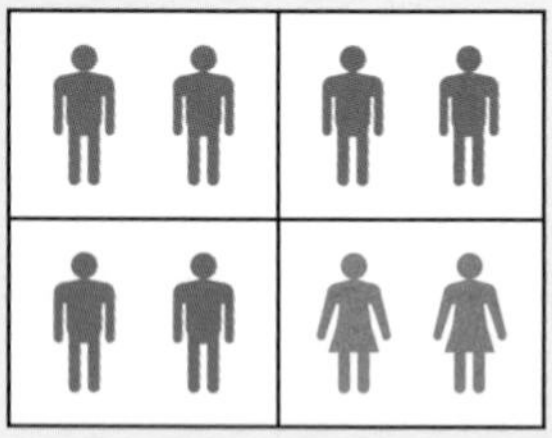

$\frac{1}{4}$ de los estudiantes son niñas.

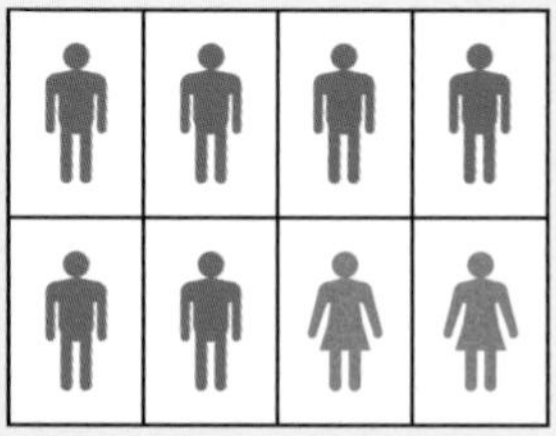

$\frac{2}{8}$ de los estudiantes son niñas.

$\frac{1}{4}$ de los estudiantes es igual a $\frac{2}{8}$ de los estudiantes.

Las fracciones $\frac{1}{4}$ y $\frac{2}{8}$ son fracciones equivalentes.

Escribimos $\frac{1}{4} = \frac{2}{8}$.

Ejemplo Se puede usar un rectángulo para mostrar fracciones equivalentes a $\frac{3}{4}$.

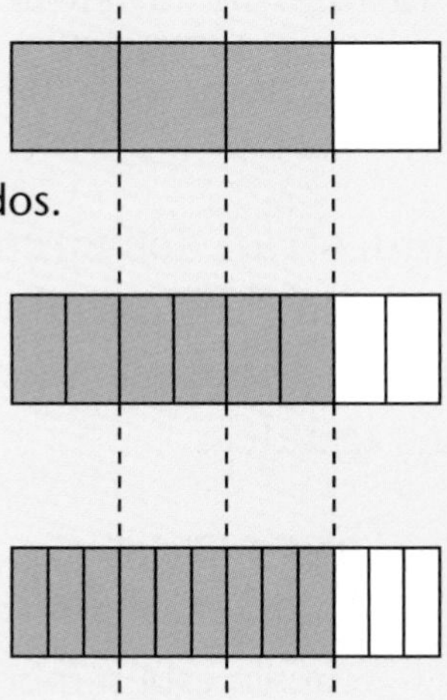

Se divide un rectángulo en cuartos.
3 cuartos están sombreados.

Entonces, $\frac{3}{4}$ cuartos del rectángulo están sombreados.

Cada cuarto se divide en 2 partes iguales.
Hay 8 partes iguales. 6 partes están sombreadas.

Entonces, $\frac{6}{8}$ del rectángulo están sombreados.

Cada cuarto se divide en 3 partes iguales.
Hay 12 partes iguales. 9 partes están sombreadas.

Entonces, $\frac{9}{12}$ del rectángulo están sombreados.

Las fracciones $\frac{3}{4}$, $\frac{6}{8}$ y $\frac{9}{12}$ indican la misma cantidad sombreada. Todas son fracciones equivalentes.

Ejemplo Las fracciones equivalentes pueden usarse para leer la escala en pulgadas de una regla.

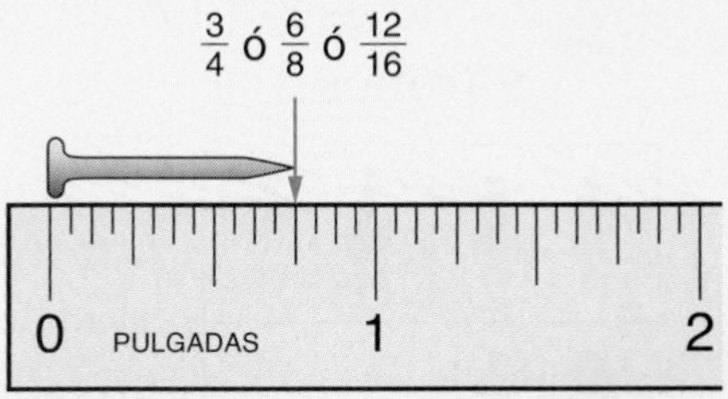

La punta del clavo llega a la marca de $\frac{3}{4}$ de pulg.

La longitud puede leerse como $\frac{3}{4}$ de pulg o $\frac{6}{8}$ de pulg o $\frac{12}{16}$ de pulg.

$\frac{3}{4}$, $\frac{6}{8}$ y $\frac{12}{16}$ indican la misma marca en la regla.

Son fracciones equivalentes.

Hay dos reglas sencillas para hallar **fracciones equivalentes.**

Método 1: Escribe la fracción. Luego multiplica el numerador y el denominador por el mismo número.

Ejemplo Halla fracciones equivalentes a $\frac{1}{3}$.

$$\frac{1 \times \mathbf{2}}{3 \times \mathbf{2}} = \frac{2}{6} \qquad \frac{1 \times \mathbf{4}}{3 \times \mathbf{4}} = \frac{4}{12} \qquad \frac{1 \times \mathbf{10}}{3 \times \mathbf{10}} = \frac{10}{30}$$

$\frac{1}{3}$, $\frac{2}{6}$, $\frac{4}{12}$ y $\frac{10}{30}$ son fracciones equivalentes.

Todas estas fracciones son iguales:

$$\frac{1}{3} = \frac{2}{6} \quad \frac{1}{3} = \frac{4}{12} \quad \frac{1}{3} = \frac{10}{30} \quad \frac{2}{6} = \frac{4}{12} \quad \frac{2}{6} = \frac{10}{30} \quad \frac{4}{12} = \frac{10}{30}$$

Método 2: Escribe la fracción. Luego divide el numerador y el denominador entre el mismo número.

Ejemplo Halla fracciones equivalentes a $\frac{12}{24}$.

$$\frac{12 \div \mathbf{6}}{24 \div \mathbf{6}} = \frac{2}{4} \qquad \frac{12 \div \mathbf{4}}{24 \div \mathbf{4}} = \frac{3}{6} \qquad \frac{12 \div \mathbf{12}}{24 \div \mathbf{12}} = \frac{1}{2}$$

$\frac{12}{24}$, $\frac{2}{4}$, $\frac{3}{6}$ y $\frac{1}{2}$ son fracciones equivalentes.

Todas estas fracciones son iguales:

$$\frac{12}{24} = \frac{2}{4} \quad \frac{12}{24} = \frac{3}{6} \quad \frac{12}{24} = \frac{1}{2} \quad \frac{2}{4} = \frac{3}{6} \quad \frac{2}{4} = \frac{1}{2} \quad \frac{3}{6} = \frac{1}{2}$$

Comprueba si comprendiste

Escribe cinco fracciones equivalentes a $\frac{20}{30}$.

Comprueba tus respuestas en la página 336.

Tabla de fracciones equivalentes

La tabla de abajo enumera fracciones equivalentes. Todas las fracciones de una fila nombran el mismo número.

Por ejemplo, todas las fracciones de la última fila nombran el número $\frac{5}{6}$. Entonces, todas estas fracciones son iguales:

$\frac{5}{6} = \frac{10}{12}$, $\frac{5}{6} = \frac{15}{18}$, $\frac{10}{12} = \frac{15}{18}$, etc.

Nombre simplificado	Nombres de las fracciones equivalentes								
0 (cero)	$\frac{0}{1}$	$\frac{0}{2}$	$\frac{0}{3}$	$\frac{0}{4}$	$\frac{0}{5}$	$\frac{0}{6}$	$\frac{0}{7}$	$\frac{0}{8}$	$\frac{0}{9}$
1 (uno)	$\frac{1}{1}$	$\frac{2}{2}$	$\frac{3}{3}$	$\frac{4}{4}$	$\frac{5}{5}$	$\frac{6}{6}$	$\frac{7}{7}$	$\frac{8}{8}$	$\frac{9}{9}$
$\frac{1}{2}$	$\frac{2}{4}$	$\frac{3}{6}$	$\frac{4}{8}$	$\frac{5}{10}$	$\frac{6}{12}$	$\frac{7}{14}$	$\frac{8}{16}$	$\frac{9}{18}$	$\frac{10}{20}$
$\frac{1}{3}$	$\frac{2}{6}$	$\frac{3}{9}$	$\frac{4}{12}$	$\frac{5}{15}$	$\frac{6}{18}$	$\frac{7}{21}$	$\frac{8}{24}$	$\frac{9}{27}$	$\frac{10}{30}$
$\frac{2}{3}$	$\frac{4}{6}$	$\frac{6}{9}$	$\frac{8}{12}$	$\frac{10}{15}$	$\frac{12}{18}$	$\frac{14}{21}$	$\frac{16}{24}$	$\frac{18}{27}$	$\frac{20}{30}$
$\frac{1}{4}$	$\frac{2}{8}$	$\frac{3}{12}$	$\frac{4}{16}$	$\frac{5}{20}$	$\frac{6}{24}$	$\frac{7}{28}$	$\frac{8}{32}$	$\frac{9}{36}$	$\frac{10}{40}$
$\frac{3}{4}$	$\frac{6}{8}$	$\frac{9}{12}$	$\frac{12}{16}$	$\frac{15}{20}$	$\frac{18}{24}$	$\frac{21}{28}$	$\frac{24}{32}$	$\frac{27}{36}$	$\frac{30}{40}$
$\frac{1}{5}$	$\frac{2}{10}$	$\frac{3}{15}$	$\frac{4}{20}$	$\frac{5}{25}$	$\frac{6}{30}$	$\frac{7}{35}$	$\frac{8}{40}$	$\frac{9}{45}$	$\frac{10}{50}$
$\frac{2}{5}$	$\frac{4}{10}$	$\frac{6}{15}$	$\frac{8}{20}$	$\frac{10}{25}$	$\frac{12}{30}$	$\frac{14}{35}$	$\frac{16}{40}$	$\frac{18}{45}$	$\frac{20}{50}$
$\frac{3}{5}$	$\frac{6}{10}$	$\frac{9}{15}$	$\frac{12}{20}$	$\frac{15}{25}$	$\frac{18}{30}$	$\frac{21}{35}$	$\frac{24}{40}$	$\frac{27}{45}$	$\frac{30}{50}$
$\frac{4}{5}$	$\frac{8}{10}$	$\frac{12}{15}$	$\frac{16}{20}$	$\frac{20}{25}$	$\frac{24}{30}$	$\frac{28}{35}$	$\frac{32}{40}$	$\frac{36}{45}$	$\frac{40}{50}$
$\frac{1}{6}$	$\frac{2}{12}$	$\frac{3}{18}$	$\frac{4}{24}$	$\frac{5}{30}$	$\frac{6}{36}$	$\frac{7}{42}$	$\frac{8}{48}$	$\frac{9}{54}$	$\frac{10}{60}$
$\frac{5}{6}$	$\frac{10}{12}$	$\frac{15}{18}$	$\frac{20}{24}$	$\frac{25}{30}$	$\frac{30}{36}$	$\frac{35}{42}$	$\frac{40}{48}$	$\frac{45}{54}$	$\frac{50}{60}$

¿Lo sabías?

La palabra *fracción* proviene de una palabra del Latín que significa "quebrar". A veces se dice que las fracciones son "números quebrados".

Los matemáticos árabes empezaron a usar la barra horizontal de las fracciones en el año 1200 aproximadamente. Fueron los primeros en escribir las fracciones como lo hacemos hoy en día.

Comparar fracciones con $\frac{1}{2}$, 0 y 1

El sombreado de las Tarjetas de fracciones muestra con claridad si una fracción es menor que $\frac{1}{2}$ mayor que $\frac{1}{2}$ o igual a $\frac{1}{2}$.

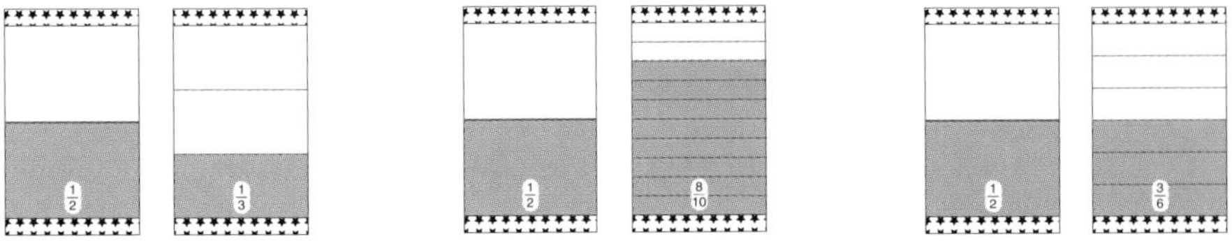

$\frac{1}{3}$ es menor que $\frac{1}{2}$ **$\frac{8}{10}$ es mayor que $\frac{1}{2}$** **$\frac{3}{6}$ es igual a $\frac{1}{2}$**

También puedes observar el numerador y el denominador para comparar una fracción con $\frac{1}{2}$.

- Si el numerador es menos de la mitad del denominador, la fracción es menor que $\frac{1}{2}$.

  Por ejemplo: en $\frac{1}{3}$, 1 es menos de la mitad de 3.
- Si el numerador es más de la mitad del denominador, la fracción es mayor que $\frac{1}{2}$.

  Por ejemplo: en $\frac{8}{10}$, 8 es más de la mitad de 10.
- Si el numerador es exactamente la mitad del denominador, la fracción es igual a $\frac{1}{2}$.

  Por ejemplo: en $\frac{3}{6}$, 3 es la mitad de 6.

Se puede usar el símbolo mayor que (>) o menor que (<) al comparar fracciones.

Ejemplos

$\frac{8}{10} > \frac{1}{2}$ significa que $\frac{8}{10}$ es mayor que $\frac{1}{2}$.

$\frac{1}{2} < \frac{8}{10}$ significa que $\frac{1}{2}$ es menor que $\frac{8}{10}$.

$\frac{4}{6} > \frac{1}{2}$ significa que $\frac{4}{6}$ es mayor que $\frac{1}{2}$.

El sombreado de las Tarjetas de fracciones también muestra con claridad si una fracción se acerca a 0 o a 1.

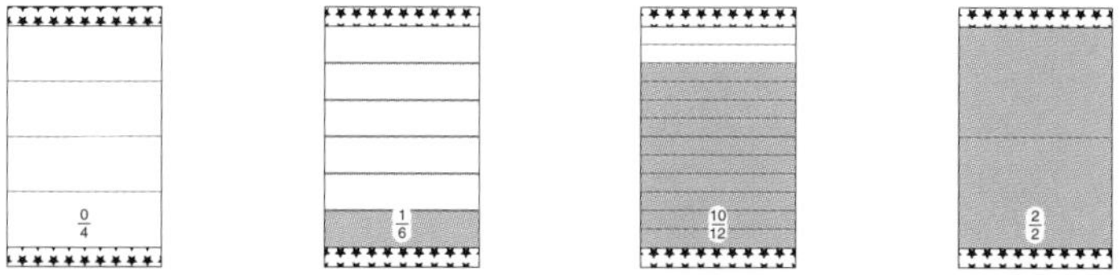

es igual a 0 **se acerca a 0** **se acerca a 1** **es igual a 1**

También puedes observar el numerador y el denominador para comparar una fracción con 0 ó 1.

- Si el numerador de la fracción es pequeño comparado con el denominador, la fracción se acerca a 0.

  Por ejemplo, en $\frac{20}{1{,}000}$, 20 es pequeño comparado con 1,000.

  Entonces, $\frac{20}{1{,}000}$ se acerca a 0.

- Si el numerador de la fracción se aproxima al denominador, la fracción se acerca a 1.

  Por ejemplo, en $\frac{20}{21}$, 20 se aproxima a 21. Entonces, $\frac{20}{21}$ se acerca a 1.

Comprueba si comprendiste

Compara cada fracción con $\frac{1}{2}$. Usa $<$, $>$ ó $=$.

1. $\frac{1}{2} \square \frac{3}{8}$ **2.** $\frac{1}{2} \square \frac{6}{10}$ **3.** $\frac{2}{4} \square \frac{1}{2}$

4. $\frac{3}{10} \square \frac{1}{2}$ **5.** $\frac{1}{2} \square \frac{30}{60}$ **6.** $\frac{1}{3} \square \frac{1}{2}$

Ayúdate con las Tarjetas de fracciones. Escribe *se acerca a 1* o *se acerca a 0.*

7. $\frac{2}{10}$ **8.** $\frac{7}{8}$ **9.** $\frac{4}{5}$ **10.** $\frac{2}{12}$ **11.** $\frac{0}{8}$ **12.** $\frac{46}{50}$

Comprueba tus respuestas en la página 336.

Decimales

Los números 0.3, 7.4, 0.46 y 23.456 son todos **decimales.** Los decimales son otra manera de escribir fracciones.

Los decimales se usan de la misma manera que las fracciones. Puedes usar decimales para:

- nombrar partes de un entero o de una colección.
- medir con mayor exactitud la longitud, el peso, el tiempo, etc.

Las cantidades de dinero son decimales con un signo de dólar antes del número. En $3.42, el 3 indica tres dólares enteros y el 42 indica parte de un dólar. El punto se llama **punto decimal.**

Los decimales tienen nombres que siguen un patrón simple:

- Los decimales que tienen **1 dígito** después del punto decimal son **"décimas".** Por ejemplo, 0.3 es otra manera de escribir la fracción $\frac{3}{10}$ (3 décimos).
- Los decimales que tienen **2 dígitos** después del punto decimal son **"centésimas".** Por ejemplo, 0.25 es otra manera de escribir la fracción $\frac{25}{100}$ (25 centésimos).

Patrón de décimas

Fracción	Se lee	Decimal
$\frac{1}{10}$	1 décima	0.1
$\frac{2}{10}$	2 décimas	0.2
$\frac{5}{10}$	5 décimas	0.5
$\frac{8}{10}$	8 décimas	0.8

Patrón de centésimas

Fracción	Se lee	Decimal
$\frac{1}{100}$	1 centésima	0.01
$\frac{5}{100}$	5 centésimas	0.05
$\frac{13}{100}$	13 centésimas	0.13
$\frac{20}{100}$	20 centésimas	0.20

El patrón continúa para las milésimas. La fracción $\frac{1}{1{,}000}$ en decimales es 0.001. La fracción $\frac{114}{1{,}000}$ en decimales es 0.114. El nombre de la fracción se lee "114 milésimos" y el nombre del decimal se lee "114 milésimas". Un nombre decimal con **3 dígitos** después del punto decimal se lee **"milésimas".**

Ejemplos Lee los decimales 0.15, 0.015, 98.7 y 98.107.

0.15 se lee "15 centésimas" y es otro nombre para $\frac{15}{100}$.

0.015 se lee "15 milésimas" y es otro nombre para $\frac{15}{1{,}000}$.

98.7 se lee "98 con 7 décimas" y es otro nombre para $98\,\frac{7}{10}$.

98.107 se lee "98 con 107 milésimas" y es otro nombre para $98\frac{107}{1{,}000}$.

Ejemplo ¿Qué parte del cuadrado está sombreada? Indica el nombre de la fracción y del decimal.

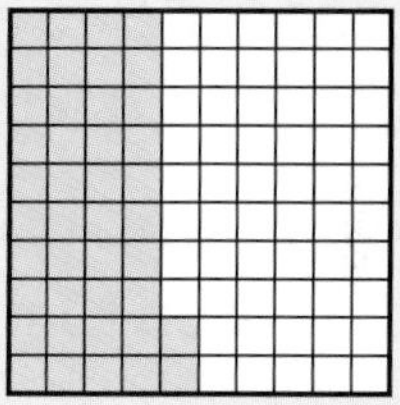

El cuadrado está dividido en 100 partes iguales.

Cada parte es $\frac{1}{100}$ del cuadrado.

El nombre decimal de $\frac{1}{100}$ es 0.01 (1 centésima).

42 cuadrados están sombreados.

Entonces, $\frac{42}{100}$ del cuadrado están sombreados. El nombre decimal para $\frac{42}{100}$ es 0.42 (42 centésimas).

Comprueba si comprendiste

¿Qué parte del cuadrado está sombreada? Indica el nombre de la fracción y del decimal.

1.

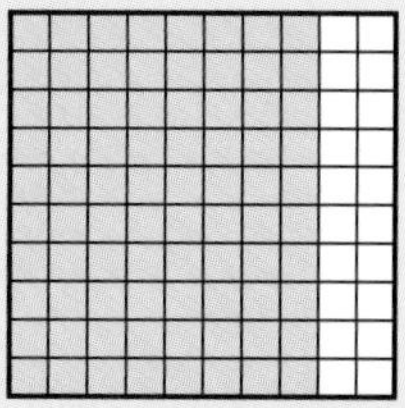

2.

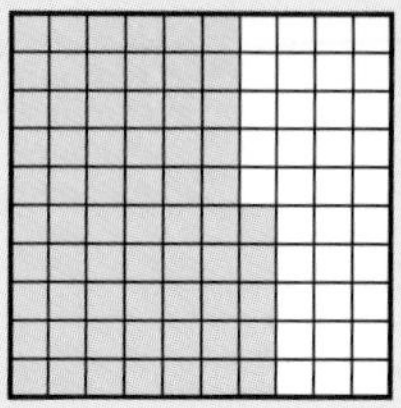

Comprueba tus respuestas en la página 336.

Valor posicional de los decimales

Cuando escribimos cantidades de dinero como $6.23, el número es un decimal. El lugar de cada dígito en el número es muy importante.

dólares		*dimes*	*pennies*
6	.	2	3

El punto decimal separa los dólares de los centavos.

El 6 vale 6 dólares.
El 2 vale 20 centavos o 2 *dimes* o $\frac{2}{10}$ de un dólar.
El 3 vale 3 centavos o 3 *pennies* o $\frac{3}{100}$ de un dólar.

Podemos usar una **tabla de valor posicional** para mostrar cuánto vale cada dígito en un decimal.
El **lugar** de un dígito es su posición en el número.
El **valor** de un dígito es cuánto vale.

¿Lo sabías?

El científico holandés Simon Stevin inventó los decimales en 1585.

En Inglaterra, 3.42 se escribe 3·42. En Francia, 3.42 se escribe 3,42.

Ejemplo El número 3.456 se muestra abajo en una tabla de valor posicional.

1 unidades		**0.1** décimas	**0.01** centésimas	**0.001** milésimas
3	.	4	5	6

El 3 en el lugar de las unidades vale 3 (3 unidades).
El 4 en el lugar de las décimas vale 0.4 (4 décimas).
El 5 en el lugar de las centésimas vale 0.05 (5 centésimas).
El 6 en el lugar de las milésimas vale 0.006 (6 milésimas).

3.456 se lee "3 con 456 milésimas". El punto decimal se lee "con".

Comparar decimales

Una tabla de valor posicional nos ayuda a comparar dos números decimales.

Ejemplo Compara los números 9.235 y 9.253.

1 unidades		**0.1** décimas	**0.01** centésimas	**0.001** milésimas
9	.	2	3	5
9	.	2	5	3

Empieza por la izquierda.
Los dígitos de las unidades *son* iguales. Ambos valen 9.
Los dígitos de las décimas *son* iguales. Ambos valen $\frac{2}{10}$, o sea, 0.2.
Los dígitos de las centésimas *no* son iguales. El 3 vale $\frac{3}{100}$, o sea, 0.03 y el 5 vale $\frac{5}{100}$, o sea, 0.05. El 5 vale más.

Entonces, 9.253 es mayor que 9.235. $9.253 > 9.235$

Ejemplo ¿Qué número es mayor, 3.4 ó 3.40?

Los dígitos de las unidades son iguales. Los dígitos de las décimas son iguales. El lugar de las centésimas en el número 3.40 tiene un cero. Vale $\frac{0}{100}$, o sea, 0. Entonces, el lugar de las centésimas en 3.40 no tiene valor.

3.4 y 3.40 son iguales. $3.4 = 3.40$

Si al final de un número decimal que tenga un punto decimal escribes un cero, el valor del decimal no cambiará.

Comprueba si comprendiste

¿Qué número es mayor?

1. 4.36 ó 4.6 **2.** 0.6 ó 0.572 **3.** 1.4 ó 1.04

Comprueba tus respuestas en la página 336.

Factores de un número y números primos

Cuando se multiplican dos números, el número de la respuesta se llama **producto.** Los dos números que se multiplican se llaman **factores** del producto.

Ejemplo $3 \times 5 = 15$. El producto de 3 y 5 es 15. Un factor de 15 es 3. Otro factor de 15 es 5.

Cuando tengas que hallar los factores de un número cardinal, esos factores tienen que ser números cardinales.

Ejemplo Halla todos los factores de 24.

Formas de escribir 24	Factores de 24
$1 \times 24 = 24$	1 y 24
$2 \times 12 = 24$	2 y 12
$3 \times 8 = 24$	3 y 8
$4 \times 6 = 24$	4 y 6

Los números 1, 2, 3, 4, 6, 8, 12 y 24 son factores de 24. Son los únicos factores de 24. Las únicas maneras de multiplicar dos números cardinales y obtener 24 son las que ves arriba.

Ejemplo Halla todos los factores de 13. Sólo hay una manera de multiplicar dos números cardinales y obtener 13. $1 \times 13 = 13$. Entonces, 1 y 13 son factores de 13. Y son los únicos factores de 13.

Un número que tiene exactamente dos factores distintos se llama **número primo.**
Un número que tiene 3 o más factores distintos se llama **número compuesto.**

Números pares e impares

- Un número cardinal es un **número par** si uno de sus factores es el 2.
- Un número cardinal es un **número impar** si no es un número par.

Datos sobre los números del 1 al 20

Número	Factores	¿Primo o compuesto?	¿Par o impar?
1	1	ninguno	impar
2	1 y 2	primo	par
3	1 y 3	primo	impar
4	1, 2 y 4	compuesto	par
5	1 y 5	primo	impar
6	1, 2, 3 y 6	compuesto	par
7	1 y 7	primo	impar
8	1, 2, 4 y 8	compuesto	par
9	1, 3 y 9	compuesto	impar
10	1, 2, 5 y 10	compuesto	par
11	1 y 11	primo	impar
12	1, 2, 3, 4, 6 y 12	compuesto	par
13	1 y 13	primo	impar
14	1, 2, 7 y 14	compuesto	par
15	1, 3, 5 y 15	compuesto	impar
16	1, 2, 4, 8 y 16	compuesto	par
17	1 y 17	primo	impar
18	1, 2, 3, 6, 9 y 18	compuesto	par
19	1 y 19	primo	impar
20	1, 2, 4, 5, 10 y 20	compuesto	par

El número 1 tiene un solo factor. La única manera de multiplicar dos números y obtener 1 es escribir $1 \times 1 = 1$.
Entonces, 1 es el único factor del número 1.

Los números primos y compuestos tienen 2 factores distintos como mínimo. Entonces, el 1 no es un número primo y tampoco es un número compuesto.

Números negativos

Los **números positivos** son números mayores que 0.
Los **números negativos** son números menores que 0.

Los números -1, -2, -3, $-\frac{1}{2}$ y -31.6 son todos negativos.
El número -2 se lee "menos 2" o "2 negativo".

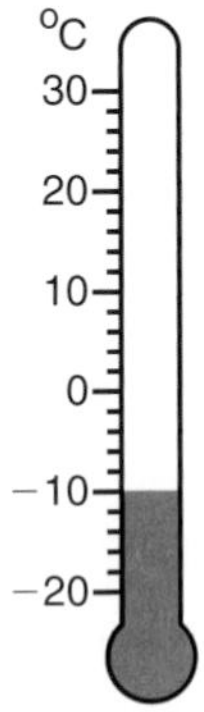

°C
30
20
10
0
−10
−20

Ejemplo La escala de un termómetro suele mostrar números positivos y negativos. Una temperatura de $-10\,°C$ se lee "10 grados bajo cero".

Ejemplo Muchas rectas numéricas incluyen números negativos.

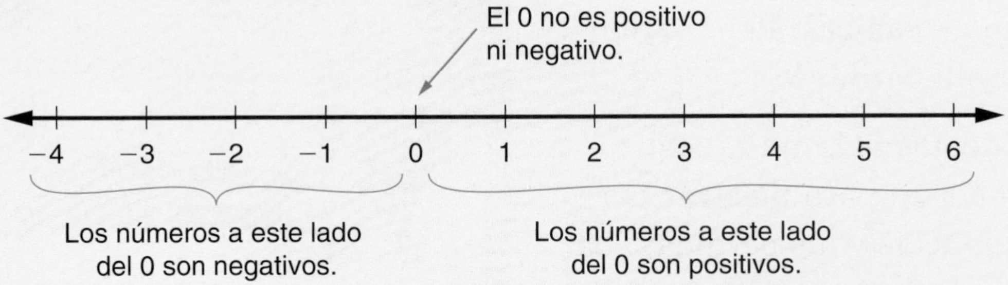

El 0 no es positivo ni negativo.
−4 −3 −2 −1 0 1 2 3 4 5 6
Los números a este lado del 0 son negativos.
Los números a este lado del 0 son positivos.

Ejemplos Las tablas de la página 240 muestran a qué distancia del nivel del mar se encuentran algunos lugares. Se usan números negativos para los lugares que están por debajo del nivel del mar.

Death Valley, California está a 282 pies por debajo del nivel del mar (se escribe -282 pies).

Nueva Orleans, Louisiana está a 8 pies por debajo del nivel del mar (se escribe -8 pies).

Las cuadrículas de números normalmente empiezan en el 0. Imagina que cuentas hacia atrás de 1 en 1 en una cuadrícula de números. No te detengas en el 0. La cuadrícula de números incluirá números negativos.

−19	−18	−17	−16	−15	−14	−13	−12	−11	−10
−9	−8	−7	−6	−5	−4	−3	−2	−1	0
1	2	3	4	5	6	7	8	9	10

Los números negativos se usan para mostrar cambios. Puedes usar números negativos para mostrar las yardas perdidas en un partido de fútbol o para mostrar cuánto adelgazó una persona.

Ejemplo Jack, Paul, y Kelli jugaron a las canicas. Jack ganó 7 canicas. Paul perdió 2 y Kelli perdió 5.

Podemos usar una recta numérica para mostrar las ganancias y las pérdidas. La recta numérica debe incluir números positivos y negativos.

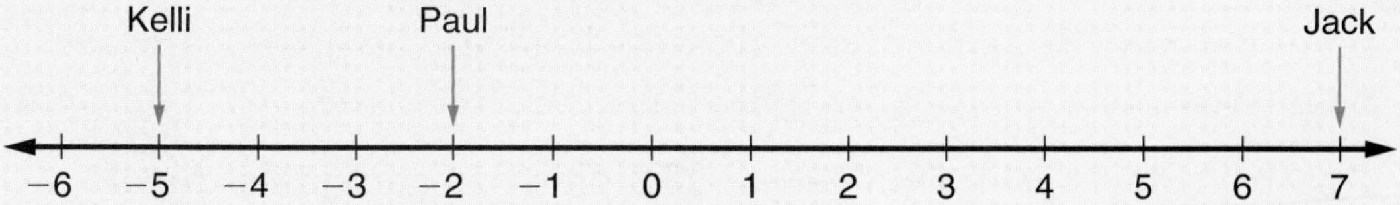

Números muy grandes y muy pequeños

La Tierra pesa cerca de 1,175,800,000,000,000,000,000,000 libras aproximadamente. Se dice: un *cuatrillón* ciento setenta y cinco mil ochocientos *trillones* de libras. Un *cuatrillón* se escribe con un 1 seguido de veinticuatro ceros.

Hay nombres para números aun mayores:

decillón: un 1 seguido de 60 ceros
vigillón: un 1 seguido de 120 ceros

Hay un número que tiene un nombre en inglés que parece un trabalenguas: *quintoquadagintillion*. ¡Ese número se escribe con un 1 seguido de ciento treinta y ocho ceros!

Un gran número de cosas no siempre ocupa mucho espacio. La sangre de un ser humano contiene células diminutas llamadas *glóbulos rojos.* Hay cerca de 5 millones de estos glóbulos en 1 milímetro cúbico.

Trata de imaginarte 5 millones de pequeñas células en 1 milímetro cúbico. Un milímetro cúbico ocupa muy poco espacio. Es un cubo que tiene seis caras del tamaño de este cuadrado rojo ▪. Cada lado del cuadrado mide 1 milímetro de largo.

¿Lo sabías?

Google™ es un motor de búsqueda que puedes usar para buscar información en Internet. Google organiza una cantidad enorme de información. El motor de búsqueda se llama Google porque la palabra "googol" en inglés se refiere a un número muy grande: un 1 seguido de 100 ceros.

1 centímetro cúbico
(tamaño real)

Como 1,000 milímetros cúbicos caben en un centímetro cúbico, entonces hay cerca de 5 mil millones de glóbulos rojos en 1 centímetro cúbico. Esto es un 5 seguido de nueve ceros, o sea, 5,000,000,000.

Hay casi 1,000 centímetros cúbicos en 1 cuarto de galón. El cuerpo de un adulto sano contiene cerca de 5 cuartos de galón de sangre. Entonces, un adulto tiene cerca de 25 billones de glóbulos rojos. Eso es un 25 seguido de doce ceros, o sea, 25,000,000,000,000.

¿Te das cuenta de por qué debemos tener nombres para números muy grandes?

Los números muy pequeños son aun más difíciles de imaginar que los muy grandes. Un rayo de luz recorrería la distancia de un lado a otro del salón en aproximadamente 0.000000020, ó 20 milmillonésimas de segundo. Otro nombre que se le da a las milmillonésimas de segundo es *nanosegundo.* Piénsalo. La luz viaja alrededor de 10 millones de veces más rápido que un coche que va a 70 millas por hora.

¿Lo sabías?

La luz viaja a 186,000 millas por segundo aproximadamente.

El sonido recorre unos 1,115 pies por segundo. Esto es alrededor de $\frac{1}{5}$ de milla por segundo.

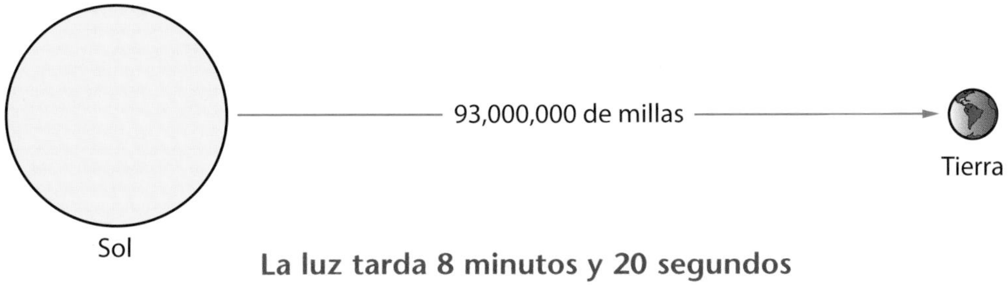

La luz tarda 8 minutos y 20 segundos en viajar del Sol a la Tierra.

Historia de los números y los cálculos

Matemáticas ... a diario

Desde que las personas comenzaron a contar, hace miles de años, se han desarrollado muchos sistemas numéricos distintos y muchas herramientas diferentes para contar y calcular.

Aprendemos a contar con los dedos cuando somos muy pequeños. ▼

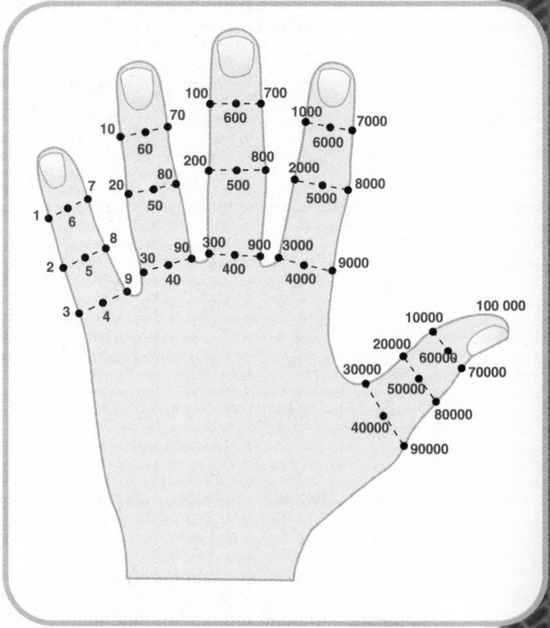

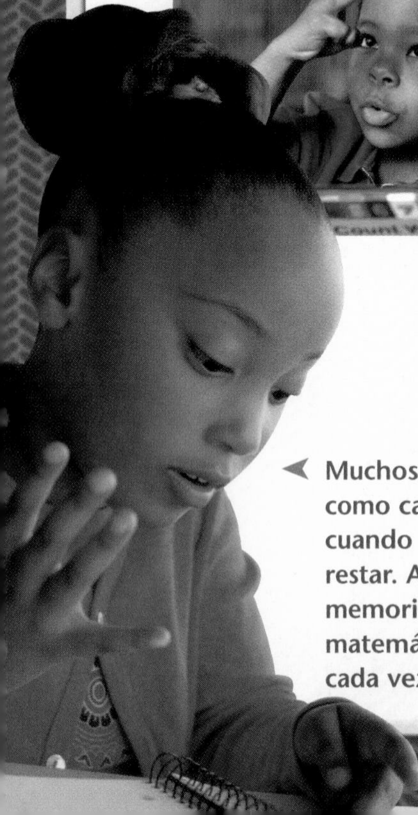

◄ Muchos usamos las manos como calculadoras simples cuando aprendemos a sumar y restar. A medida que vamos memorizando operaciones matemáticas, usamos los dedos cada vez menos.

▲ En China, se creó un método para contar hasta 100 mil con una mano y hasta 10 mil millones con ambas manos. ¿Ves el patrón?

Escribir números

Las sociedades han usado distintos tipos de sistemas para escribir números.

Esta antigua tablilla de arcilla de Babilonia muestra un problema matemático.

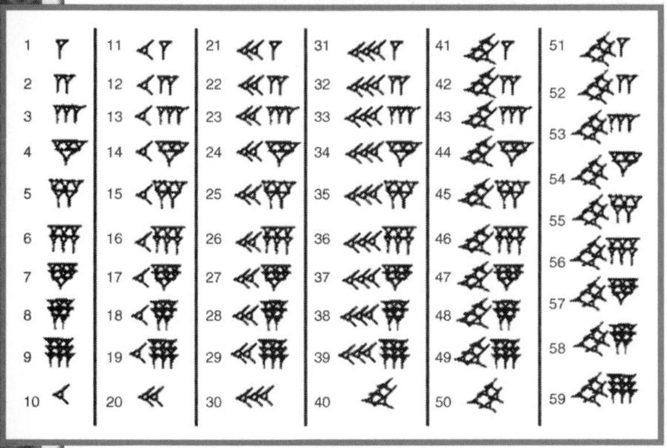

Los babilonios de Medio Oriente usaban el número 60 como base de su sistema numérico. Todavía usamos el número 60 como base para medir el tiempo, los ángulos, la latitud y la longitud.

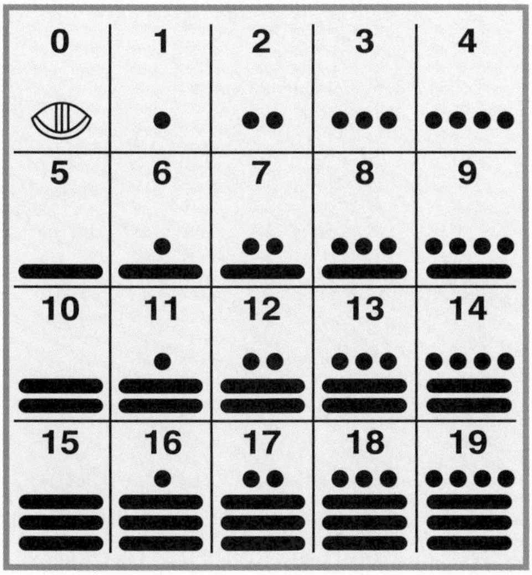

Los antiguos mayas de América Central eligieron el número 20 como base de su sistema numérico, tal vez porque contaban con los dedos de las manos y los pies.

◄ Los números romanos comenzaron a usarse hace más de 2,000 años. Todavía se usan en casos formales. Por ejemplo, se usan números romanos en edificios, relojes y espectáculos deportivos.

Ésta es una medalla de oro de las Olimpiadas número 27 de la época moderna, celebradas en Sydney, Australia. ►

Hoy en día, en el mundo occidental se usan los números arábigos. Este sistema decimal usa diez números distintos. Los números arábigos, al igual que los mayas, tienen un símbolo para el cero. Los números romanos no. ►

Herramientas para contar y calcular

Las herramientas que se usan para contar y calcular han mejorado gracias a los avances tecnológicos.

Los arqueólogos han descubierto huesos de animales de 34,000 años de antigüedad con marcas hechas por seres humanos. Estas marcas podrían representar un conteo de las cacerías que tuvieron éxito. ➤

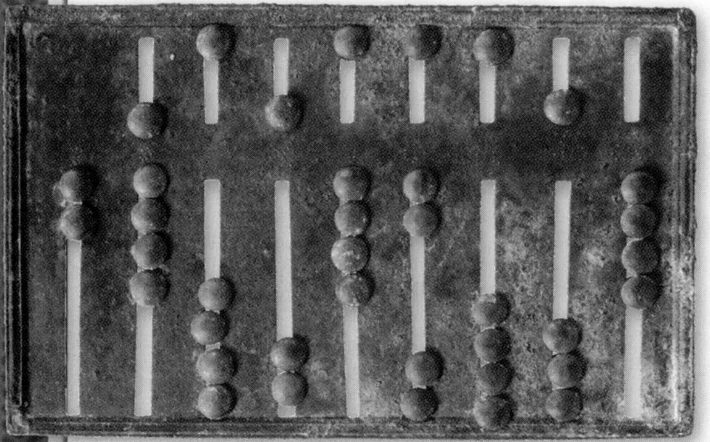

◄ El ábaco es un valioso instrumento de cálculo que se puede usar para sumar, restar, multiplicar y dividir. El ábaco romano ya se usaba en Italia en el siglo dos d.C.

El ábaco de mesa se usó en Europa hasta fines del siglo XVII. Se movían unos discos con forma de monedas a lo largo de las líneas dibujadas en una mesa o un trozo de tela. ➤

Matemáticas ... a diario

El ábaco de cuentas se creó en China alrededor del año 1200 d.C. Para contar, hay que mover las cuentas hacia la barra que separa el nivel superior del inferior. Cuando se agrupan 5 cuentas en el nivel inferior, se "lleva" el resultado al nivel superior.

Todavía se usan ábacos para contar y calcular en muchos lugares del mundo. A este reparador de ábacos de la ciudad de Hong Kong no le falta trabajo.

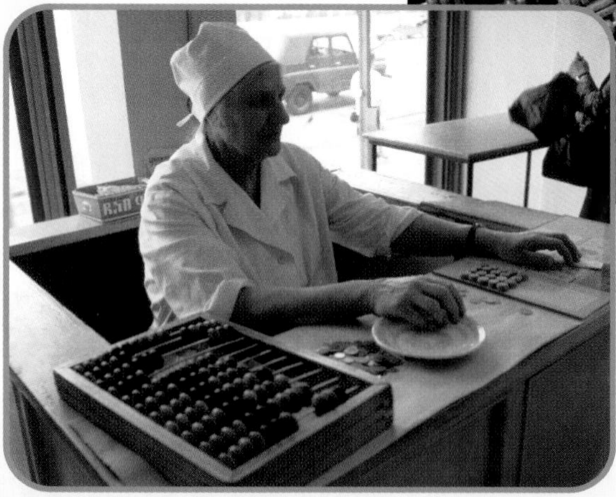

La dueña de un pequeño negocio en Volgogrado, Rusia, usa un ábaco para calcular cuánto dinero le deben sus clientes.

Calculadoras electrónicas

Las calculadoras están reemplazando al ábaco en la mayor parte del mundo, porque pueden hacer cosas que son imposibles con un ábaco. Por ejemplo, pueden calcular raíces cuadradas con facilidad.

Las calculadoras de bolsillo salieron al mercado en 1971. Son más pequeñas y fáciles de transportar que un ábaco. Uno o más chips de silicio son el "cerebro" de la calculadora. ➤

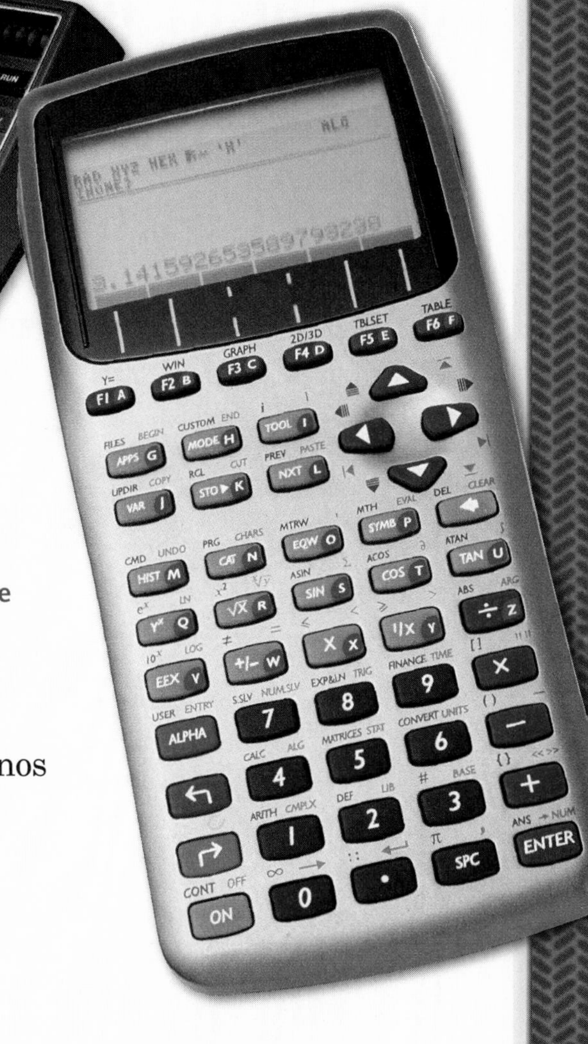

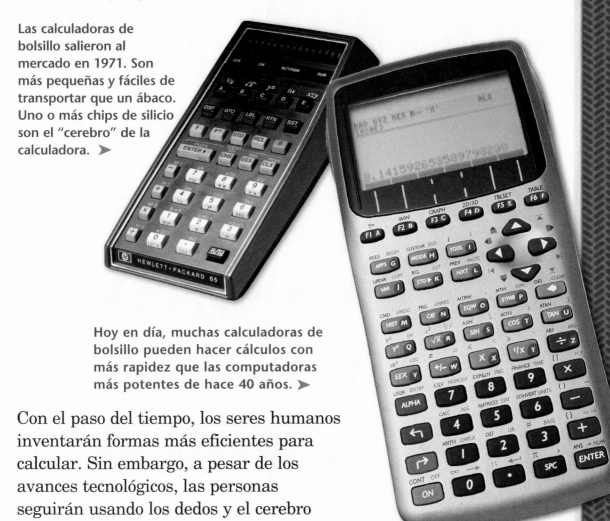

Hoy en día, muchas calculadoras de bolsillo pueden hacer cálculos con más rapidez que las computadoras más potentes de hace 40 años. ➤

Con el paso del tiempo, los seres humanos inventarán formas más eficientes para calcular. Sin embargo, a pesar de los avances tecnológicos, las personas seguirán usando los dedos y el cerebro para contar y calcular.

¿Qué métodos usas tú para contar, sumar, restar, multiplicar y dividir?

Operaciones y cómputo

Operaciones básicas de suma y resta

Es más fácil leer si reconoces las palabras a simple vista. En matemáticas, es más fácil resolver problemas si conoces las operaciones numéricas básicas. Aquí tienes algunos ejemplos de operaciones básicas de suma y resta:

Operaciones básicas de suma:

$6 + 4 = 10$, $0 + 7 = 7$, $3 + 5 = 8$, $9 + 9 = 18$

Operaciones básicas de resta:

$10 - 6 = 4$, $7 - 7 = 0$, $8 - 5 = 3$, $18 - 9 = 9$

La **tabla de operaciones** de abajo tiene filas y columnas. Se usa para mostrar *todas* las operaciones básicas de suma y resta.

Tabla de operaciones básicas de suma y resta

+,−	0	1	2	3	4	5	6	7	8	9
0	0	1	2	3	4	5	6	7	8	9
1	1	2	3	4	5	6	7	8	9	10
2	2	3	4	5	6	7	8	9	10	11
3	3	4	5	6	7	8	9	10	11	12
4	4	5	6	7	8	9	10	11	12	13
5	5	6	7	8	9	10	11	12	13	14
6	6	7	8	9	10	11	12	13	14	15
7	7	8	9	10	11	12	13	14	15	16
8	8	9	10	11	12	13	14	15	16	17
9	9	10	11	12	13	14	15	16	17	18

¿Lo sabías?

En 1489, Johann Widmann escribió un libro en el que usó por primera vez los signos + y −. Los comerciantes ya hacía mucho tiempo que usaban esos signos. Usaban + para indicar que tenían gran cantidad de algo. Usaban − para indicar que tenían poca cantidad de algo.

Se usa la tabla de operaciones para hallar *todas* las operaciones básicas de suma y resta.

Ejemplo ¿Qué operaciones de suma y resta puedes hallar usando la fila 4 y la columna 6?

Sigue por la fila 4 hacia la derecha, mientras bajas por la columna 6. La fila y la columna se encuentran en la casilla del número 10.

columna 6

fila 4

+,−	0	1	2	3	4	5	6	7	8	9
0	0	1	2	3	4	5	6	7	8	9
1	1	2	3	4	5	6	7	8	9	10
2	2	3	4	5	6	7	8	9	10	11
3	3	4	5	6	7	8	9	10	11	12
4	4	5	6	7	8	9	10	11	12	13
5	5	6	7	8	9	10	11	12	13	14
6	6	7	8	9	10	11	12	13	14	15
7	7	8	9	10	11	12	13	14	15	16
8	8	9	10	11	12	13	14	15	16	17
9	9	10	11	12	13	14	15	16	17	18

Se pueden usar los números 4, 6 y 10 para escribir dos operaciones de suma y dos de resta:

$4 + 6 = 10$ $10 - 4 = 6$
$6 + 4 = 10$ $10 - 6 = 4$

Comprueba si comprendiste

Usa la tabla de operaciones de arriba. Escribe las operaciones de suma y resta que puedas hallar.

1. Usa la fila 8 y la columna 9.

2. Usa la fila 7 y la columna 5.

3. Usa la fila 3 y la columna 8.

4. Usa la fila 9 y la columna 9.

Comprueba tus respuestas en la página 337.

Operaciones básicas de multiplicación y división

Es más fácil resolver problemas si conoces las operaciones numéricas básicas. Aquí tienes algunos ejemplos de operaciones básicas de multiplicación y división:

Operaciones básicas de multiplicación:
$6 \times 4 = 24$, $10 \times 7 = 70$, $1 \times 8 = 8$, $3 \times 9 = 27$

Operaciones básicas de división:
$24 \div 6 = 4$, $70 \div 10 = 7$, $8 \div 1 = 8$, $27 \div 3 = 9$

La **tabla de operaciones** de abajo tiene filas y columnas. Se usa para mostrar *todas* las operaciones básicas de multiplicación y división.

Tabla de operaciones básicas de multiplicación y división

×,÷	1	2	3	4	5	6	7	8	9	10
1	1	2	3	4	5	6	7	8	9	10
2	2	4	6	8	10	12	14	16	18	20
3	3	6	9	12	15	18	21	24	27	30
4	4	8	12	16	20	24	28	32	36	40
5	5	10	15	20	25	30	35	40	45	50
6	6	12	18	24	30	36	42	48	54	60
7	7	14	21	28	35	42	49	56	63	70
8	8	16	24	32	40	48	56	64	72	80
9	9	18	27	36	45	54	63	72	81	90
10	10	20	30	40	50	60	70	80	90	100

Se usa la tabla de operaciones para hallar *todas* las operaciones básicas de multiplicación y división.

Ejemplo ¿Qué operaciones de multiplicación y división puedes hallar usando la fila 4 y la columna 6?

Sigue por la fila 4 hasta la columna 6. La fila y la columna se encuentran en la casilla del número 24.

Se pueden usar los números 4, 6 y 24 para escribir dos operaciones de multiplicación y dos de división:

$4 \times 6 = 24$ $\quad$ $24 \div 4 = 6$

$6 \times 4 = 24$ $\quad$ $24 \div 6 = 4$

columna 6

fila 4 →

×, ÷	1	2	3	4	5	6	7	8	9	10
1	1	2	3	4	5	6	7	8	9	10
2	2	4	6	8	10	12	14	16	18	20
3	3	6	9	12	15	18	21	24	27	30
4	4	8	12	16	20	24	28	32	36	40
5	5	10	15	20	25	30	35	40	45	50
6	6	12	18	24	30	36	42	48	54	60
7	7	14	21	28	35	42	49	56	63	70
8	8	16	24	32	40	48	56	64	72	80
9	9	18	27	36	45	54	63	72	81	90
10	10	20	30	40	50	60	70	80	90	100

Comprueba si comprendiste

Usa la tabla de operaciones de arriba. Escribe las operaciones de multiplicación y división que puedas hallar.

1. Usa la fila 8 y la columna 9.
2. Usa la fila 7 y la columna 5.
3. Usa la fila 3 y la columna 8.
4. Usa la fila 9 y la columna 9.

Comprueba tus respuestas en la página 337.

Triángulos de operaciones y familias de operaciones

Los **Triángulos de operaciones** son herramientas que ayudan a memorizar las operaciones básicas. Una serie de triángulos se usa para practicar la suma y la resta y otra para la multiplicación y la división.

Aquí hay una tarjeta de un Triángulo de operaciones. Los signos "+, –" escritos en la tarjeta indican que se usa para practicar operaciones de suma y resta. El número en la esquina • es la suma de los otros dos números.

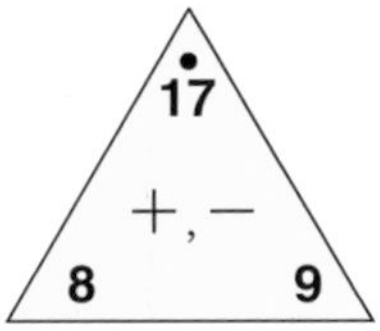

Familia de operaciones para este Triángulo de operaciones

$8 + 9 = 17$	$17 - 8 = 9$
$9 + 8 = 17$	$17 - 9 = 8$

Un Triángulo de operaciones muestra operaciones básicas de los números escritos en la tarjeta. Estas operaciones se llaman una **familia de operaciones.**

Trabaja con un compañero al usar un Triángulo de operaciones. Uno de ustedes tapa con un dedo una de las tres esquinas. El otro dice una operación de suma o resta.

Ejemplo Aquí se muestran maneras de usar el Triángulo de operaciones de arriba.

Marla tapa el 17. Alice dice "8 + 9 es igual a 17" ó "9 + 8 es igual a 17".

Marla tapa el 9. Alice dice "17 – 8 es igual a 9".

Marla tapa el 8. Alice dice "17 – 9 es igual a 8".

Aquí hay una tarjeta de un Triángulo de operaciones. Los signos "$\times$, $\div$" escritos en la tarjeta indican que se usa para practicar operaciones de multiplicación y división. El número en la esquina • es el producto de los otros dos números.

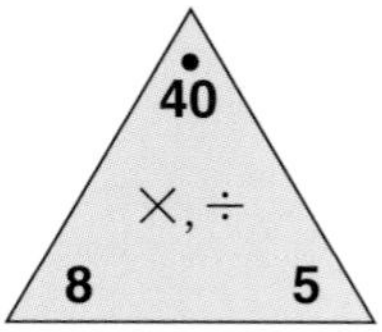

Familia de operaciones para este Triángulo de operaciones

$5 \times 8 = 40$	$40 \div 5 = 8$
$8 \times 5 = 40$	$40 \div 8 = 5$

Comprueba si comprendiste

1. Escribe la familia de operaciones para cada uno de estos Triángulos de operaciones.

a.

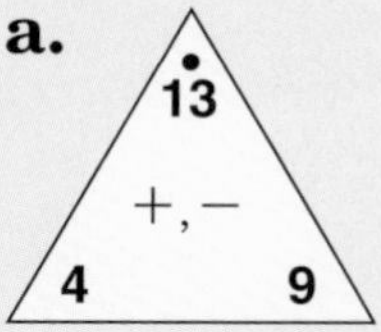

b.

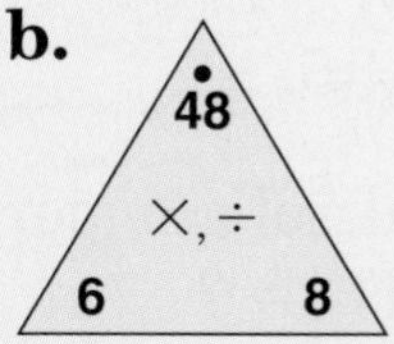

2. Dibuja un Triángulo de operaciones para cada una de estas familias de operaciones. Escribe dentro de cada triángulo los tres números que correspondan.

a.

$7 + 5 = 12$

$5 + 7 = 12$

$12 - 5 = 7$

$12 - 7 = 5$

b.

$6 \times 10 = 60$

$10 \times 6 = 60$

$60 \div 6 = 10$

$60 \div 10 = 6$

Comprueba tus respuestas en la página 337.

Atajos

Aquí tienes algunas formas de usar las operaciones que ya sabes para aprender operaciones nuevas. Se llaman atajos.

Más 0: Al sumar 0 a un número, éste no cambia.
Ejemplos $6 + 0 = 6$ $0 + 812 = 812$

Menos 0: Al restar 0 a un número, éste no cambia.
Ejemplos $6 - 0 = 6$ $1{,}999 - 0 = 1{,}999$

Por 0: Al multiplicar un número por 0, el resultado es 0.
Ejemplos $6 \times 0 = 0$ $0 \times 46 = 0$ $1{,}999 \times 0 = 0$

Por 1: Al multiplicar un número por 1, éste no cambia.
Ejemplos $1 \times 6 = 6$ $46 \times 1 = 46$ $1 \times 812 = 812$

Por 5: Para multiplicar por 5, piensa en *nickels*.
Ejemplo $7 \times 5 = ?$ 7 *nickels* son 35¢.
Entonces, $7 \times 5 = 35$.

Por 10: Para multiplicar por 10, piensa en *dimes*.
Ejemplo $7 \times 10 = ?$ 7 *dimes* son 70¢.
Entonces, $7 \times 10 = 70$.

Atajo de suma en orden inverso: Los números tienen el mismo resultado cuando se suman al revés.
Ejemplos $4 + 9 = 9 + 4$ $135 + 60 = 60 + 135$

Atajo de multiplicación en orden inverso:
Los números tienen el mismo producto cuando se multiplican al revés.
Ejemplos $6 \times 9 = 9 \times 6$ $105 \times 41 = 41 \times 105$

Método de suma con sumas parciales

Se pueden usar diferentes métodos para sumar. Uno de ellos se llama **método de sumas parciales,** y se describe abajo. Tal vez tienes un método favorito para sumar. Aun así, asegúrate de que también eres capaz de usar el método de sumas parciales.

Aquí está el método de sumas parciales para sumar números de 2 ó 3 dígitos:

1. Suma las centenas.
2. Suma las decenas.
3. Suma las unidades.
4. Suma los totales anteriores (las sumas parciales).

¿Lo sabías?

La palabra *algoritmo* es otra forma de decir *método.* Un método es un conjunto de reglas claras que se usan para resolver un problema. Un algoritmo también lo es.

Ejemplo Suma 248 + 187 usando el método de sumas parciales.

		100	10	1
		2	**4**	**8**
		+ **1**	**8**	**7**
Suma las centenas.	200 + 100 →	3	0	0
Suma las decenas.	40 + 80 →	1	2	0
Suma las unidades.	8 + 7 →		1	5
Suma las sumas parciales.	300 + 120 + 15 →	**4**	**3**	**5**

248 + 187 = 435

Los números de 4 dígitos o más se suman de la misma manera.

Comprueba si comprendiste

Usa el método de sumas parciales para sumar.

1. 34 + 62 **2.** 34 + 88 **3.** 123 + 456 **4.** 408 + 393

Comprueba tus respuestas en la página 337.

Puedes usar bloques de base 10 para demostrar cómo funciona el método de suma con sumas parciales.

Ejemplo Usa bloques de base 10 para sumar 248 + 187.

Cada cubo de base 10 vale 1.

Cada largo de base 10 vale 10.

Y cada plano de base 10 vale 100.

Suma los bloques de cada columna. Luego halla el total.

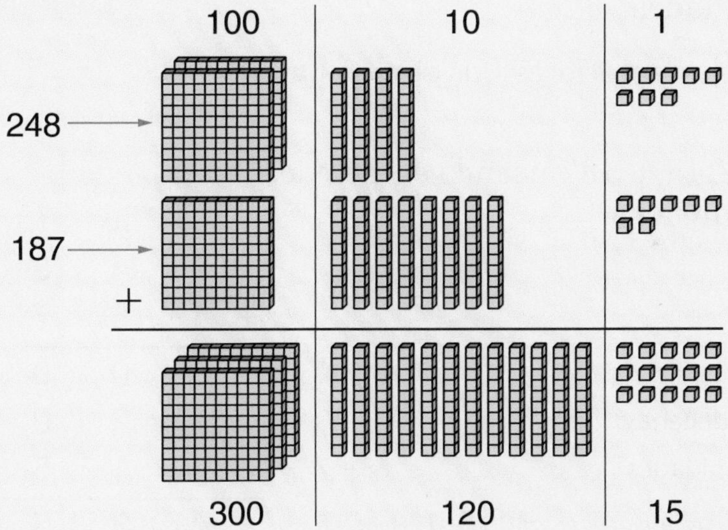

Halla el total. 300 + 120 + 15 = 435

248 + 187 = 435

Método de suma en columnas

Muchas personas prefieren sumar con el **método en columnas.**

Aquí está el método en columnas para sumar números de 2 ó 3 dígitos:

1. Traza líneas para separar los lugares de las unidades, decenas y centenas.
2. Suma los números en cada columna. Escribe cada total en su columna.
3. Si hay 2 dígitos en el lugar de las unidades, cambia 10 unidades por 1 decena.
4. Si hay 2 dígitos en el lugar de las decenas, cambia 10 decenas por 1 centena.

Ejemplo Suma 248 + 187 usando el método de suma en columnas.

	100	10	1
	2	**4**	**8**
Suma los números de cada columna.	+ **1**	**8**	**7**
	3	12	15
Hay dos dígitos en las unidades. Cambia 15 unidades por 1 decena y 5 unidades. Mueve 1 decena a la columna de las decenas.	3	13	5
Hay dos dígitos en el lugar de las decenas. Cambia 13 decenas por 1 centena y 3 decenas. Mueve 1 centena a la columna de las centenas.	**4**	**3**	**5**

248 + 187 = 435

Método de resta cambiando primero

Uno de los métodos de resta se llama **método de resta cambiando primero.** Aquí está el procedimiento para restar números de 2 ó 3 dígitos:

1. Observa los dígitos en el lugar de las unidades. Si no puedes restar estos dígitos sin obtener un número negativo, cambia 1 decena por 10 unidades.

2. Observa los dígitos en el lugar de las decenas. Si no puedes restar estos dígitos sin obtener un número negativo, cambia 1 centena por 10 decenas.

3. Resta en cada columna.

Ejemplo Resta 164 de 352 usando el método de resta cambiando primero.

100	10	1
3	**5**	**2**
− **1**	**6**	**4**

Observa las unidades. No puedes quitarle 4 unidades a 2 unidades.

100	10	1
	4	12
3	~~5~~	~~2~~
− 1	6	4

Entonces, cambia 1 decena por 10 unidades. Ahora observa las decenas. No puedes quitarle 6 decenas a 4 decenas.

100	10	1
	14	
2	~~4~~	12
~~3~~	~~5~~	~~2~~
− 1	6	4
1	**8**	**8**

Entonces, cambia 1 centena por 10 decenas. Ahora resta en cada columna.

$352 - 164 = 188$

Comprueba si comprendiste

Usa el método de resta cambiando primero para restar.

1. $67 - 29$ **2.** $132 - 115$ **3.** $248 - 72$ **4.** $306 - 155$

Comprueba tus respuestas en la página 337.

Los bloques de base 10 son útiles para resolver problemas. Si no tienes bloques, puedes hacer dibujos.

En este ejemplo del método de resta cambiando primero se usan dibujos abreviados.

Bloques de base 10 y sus dibujos abreviados

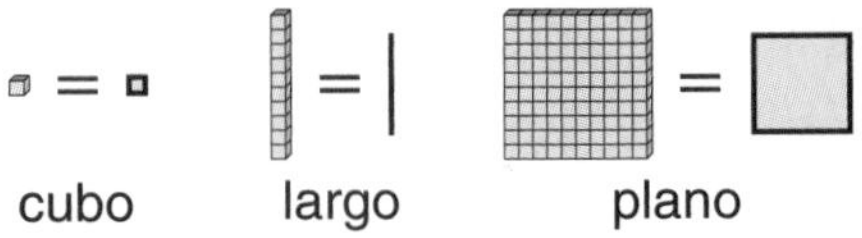

Ejemplo $324 - 167 = ?$

Usa dibujos de bloques de base 10 para hacer un modelo del número más grande, 324. Escribe el número que vas a restar, 167, debajo de los dibujos.

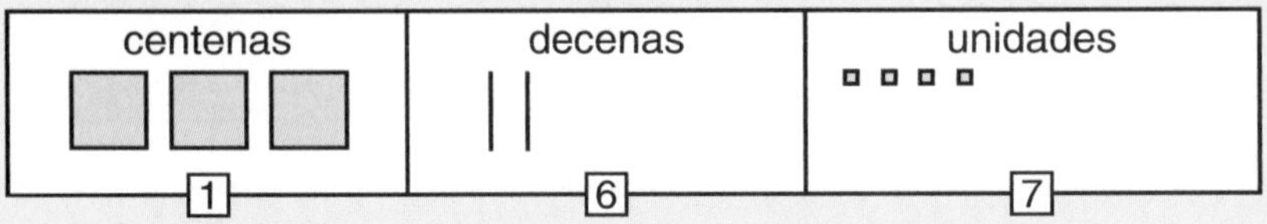

100	10	1
3	2	4
− 1	6	7

Piensa: ¿Puedo quitarles 7 cubos a 4 cubos? No. Cambia 1 largo por 10 cubos.

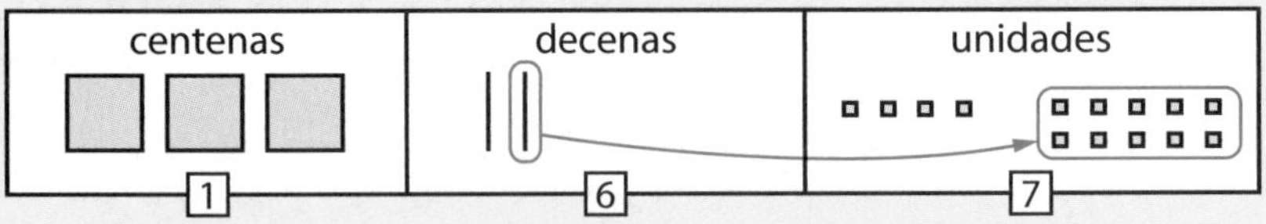

Piensa: ¿Puedo quitarle 6 largos a 1 largo? No. Cambia 1 plano por 10 largos.

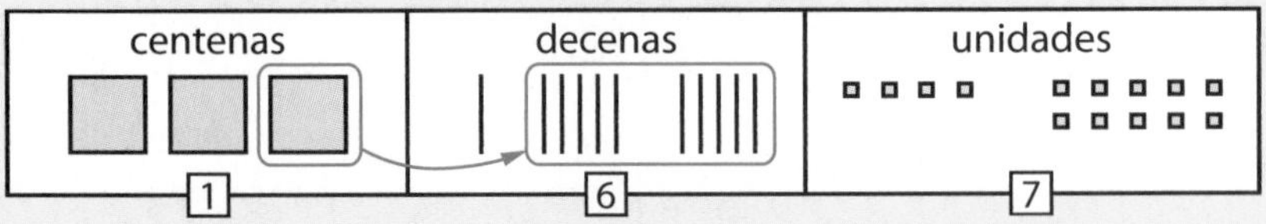

Después de todos los cambios, los bloques se ven así:

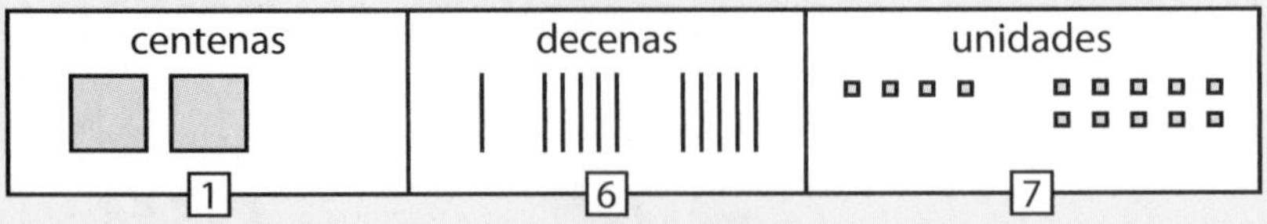

Ahora resta en cada columna.

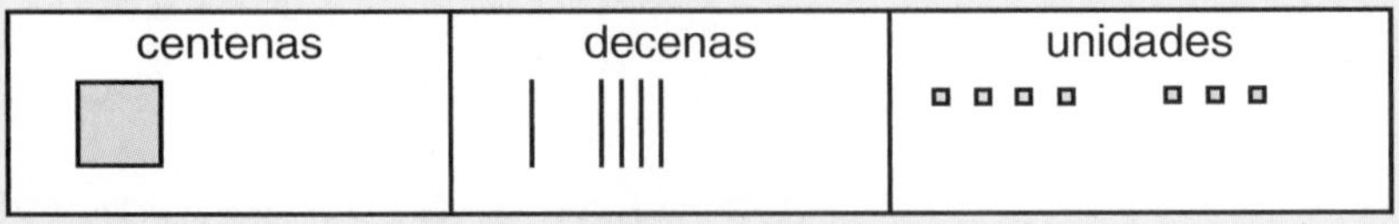

100	10	1
3	2	4
− 1	6	7
1	5	7

La diferencia es 157.

Método de resta de izquierda a derecha

Puedes restar dos números restando las columnas de una en una. Empieza con la columna de la izquierda y termina con la columna de la derecha. Por eso el método se llama **método de izquierda a derecha.**

Aquí está el método de izquierda a derecha para restar números de 2 ó 3 dígitos:

1. Resta las centenas.

2. Luego resta las decenas.

3. Después resta las unidades.

Ejemplos Usa el método de izquierda a derecha para resolver estos problemas.

$$\begin{array}{r} 60 \\ -\ 27 \\ \hline \end{array}$$

No hay centenas. Entonces, resta primero las decenas.

		10	1
		6	**0**
Resta las decenas.	−	**2**	0
		4	0
Resta las unidades.	−		**7**
		3	**3**

60 − 27 = 33

$$\begin{array}{r} 932 \\ -\ 356 \\ \hline \end{array}$$

		100	10	1
		9	**3**	**2**
Resta las centenas.	−	**3**	0	0
		6	3	2
Resta las decenas.	−		**5**	0
		5	8	2
Resta las unidades.	−			**6**
		5	**7**	**6**

932 − 356 = 576

Método de resta de contar hacia adelante

Puedes restar dos números contando desde el número más pequeño al más grande. Restar de esta manera se llama **método de contar hacia adelante.**

1. Escribe el número más pequeño. Cuenta hacia adelante hasta el múltiplo de 10 más cercano.
2. Sigue contando de 10 en 10 y de 100 en 100.
3. Luego cuenta hasta el número más grande.

Ejemplo Resta 38 de 325 contando hacia adelante. Primero, escribe el número más pequeño, 38. Luego, cuenta del 38 al 325. Encierra en un círculo cada número que vayas añadiendo.

38	
+ (2)	Cuenta hasta la decena más cercana.
40	
+ (60)	Cuenta hasta la centena más cercana.
100	
+ (200)	Cuenta hasta la centena más grande posible.
300	
+ (25)	Cuenta hasta el número más grande.
325	

Luego, suma los números que encerraste: $2 + 60 + 200 + 25 = 287$
Contaste hacia adelante 287.

$325 - 38 = 287$

Comprueba si comprendiste

Usa el método de izquierda a derecha o de contar hacia adelante para restar.

1. $90 - 33$ **2.** $242 - 70$ **3.** $835 - 451$ **4.** $520 - 148$

Comprueba tus respuestas en la página 337.

Matrices

Una **matriz** es un grupo de objetos dispuestos en **filas** y **columnas.**

- La línea que rodea a las filas y columnas forma un rectángulo.
- Cada fila está completa y tiene el mismo número de objetos.
- Cada columna está completa y tiene el mismo número de objetos.

Ejemplo Los botones de un teléfono son una matriz.

La línea que rodea a los botones
forma un rectángulo.
Hay 3 botones en cada fila.
Hay 4 botones en cada columna.

Esta matriz se llama matriz de 4 por 3.

Ejemplo Los huevos de este envase son una matriz.

Aquí tienes una manera de describir la matriz:

- Tiene 2 filas de 6 huevos cada una.
- Se llama matriz de 2 por 6.

Aquí tienes otra manera de describir la matriz:

- Tiene 6 columnas de 2 huevos cada una.
- Se llama matriz de 6 por 2.

Ejemplo Hay 4 maneras diferentes de hacer una matriz que tenga 10 objetos.

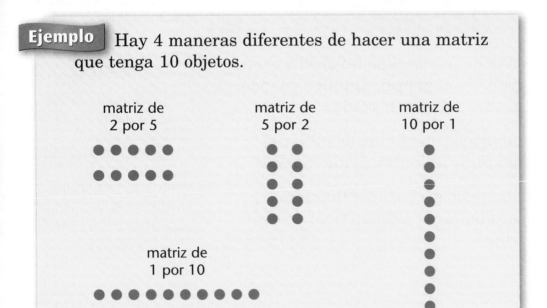

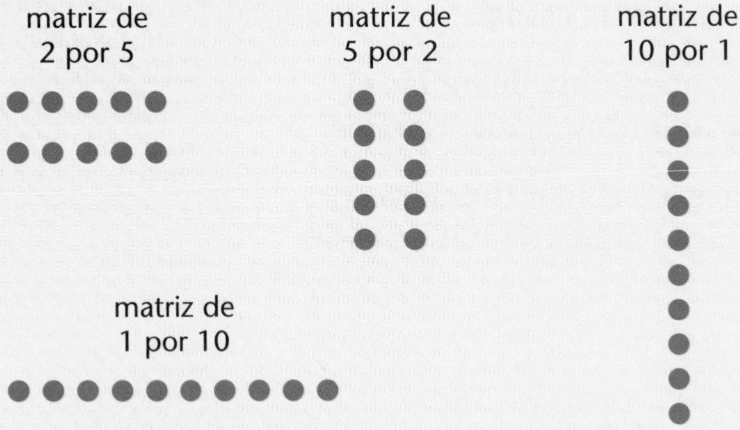

Las matrices son útiles para mostrar **grupos iguales** de objetos. Los grupos son iguales si cada uno tiene el mismo número de objetos.

Ejemplo Louise compra 4 paquetes de jugo. Cada paquete contiene 6 jugos y se llama "paquete de seis". Muestra los 4 paquetes en una matriz.

Hay 4 grupos (4 paquetes de jugo).
Cada grupo tiene el mismo número de jugos (6).

Dibuja una matriz de 4 por 6 para mostrar los 4 grupos.

Cada fila representa un paquete (o paquete de seis).

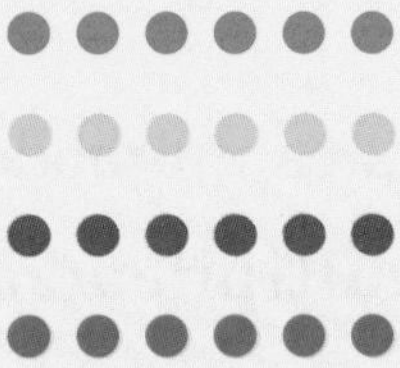

Multiplicación y grupos iguales

Muchas historias de números se refieren a grupos iguales. Los grupos son **grupos iguales** cuando contienen el mismo número de cosas.

La **multiplicación** es una forma de hallar el número total de cosas al juntar grupos iguales.

Multiplica (número de grupos) por (número en cada grupo) para hallar el número total de cosas en todos los grupos.

¿Lo sabías?

El signo de multiplicación, ×, fue inventado por un matemático británico llamado William Oughtred. La primera vez que apareció impreso en un libro fue en 1618.

Ejemplo Halla el número total de puntos que se muestran.

Una manera de hallar el número total de puntos es contándolos. Hay 12 puntos.

Otra forma de hallar el número total de puntos es pensar en grupos iguales de puntos. Hay 3 grupos y 4 puntos en cada grupo. Entonces, este es un problema de grupos iguales.

Para hallar el número total de puntos,
multiplica (número de grupos) × (número en cada grupo): $3 \times 4 = 12$.
3 grupos de 4 es lo mismo que 12.

Hay 12 puntos en total.

Decimos que $3 \times 4 = 12$ es un modelo numérico para el problema.

La × es un **signo de multiplicación.** 3×4 se lee "3 **veces** 4" o "3 **por** 4."

Las matrices son muy útiles para mostrar grupos iguales de objetos. Dibujar matrices te puede ayudar a resolver problemas de grupos iguales.

Ejemplo Hay 6 cajas con 4 botellas por caja. ¿Cuántas botellas hay en total?

La palabra **por** significa "en cada". Entonces, hay 4 botellas en cada caja.

Las 6 cajas son los 6 grupos. Cada caja tiene el mismo número de botellas (4). Entonces, este es un problema de grupos iguales.

Puedes dibujar una matriz para mostrar los 6 grupos iguales. Cada fila representa 1 caja con 4 botellas.

Multiplica (número de filas) por (número de columnas) para hallar el número total de objetos en la matriz. $6 \times 4 = 24$.
6 grupos de 4 es lo mismo que 6×4, o sea, 24.

Escribimos 6×4 para mostrar 6 grupos de 4.
Hay 24 botellas en total.

Un modelo numérico para este problema es $6 \times 4 = 24$.

Comprueba si comprendiste

1. Hay 4 mesas y 8 sillas por mesa. ¿Cuántas sillas hay en total? Dibuja una matriz para resolver el problema.
2. Escribe un modelo numérico de multiplicación para cada matriz.

a. 

b. 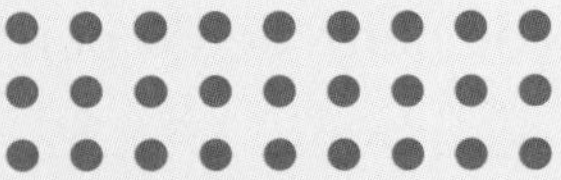

Comprueba tus respuestas en la página 338.

Método de multiplicación de productos parciales

Una manera de multiplicar se llama **método de productos parciales.** Escribe 1, 10 y 100 sobre las columnas, como se muestra abajo.

Ejemplo Multiplica 5×26.

Piensa en el 26 como 2 decenas y 6 unidades.

Luego multiplica cada parte del 26 por 5.

			100	10	1
				2	**6**
		×			**5**
5 unidades × 2 decenas:	$5 \times 20 \rightarrow$		1	0	0
5 unidades × 6 unidades:	$5 \times 6 \rightarrow$			3	0
Suma estas dos partes:	$100 + 30 \rightarrow$		**1**	**3**	**0**

$5 \times 26 = 130$

En el siguiente ejemplo, se usa un diagrama de matriz para resolver el mismo problema.

Ejemplo Usa un diagrama de matriz para mostrar 5×26.

Dibuja una matriz de 5 filas con 26 puntos en cada fila.
Divide cada fila para mostrar 2 decenas (puntos azules) y 6 unidades (puntos rojos).

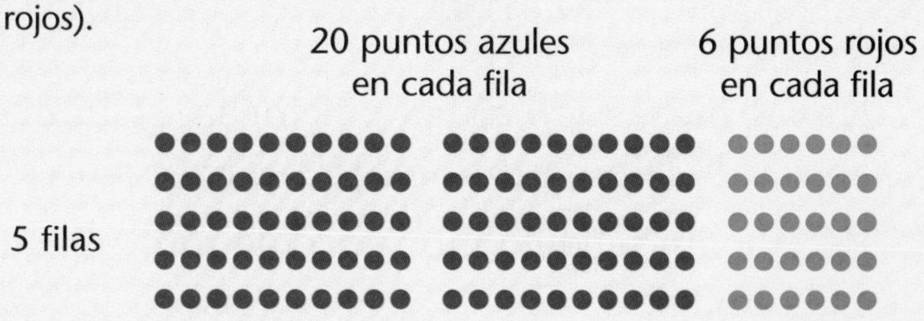

Multiplica cada parte de 26 por 5: $5 \times 20 = 100$ $5 \times 6 = 30$

Suma estas dos partes: $5 \times 26 = 100 + 30$, que es igual a 130.

$5 \times 26 = 130$

Ejemplo Multiplica 34×26.

		100	10	1
Piensa en 26 como 2 decenas y 6 unidades.			**2**	**6**
Piensa en 34 como 3 decenas y 4 unidades.		×	**3**	**4**
Multiplica cada parte de 26 por cada parte de 34.				
3 decenas × 2 decenas:	30 × 20 →	6	0	0
3 decenas × 6 unidades:	30 × 6 →	1	8	0
4 unidades × 2 decenas:	4 × 20 →		8	0
4 unidades × 6 unidades:	4 × 6 →		2	4
Suma estas cuatro partes: 600 + 180 + 80 + 24 →		**8**	**8**	**4**

$34 \times 26 = 884$

El problema 34×26 está dividido en cuatro problemas sencillos. La respuesta a cada problema se llama **producto parcial.** Al sumar estos productos parciales, obtenemos la respuesta a 34×26.

Comprueba si comprendiste

Usa el método de productos parciales para multiplicar.

1. 6×37

2. 58×7

3. $1{,}574 \times 7$

4. 69×34

Comprueba tus respuestas en la página 338.

Método de multiplicación reticulado

El **método reticulado** para multiplicar números se ha usado durante cientos de años. Es muy fácil de usar si sabes las operaciones básicas de multiplicación. Estudia los ejemplos de abajo.

Ejemplo Usa el método reticulado para multiplicar 3×45.

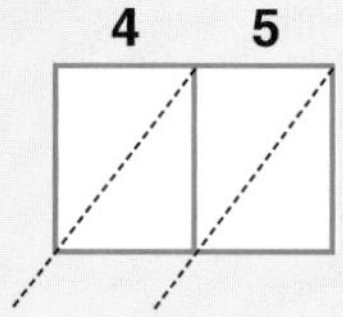

La caja con cuadrados y diagonales se llama **retícula.**
Escribe 45 sobre la retícula.
Escribe 3 a la derecha de la retícula.

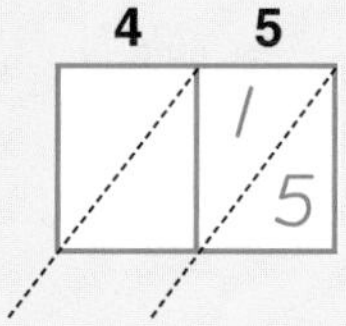

Multiplica 3×5.
Escribe la respuesta como se muestra.

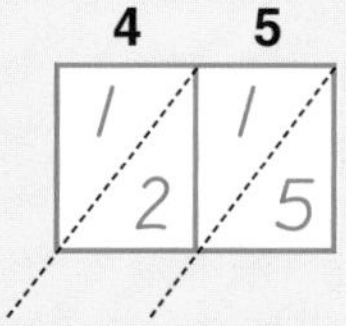

Multiplica 3×4.
Escribe la respuesta como se muestra

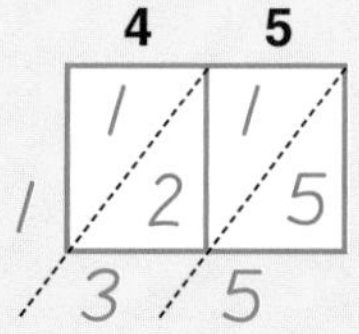

Suma a lo largo de cada diagonal desde la derecha.

Lee la respuesta. $3 \times 45 = 135$

Ejemplo Usa el método reticulado. Multiplica 4×713.

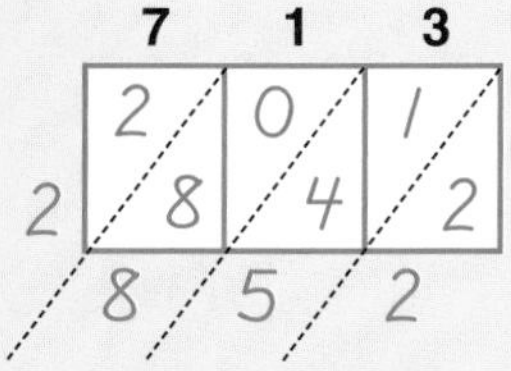

$4 \times 713 = 2{,}852$

La suma de números a lo largo de una diagonal puede resultar en un número de 2 dígitos. Cuando esto pase...

- Escribe el dígito de las unidades.
- Agrega el dígito de las decenas a la suma de la diagonal de arriba.

Ejemplo Usa el método reticulado. Multiplica 7×89.

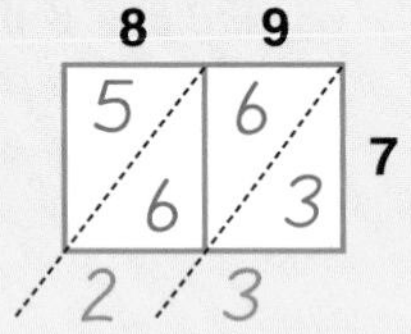

La suma de los números de una diagonal es $6 + 6 = 12$.
Escribe el dígito de las unidades de 12.

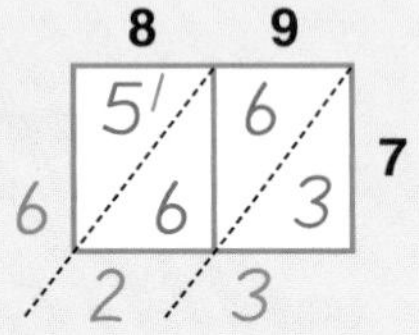

Agrega el dígito de las decenas de 12 a la suma de la diagonal de arriba.
La suma es 6.

Lee la respuesta. $7 \times 89 = 623$

Ejemplo Usa el método reticulado. Multiplica 34×26.

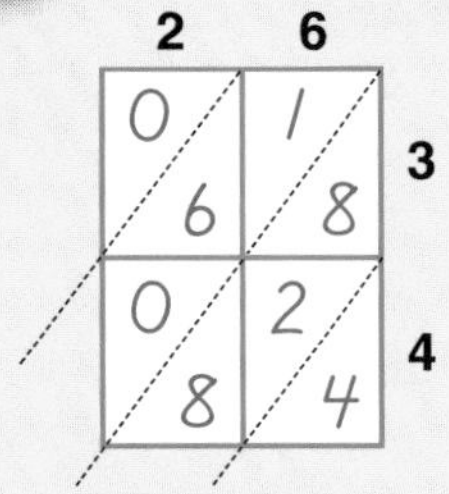

Escribe 26 sobre la retícula.
Escribe 34 a la derecha de la retícula.

Multiplica 3×6. Luego multiplica 3×2.
Multiplica 4×6. Luego multiplica 4×2.

Escribe las respuestas como se muestra en la retícula.

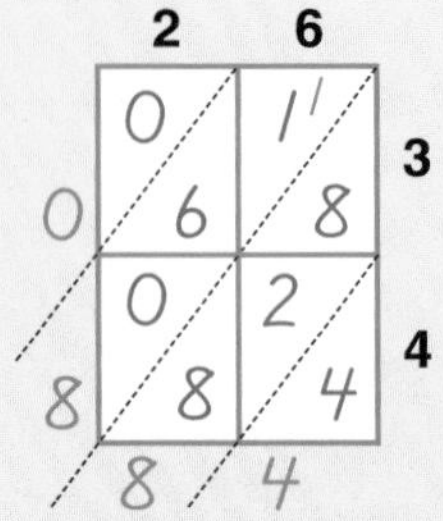

Suma los números a lo largo de cada diagonal desde la derecha.

Para la suma 18, escribe 8. Luego agrega 1 a la suma de la diagonal de arriba.

Lee la respuesta. $34 \times 26 = 884$

La búsqueda de formas para registrar los cómputos empezó en la India, alrededor del siglo once, posiblemente. Se cree que el método de multiplicación reticulado pasó de los hindúes a los árabes, quienes a su vez lo pasaron a los europeos. En el siglo quince, ciertos escritores de Europa Occidental lo incluyeron en sus libros impresos.

El primer libro impreso de matemáticas apareció en Italia, en 1478. Luca Pacioli enumeró ocho maneras diferentes de multiplicar en ese libro y llamó a una de esas maneras "multiplicación reticulada". El nombre se refiere a las rejillas de las ventanas que impedían que la gente mirara hacia adentro.

¿Lo sabías?

A fines del siglo XVI, John Napier inventó unas barras numeradas que se podían usar para multiplicar. Las barras eran tiras de madera o hueso, llamadas "huesos de Napier". Multiplicar con estas barras es casi lo mismo que hacerlo con el método reticulado.

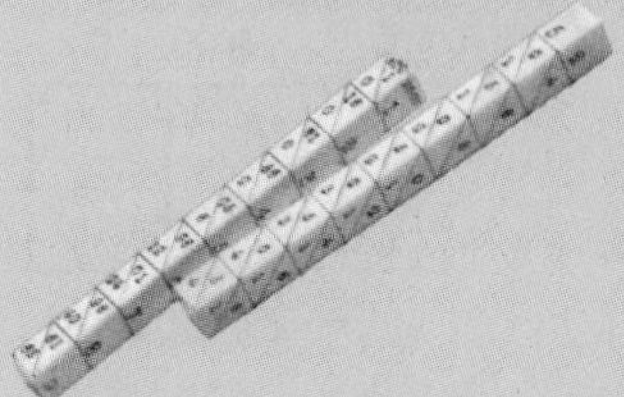

Comprueba si comprendiste

1.

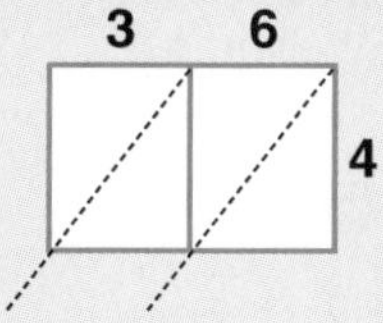

$4 \times 36 =$ ___

2.

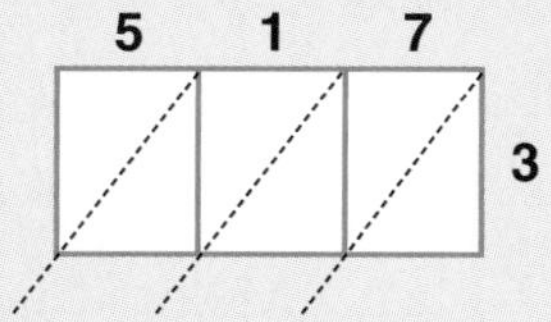

$3 \times 517 =$ ___

3.

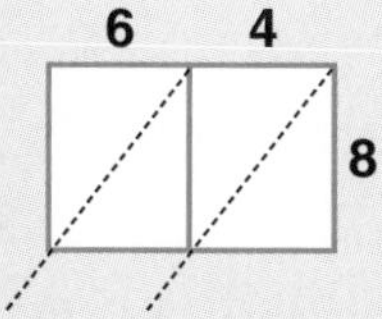

$64 \times 8 =$ ___

4.

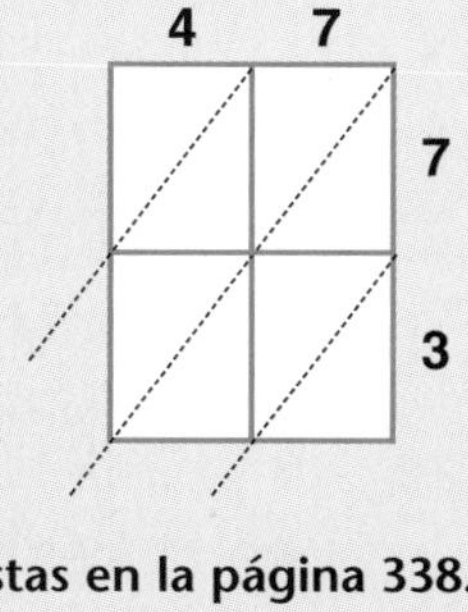

$47 \times 73 =$ ___

Comprueba tus respuestas en la página 338.

División y partes iguales

En una **historia de partes iguales** se divide un grupo de cosas en partes iguales. Las partes iguales también se llaman porciones iguales.

Las historias de partes iguales también se llaman **historias de división.**

A veces no es posible dividir un grupo en porciones iguales. El número que sobra se llama **residuo.**

El **signo de división** (÷) se usa para indicar la división. Se usa para escribir modelos numéricos para las historias de partes iguales.

Ejemplo Cuatro niños se reparten 24 canicas por igual. ¿Cuántas canicas recibe cada niño?

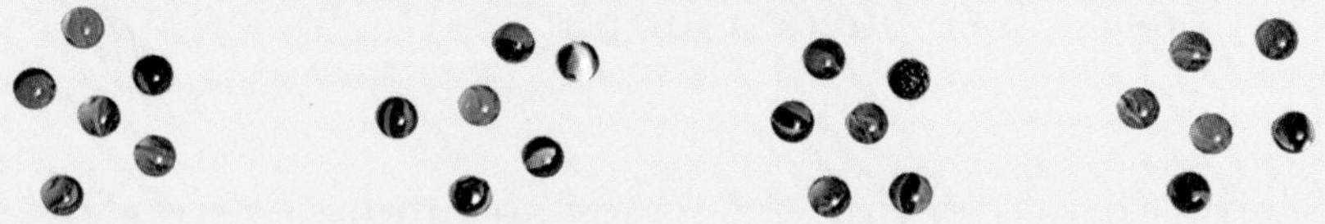

Puedes dividir las 24 canicas en 4 porciones iguales.

Cada porción tiene 6 canicas. El residuo es 0 porque no sobran canicas.

Un modelo numérico para este problema es $24 \div 4 = 6$. Esto se lee "24 entre 4 es igual a 6".

Ejemplo Cuatro niños se reparten 26 canicas por igual. Cada porción tiene 6 canicas. El residuo es 2 porque sobran 2 canicas. Un modelo numérico para este problema es $26 \div 4 = 6$ (residuo 2).

División y grupos iguales

En algunas historias de división hay que formar grupos iguales. Se sabe el número de cosas en cada grupo. El problema es hallar el número de grupos que se pueden formar con las cosas que hay.

Ejemplo 23 niños quieren jugar a la pelota. ¿Cuántos equipos puedes formar con 5 niños por equipo?

La palabra **por** significa "en cada". Entonces, hay 5 niños en cada equipo. Cada equipo de 5 niños es un grupo.

Puedes usar fichas o marcas de conteo para hallar cuántos grupos de 5 se pueden formar con 23 niños.

El conteo de arriba muestra que 23 niños se pueden repartir en 4 grupos (equipos), y sobran 3 niños. El residuo es 3.

Un modelo numérico para esta historia de números es $23 \div 5 = 4$ (residuo 3).

Resumen de la división y partes iguales:

Divide (el total) entre (el número de porciones) para hallar el número de cosas en 1 de las porciones.

Resumen de la división y los grupos iguales:

Divide (el total) entre (el número en 1 grupo) para hallar el número de grupos que se pueden formar con el total.

Datos y posibilidad

Tablas de conteo

Hay diferentes maneras de recopilar información sobre algo.

- Contar
- Medir
- Preguntar
- Observar algo y describir lo que se ve

La información recopilada se llama **datos**. Puedes usar una **tabla de conteo** para organizarlos.

Ejemplo El Sr. Davis preguntó a sus estudiantes el nombre de sus bebidas favoritas y recopiló sus preferencias en la tabla de conteo de abajo.

Bebidas favoritas

Bebida	Marcas
leche	~~////~~
leche con chocolate	///
refresco	~~////~~ ~~////~~ /
jugo de manzana	///
jugo de tomate	/
agua	//

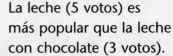

La leche (5 votos) es más popular que la leche con chocolate (3 votos).

El refresco es la bebida más popular (11 votos).

El jugo de tomate es la bebida menos popular (1 voto).

Hay 25 marcas de conteo en la tabla.
Eso significa que 25 estudiantes votaron por su bebida favorita.

Comprueba si comprendiste

1. ¿Cuántos niños votaron por el jugo de manzana?
2. ¿Qué bebidas son menos populares que el jugo de manzana?

Comprueba tus respuestas en la página 338.

Tablas de conteo y diagramas de puntos

Un **diagrama de puntos** es otra manera de organizar los datos para entenderlos fácilmente. El ejemplo de abajo muestra que los diagramas de puntos son muy parecidos a las tablas de conteo.

Ejemplo El Sr. Ramírez dio a su clase una prueba de ortografía de 5 palabras. Aquí están los resultados de los niños (aciertos):

Ann 3	Joe 4	Britney 2	Lilly 4
Stan 4	Hanna 3	Jim 5	Carlos 4
Tanesha 1	Ramón 2	Ari 1	Ted 3
Aaron 3	Dina 2	Mark 4	Tina 4

Se puede organizar el puntaje total de las pruebas en una tabla de conteo o en un diagrama de puntos. Ambas formas usan marcas para mostrar cuántos niños obtuvieron cada puntaje.

La tabla de conteo usa marcas de conteo.

Puntaje total

Aciertos	Marcas
0	
1	//
2	///
3	////
4	~~////~~ /
5	/

El diagrama de puntos usa X.

Puntaje total

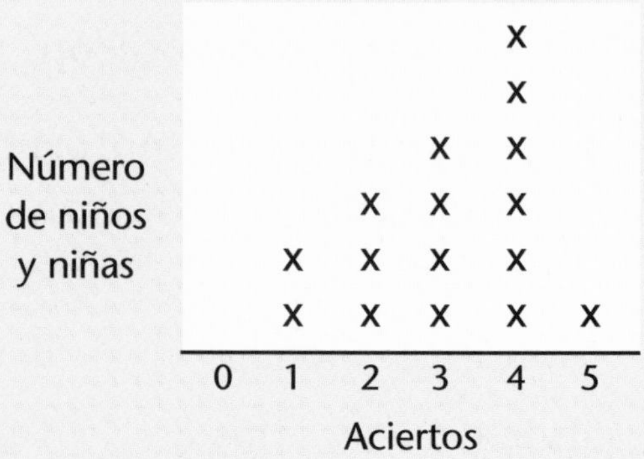

La tabla de conteo y el diagrama de puntos muestran que 6 niños obtuvieron 4 palabras correctas.

Imagina que le das un cuarto de giro al diagrama de puntos. Verás que la tabla de conteo y el diagrama de puntos son muy parecidos.

Comprueba si comprendiste

1. La clase de la Sra. Clark saldrá de excursión. Los alumnos decidieron el día con una votación.

La tabla de conteo muestra cómo votó la clase.

Votos para decidir el día de la excursión

Día	Marcas
lunes	𝍸 /
martes	
miércoles	////
jueves	𝍸 //
viernes	𝍸 ///

a. ¿Qué día obtuvo más votos?

b. ¿Qué día obtuvo menos votos?

c. ¿Cuántos niños votaron por el miércoles?

d. ¿Cuántos niños votaron?

2. El Sr. Ramírez dio una prueba de ortografía de 5 palabras a algunos niños. Aquí está el puntaje total de los niños (aciertos):

Ann 3	Joe 5	Britney 4	Lilly 5	Stan 1
Jim 4	Carlos 3	Tanesha 3	Ramón 3	Ari 5

Haz un diagrama de puntos para organizar los puntajes de la prueba.

Comprueba tus respuestas en la página 338.

Describir un conjunto de datos: El mínimo, el máximo y el rango

Si te piden que describas cierto carro, probablemente hablarías sobre algunas de sus características más importantes. Dirías: "Es un auto del 2007, de tamaño mediano. Es rojo y tiene 4 puertas. Tiene 2 bolsas de aire al frente y 2 a los lados. Ha recorrido unas 25,000 millas".

Si te piden que describas los números de un conjunto de datos, puedes mencionar estas características:

- El **mínimo** es el número menor.
- El **máximo** es el número mayor.
- El **rango** es la diferencia entre el número mayor y el menor.

¿Lo sabías?

La temperatura más alta (máxima) que se ha registrado en la Tierra fue de 136ºF, en Libia. La temperatura más baja (mínima) fue de –129ºF, en la Antártida.

Ejemplo Andrew llevó un registro del número de páginas que leyó cada día.

lun	mar	mié	jue	vie
27	15	12	20	18
↑		↑		
el número **máximo** (mayor): 27 páginas		el número **mínimo** (menor): 12 páginas		

Para hallar el **rango**, se resta el número menor del número mayor.

El rango es 27 – 12, o sea, 15 páginas.

Describir un conjunto de datos: La mediana

Los números de un conjunto de datos suelen estar colocados en orden. Pueden estar ordenados de menor a mayor o de mayor a menor. La **mediana** es el número que está en la mitad de la lista. La mediana se conoce como **el número de en medio** o el **valor de en medio.**

¿Lo sabías?

En algunas carreteras y autopistas, hay una zona que divide los carriles que van en direcciones opuestas. Esa zona intermedia se llama *mediana*.

Ejemplo ¿Cuál es la mediana de la estatura de estos cinco niños?

Ricky	**Marla**	**Suki**	**Alan**	**Dan**
48 pulgadas	52 pulgadas	51 pulgadas	45 pulgadas	50 pulgadas

Haz una lista de los números en orden. El número de en medio es 50.

45 48 **50** 51 52

Entonces, la mediana de la estatura es 50 pulgadas.

Ejemplo ¿Cuál es la mediana del peso de estos seis niños?

Niño	Peso
Mary	63 libras
Ravi	58 libras
Carl	53 libras
Yoko	66 libras
Sue	44 libras
Eddie	56 libras

Haz una lista de los números en orden. Hay dos números de en medio. La mediana es el número que está a mitad entre estos dos números de en medio.

44 53 **56** **58** 63 66

Entonces, la mediana del peso es 57 libras.

Describir un conjunto de datos: La moda

Cuando estudias un conjunto de datos, puedes darte cuenta de que un número o respuesta ocurre más a menudo. La **moda** es el número o respuesta que ocurre más a menudo.

Ejemplo Sue llevó un registro del número de hojas que leyó cada día.

lun	mar	mié	jue	vie
13	20	25	16	16

El número 16 está en la lista dos veces (el jueves y el viernes).
Los otros números aparecen solamente una vez.

La moda es 16 páginas.

Si haces una tabla de conteo o un diagrama de puntos, es fácil hallar la moda.

Ejemplos

Las bebidas favoritas de la clase

Bebida	Marcas
leche	𝍸
leche con chocolate	///
refresco	𝍸 𝍸 /
jugo de manzana	///
jugo de tomate	/
agua	//

La respuesta más frecuente es "refresco". Entonces, la moda es refresco.

Puntaje en una prueba de 5 palabras

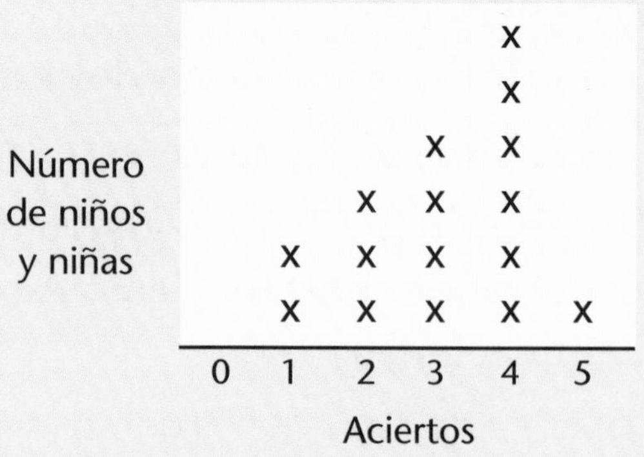

El puntaje que hubo más veces fue 4. Entonces, la moda es 4.

Comprueba si comprendiste

1. Brad llevó un registro de los minutos que tardó en hacer su tarea cada día.

lun	mar	mié	jue	vie
45	23	42	40	31

Encuentra el mínimo, el máximo y el rango de este conjunto de datos.

2. Aquí están los puntos que anotaron seis jugadores de baloncesto:

Jugador	Puntos
1	7
2	3
3	7
4	5
5	0
6	10

   a. Halla el mínimo, el máximo y el rango de este conjunto de datos.

   b. Halla la mediana del número de puntos anotados.

   c. Halla la moda de este conjunto de datos.

3. Stephanie llevó un registro de las calificaciones de sus pruebas de matemáticas. Aquí está la lista de sus calificaciones:

10 7 6 9 6 10 9 8 5 9 6 6 8 8 7

¿Cuál es la moda de estas calificaciones?

Comprueba tus respuestas en las páginas 338 y 339.

La media (promedio)

Aquí hay 3 montones de panqueques:

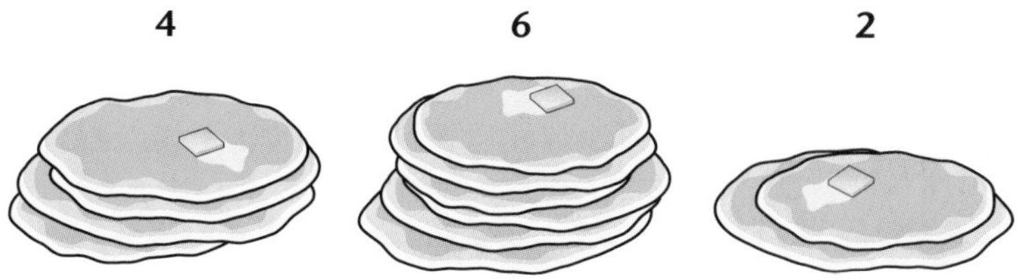

No es justo.

Una persona tiene
6 panqueques y
otra sólo 2.

Hay 12 panqueques en total. Podemos cambiar algunos panqueques de lugar para igualar los montones. Así cada montón tendrá 4 panqueques.

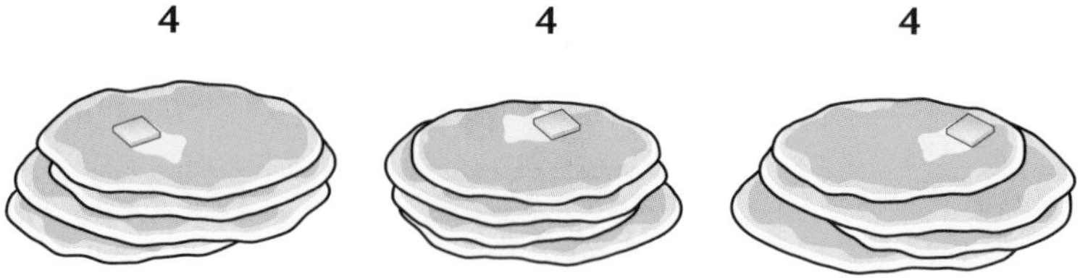

Es justo.

Cada persona
tiene 4 panqueques.

Decimos que 4 es el número **medio** de panqueques en cada montón.

Para encontrar la media:

Paso 1: Halla el número total de objetos en todos los grupos.

Paso 2: Halla cuántos objetos habría en cada grupo si los grupos fueran iguales.

La media también se llama **promedio**.

¿Lo sabías?

En inglés, la palabra "promedio" se dice *average*. La primera vez que se usó fue alrededor del año 1500 y significaba "una porción igual". Cuando un grupo de personas tenía que compartir a partes iguales algún gasto, cada persona pagaba el *average*.

Ejemplo Jacob ganó \$4 y Emma ganó \$2. ¿Cuál es la cantidad media que ganaron?

Jacob **Emma**

Paso 1: Halla el total: \$4 + \$2 = \$6.

Jacob **Emma**

Paso 2: Divide el total (\$6) entre el número de grupos (2) para formar grupos iguales: \$6 ÷ 2 = \$3.

La cantidad media (promedio) que ganaron Jacob y Emma es \$3.

Si Jacob y Emma comparten sus ganancias por igual, cada uno recibirá \$3.

Ejemplo Cinco niños salieron de excursión. Cada niño llevaba una mochila. Halla el peso medio de sus mochilas.

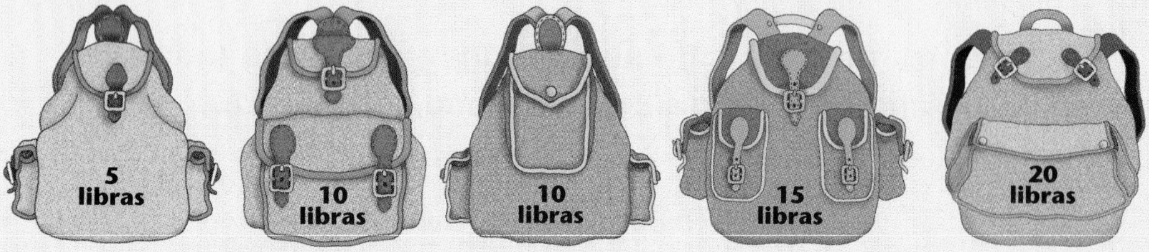

Paso 1: Suma para hallar el peso total.
5 + 10 + 10 + 15 + 20 = 60 libras

Paso 2: Divide el peso total (60 libras) entre el número de mochilas (5).
60 libras ÷ 5 = 12 libras

El peso medio (promedio) de las mochilas es de 12 libras.

Si los niños cambian los objetos de mochila para que las 5 mochilas pesen lo mismo, cada una pesará 12 libras.

Comprueba si comprendiste

1. Glen tiene 20 carros a escala, Chad tiene 13 y Tom tiene 15. ¿Cuál es el número medio (promedio) de carros que tienen los niños?
2. Olivia anotó sus calificaciones en las pruebas de matemáticas. ¿Cuál es su calificación media?

Prueba #1	Prueba #2	Prueba #3	Prueba #4
10	5	10	7

Comprueba tus respuestas en la página 339.

Gráficas de barras

Una **gráfica de barras** es un dibujo que usa barras para mostrar números.

Ejemplo La gráfica de barras de abajo muestra cuántos niños de tercer grado eligieron cierta comida como su favorita.

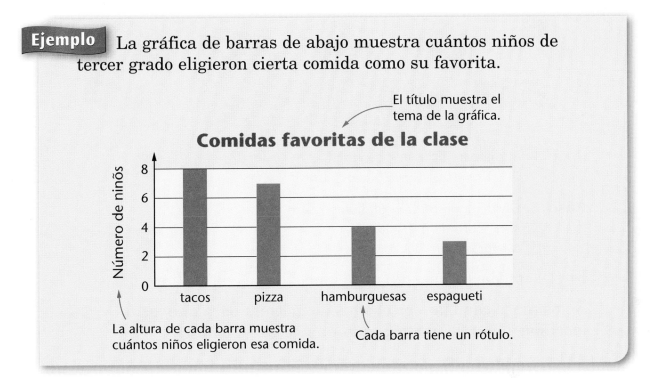

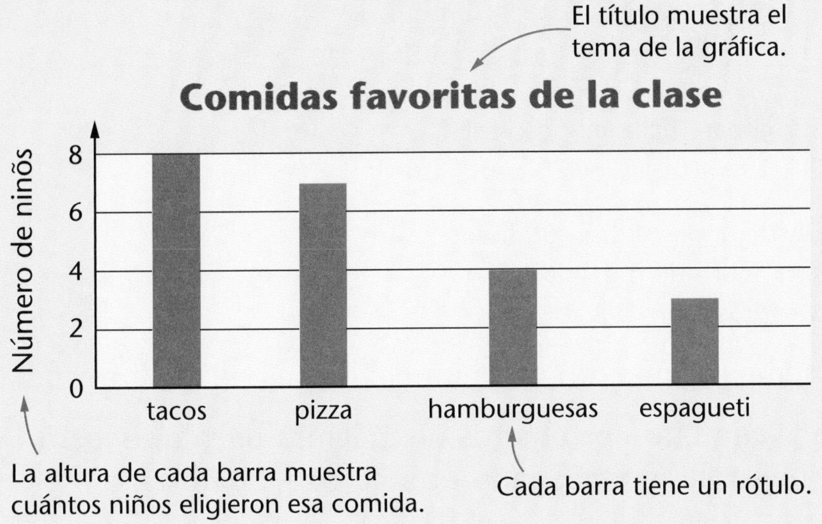
El título muestra el tema de la gráfica.
Comidas favoritas de la clase
Número de niños
0
2
4
6
8
tacos
pizza
hamburguesas
espagueti
La altura de cada barra muestra cuántos niños eligieron esa comida.
Cada barra tiene un rótulo.

Puedes responder a las preguntas:

¿Cuántos niños eligieron la pizza?

La barra de la pizza termina a la mitad entre la línea del 6 y la del 8. Entonces, la pizza fue la comida favorita de 7 niños.

Puedes comparar preferencias:

Ocho niños eligieron tacos como su comida favorita. Sólo 3 niños eligieron espagueti. Los tacos son más populares que el espagueti.

¿Lo sabías?

La primera gráfica de barras fue dibujada en 1786 por William Playfair. Hoy en día las gráficas de barras están entre las gráficas que más se usan para mostrar y comparar datos.

Cuando se reúnen los datos, a veces se ponen en una tabla de conteo antes de hacer una grafica de barras.

Ejemplo Los niños de tercer grado contaron cuántas flexiones puede hacer cada uno. Sus resultados se muestran en la tabla de conteo.

Número de flexiones	Número de niños
0	~~////~~ /
1	~~////~~
2	////
3	//
4	
5	///
6	/

La gráfica de barras de abajo muestra la misma información que la tabla de conteo, sólo que de una manera diferente.

Flexiones de los niños de tercer grado

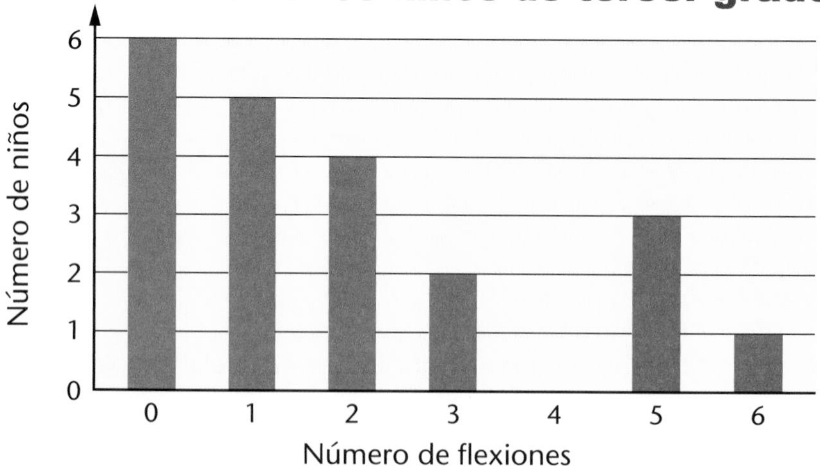

Pictogramas

Un **pictograma** usa dibujos como símbolos para representar números.

Ejemplo El pictograma de abajo muestra cuántos niños eligieron cierta comida como su favorita.

Comidas favoritas de la clase

La línea de los tacos muestra 8 símbolos de carita.
Cada símbolo de carita representa 1 niño.
Entonces, 8 niños eligieron tacos como su comida favorita.

Si reemplazas cada símbolo ☺ con 1 marca de conteo, el pictograma se convertirá en una tabla de conteo.

Cuando usas un pictograma, siempre debes consultar la CLAVE primero.

Ejemplo Este pictograma muestra cuántos niños hay en cada grado de la Escuela Lincoln.

Número de niños de cada grado

La línea del tercer grado muestra 9 símbolos de carita.
Cada símbolo de carita representa 10 niños.
Entonces, hay $9 \times 10 = 90$ niños en el tercer grado de la Escuela Lincoln.

Si reemplazas cada símbolo ☺ con 10 marcas de conteo 卌 卌, el pictograma se convertirá en una tabla de conteo.

En algunos pictogramas, sólo se ve una parte del símbolo pictográfico. Usa la CLAVE para decidir cuánto vale esa parte del símbolo.

Ejemplo Este pictograma muestra cuántos niños de cada grado de la Escuela Lincoln van a la escuela en bicicleta.

Número de niños que van a la escuela en bicicleta

representa 2 niños. Entonces, representa 1 niño.

$2 + 1 = 3$ niños de tercer grado van a la escuela en bicicleta.
$2 + 2 + 2 = 6$ niños de cuarto grado van a la escuela en bicicleta.
$2 + 2 + 2 + 2 + 1 = 9$ niños de quinto grado van a la escuela en bicicleta.

Ejemplo La Escuela Kellog organizó un lavado de carros durante el fin de semana. ¿Cuántos carros se lavaron en total?

Número de carros lavados

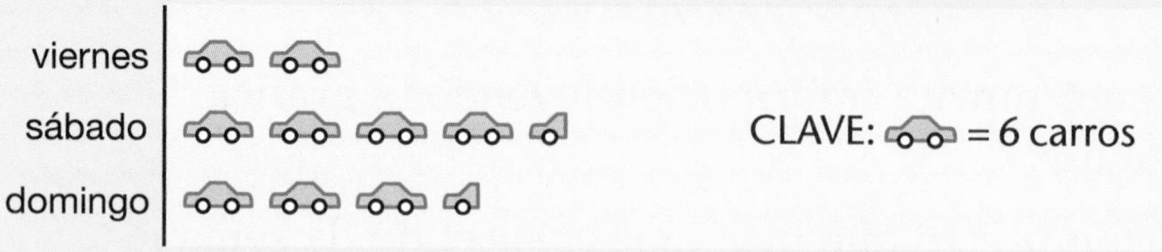

representa 6 carros. Entonces, representa 3 carros.

El viernes se lavaron $2 \times 6 = 12$ carros.
El sábado se lavaron $(4 \times 6) + 3 = 24 + 3 = 27$ carros.
El domingo se lavaron $(3 \times 6) + 3 = 18 + 3 = 21$ carros.
Se lavaron $12 + 27 + 21 = 60$ carros en total.

Gráficas lineales

Una gráfica lineal se suele usar para mostrar cómo ha cambiado algo en un período de tiempo.

Ejemplo A las 2 p.m. todos los días durante una semana, Ashley revisó su termómetro exterior y leyó la temperatura. Anotó la información en una gráfica lineal.

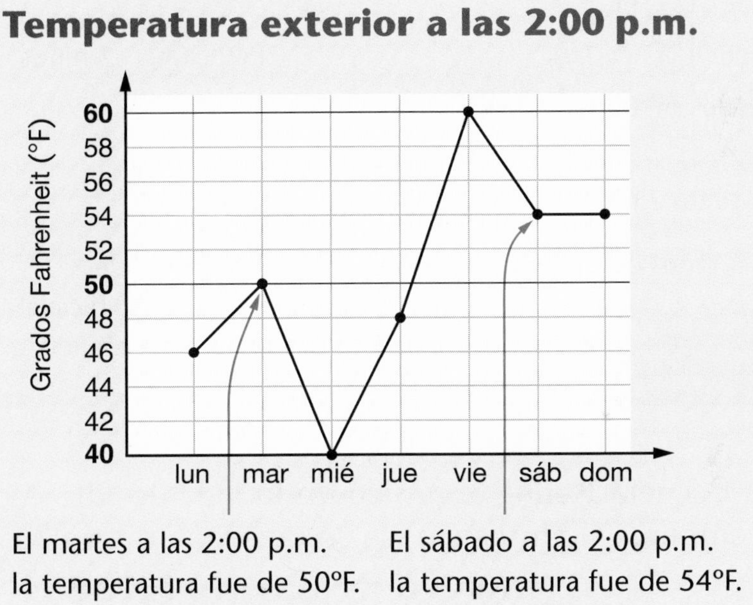

Puedes obtener mucha información leyendo la gráfica cuidadosamente.

- La gráfica muestra que hizo más calor el fin de semana (viernes, sábado y domingo) que los otros días.
- El viernes hubo 20 grados más que el miércoles.

Comprueba si comprendiste

1. Utiliza la gráfica lineal de la página 90 para contestar estas preguntas.

a. ¿Cuál fue la temperatura máxima?

b. ¿Cuál fue la temperatura mínima?

c. ¿En qué días hubo la misma temperatura?

d. ¿Qué temperatura describiría aproximadamente la temperatura para toda la semana? Explica tu respuesta.

e. ¿Cuántos días anotó Ashley la temperatura?

2. Nueve jugadores jugaron un partido de béisbol. La tabla muestra cuántos hits hizo cada jugador. Haz una gráfica de barras para mostrar esta información. Copia la siguiente gráfica en una hoja aparte. Luego dibuja las barras.

Jugadores	*Hits*
Carl	1
Mary	3
Laci	1
Jamil	0
Lee	2
Ed	4
Ali	1
Tanya	0
Nancy	2

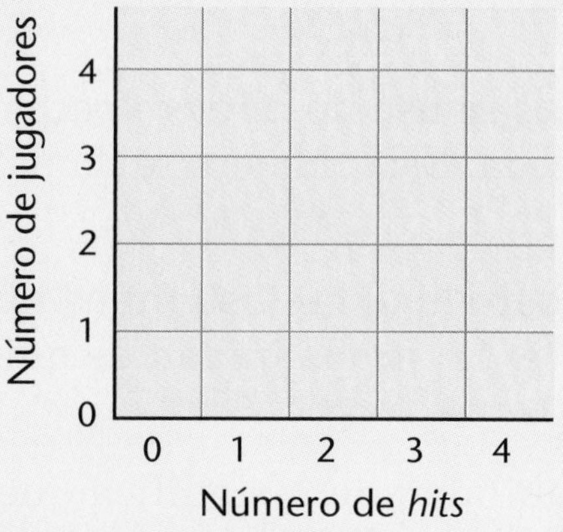

Comprueba tus respuestas en la página 339.

Posibilidad y probabilidad

Las cosas que pasan se llaman **sucesos**. Hay muchos sucesos de los que puedes estar seguro.

- Estás **seguro** de que el sol saldrá mañana.
- Es **imposible** que llegues a medir 12 pies de estatura.

También hay muchos sucesos de los que *no puedes* estar seguro.

- No puedes estar seguro de si hará sol o estará nublado el próximo viernes.
- No puedes estar seguro si recibirás una carta mañana.

A menudo hablas de la **posibilidad** de que algo suceda. Si Pam es una corredora rápida, puedes decir: "Pam tiene una buena posibilidad de ganar". Si Jan también es una corredora rápida, puedes decir: "Pam y Jan tienen las mismas posibilidades de ganar".

Algunas veces se usa un número para expresar la posibilidad de que algo suceda. Este número se llama **probabilidad**. Es un número de 0 a 1.

- Una probabilidad de 0 significa que el suceso es *imposible*. La probabilidad de que vivas hasta los 150 años es 0.
- La probabilidad de 1 significa que es *seguro* que el suceso ocurra. La probabilidad de que el sol salga mañana es 1.

Una probabilidad de $\frac{1}{2}$ significa que el suceso ocurrirá aproximadamente la mitad de las veces.

Ejemplo ¿Qué crees que sucederá si haces girar esta rueda giratoria muchas veces?

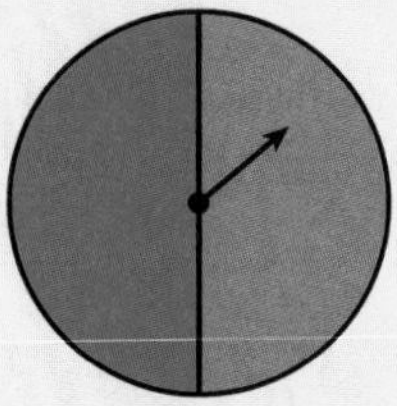

La mitad de la rueda es roja, y la otra mitad es verde. Entonces, tienes las mismas posibilidades de que se detenga en rojo o en verde.

La sección roja y la verde son **igualmente probables.** Hay la misma posibilidad de que la rueda se detenga en cualquier sección.

Si giras la rueda muchas veces, se detendrá en la sección roja aproximadamente 1 de cada 2 veces, o sea, la mitad de las veces.

La probabilidad de que la rueda se detenga en la sección roja se escribe de todas estas formas: 1 de cada 2, $\frac{1}{2}$, 0.5, y 50%.
La probabilidad de que la rueda se detenga en verde se escribe igual.

Muchas veces, la probabilidad de que ocurra un suceso será mayor que $\frac{1}{2}$ o menor que $\frac{1}{2}$.

Ejemplo ¿Qué crees que sucederá si haces girar esta rueda giratoria muchas veces?

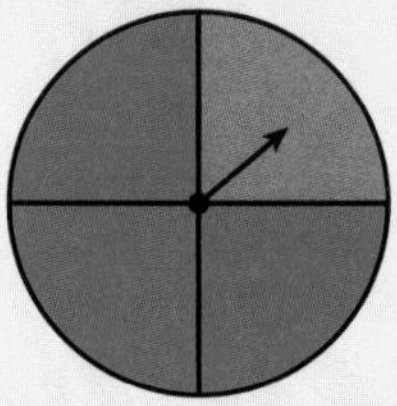

La rueda está dividida en 4 secciones que tienen el mismo tamaño y forma. Tres de las secciones son verdes y sólo una sección es roja. Entonces la rueda debería detenerse en verde más o menos el triple de veces que en la sección roja.

Si giras la rueda muchas veces, se detendrá en la sección roja aproximadamente 1 de cada 4 veces, o sea, $\frac{1}{4}$ de las veces. Y se detendrá en verde más o menos 3 de cada 4 veces, o sea, $\frac{3}{4}$ de las veces.

La probabilidad de que la rueda se detenga en verde se escribe de todas estas formas: 3 de cada 4, $\frac{3}{4}$, 0.75 y 75%.

A veces se hace un experimento para hallar una probabilidad.

Ejemplo Cuando lanzas una tachuela, puede caer con la punta hacia arriba o hacia abajo. ¿Cuál es la probabilidad de que caiga con la punta hacia arriba?

Puedes hacer un experimento para hallar la posibilidad de que caiga con la punta hacia arriba. Lanza un gran número de tachuelas y fíjate en cuántas caen con la punta hacia arriba.

Imagina que lanzas 100 tachuelas y 70 caen con la punta hacia arriba. La fracción que indica esto es $\frac{70}{100}$.

Entonces, puedes estimar la probabilidad de que caigan con la punta hacia arriba de cualquiera de estas formas: 70 de cada 100, $\frac{70}{100}$, 0.70 ó 70%.

A veces es posible resolver problemas de probabilidad haciendo una lista de resultados posibles.

Ejemplo Juega a este juego. Coloca 2 bloques rojos y 3 bloques azules en una bolsa. Saca un bloque sin mirar. ¿Cuál es la posibilidad de que saques un bloque rojo?

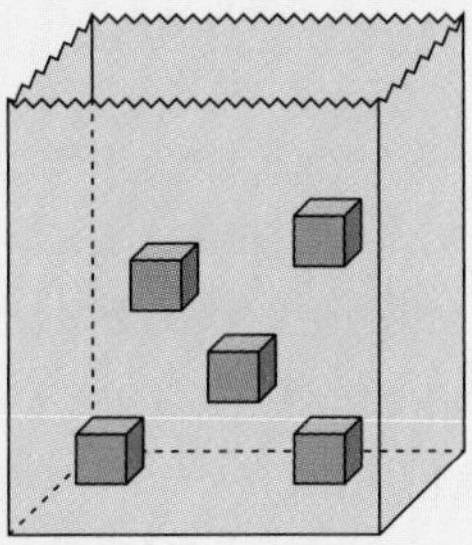

Haz una lista de los bloques y su color:

bloque 1	bloque 2	bloque 3	bloque 4	bloque 5
rojo	rojo	azul	azul	azul

Los bloques son iguales, salvo por el color. Entonces, todos los bloques deben tener las mismas posibilidades de que los saques de la bolsa. Cada bloque tiene 1 posibilidad de cada 5 de que lo saques.

El bloque 1 y el bloque 2 son rojos. Tendrías que sacar el bloque 1 aproximadamente 1 de cada 5 veces. Deberías sacar el bloque 2 alrededor de 1 de cada 5 veces.

Entonces, si juegas este juego 5 veces, deberías sacar un bloque rojo 2 veces. La probabilidad de sacar un bloque rojo se escribe: 2 de cada 5 ó $\frac{2}{5}$.

Geometría

Puntos y segmentos de recta

En las matemáticas estudiamos números. También estudiamos figuras, como triángulos, círculos y pirámides. El estudio de las figuras se llama **geometría.**

La figura más sencilla es un **punto.** Un punto es un lugar en el espacio. A menudo haces una marca con un lápiz para mostrar dónde está un punto. Nombra el punto con una letra mayúscula.

Aquí está un dibujo de 3 puntos. Es más fácil identificar los puntos si les das el nombre de una letra. Por ejemplo, el punto A está más cerca del punto B que del punto P. Y el punto B está más cerca del punto A que del punto P.

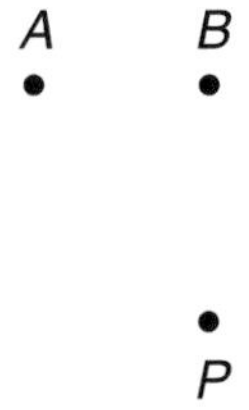

Un **segmento de recta** consiste en dos puntos y el sendero recto entre ellos. Puedes usar cualquier herramienta con un borde recto para dibujar el sendero entre dos puntos.

- Los dos puntos se llaman **extremos** del segmento de recta.
- El segmento de recta es el sendero más corto entre los extremos.

El símbolo del segmento de recta es una barra elevada $\overline{\quad}$. La barra se escribe sobre las letras que señalan los extremos de un segmento. El siguiente segmento de recta se puede escribir como $\overline{AB}$ o $\overline{BA}$.

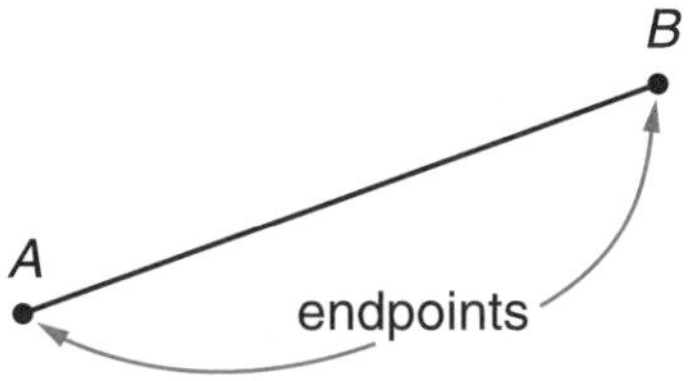

Semirrectas y rectas

Una **semirrecta** es un segmento de recta que comienza con un punto y continúa indefinidamente en *una* dirección. Puedes dibujar un segmento de recta con 1 punta de flecha para representar una semirrecta.

El punto R es el **extremo** de esta semirrecta. El símbolo de la semirrecta es una barra elevada con 1 punta de flecha $\overrightarrow{}$. La semirrecta que se muestra aquí puede escribirse $\overrightarrow{RA}$. El extremo R va primero. La segunda letra señala otro punto en la semirrecta.Una **recta** es una línea derecha que continúa indefinidamente en *ambas* direcciones. Puedes trazar un segmento de recta con 2 puntas de flecha para representar una recta. El símbolo de la recta es una barra elevada con 2 puntas de flecha $\overleftrightarrow{}$.

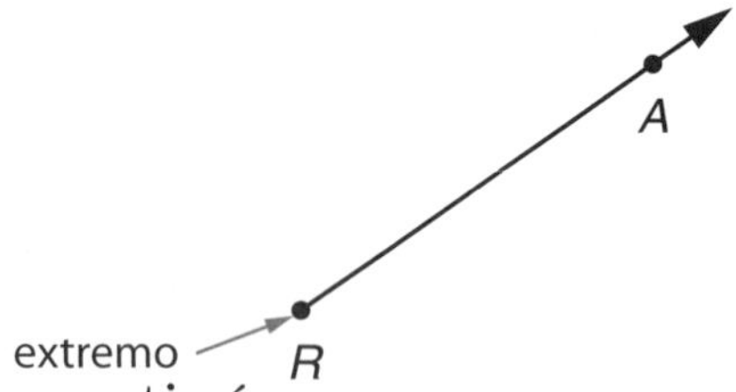

Puedes dar nombre a una recta enumerando 2 puntos de la recta. Luego escribe el símbolo de la recta sobre las letras. Esta recta se escribe $\overleftrightarrow{FE}$ o $\overleftrightarrow{EF}$.

Ejemplo Escribe todos los nombres de esta recta.

Los puntos *D, O* y *G* están sobre la recta. Usa dos puntos cualesquiera para escribir el nombre de la recta.

$\overleftrightarrow{DO}$ o $\overleftrightarrow{OD}$ o $\overleftrightarrow{DG}$ o $\overleftrightarrow{GD}$ o $\overleftrightarrow{OG}$ o $\overleftrightarrow{GO}$

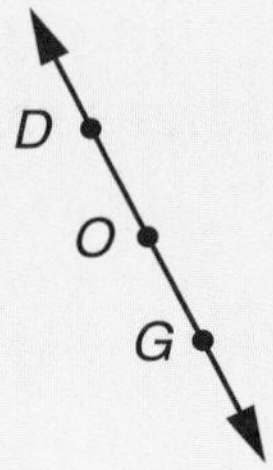

Ángulos

Un **ángulo** está formado por 2 semirrectas o 2 segmentos de recta que comparten el mismo extremo.

ángulo formado por 2 semirrectas

ángulo formado por 2 segmentos

El extremo donde se unen las semirrectas o segmentos de recta se llama **vértice** del ángulo. Las semirrectas o segmentos de recta se llaman **lados** del ángulo.

$\angle$ es el símbolo del ángulo. Este es el ángulo T o $\angle T$.

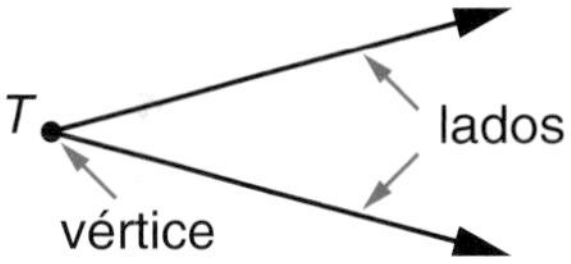

Los ángulos se pueden medir con un medidor de ángulos (transportador). Los ángulos se miden en grados. Un **ángulo recto** mide 90° (90 grados). Sus lados forman una esquina cuadrada. A menudo se dibuja un símbolo pequeño de esquina dentro del ángulo para mostrar que es un ángulo recto.

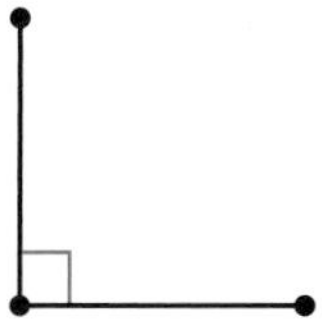

Ejemplo En cada dibujo, la pequeña flecha curva muestra la abertura del ángulo que debe medirse.

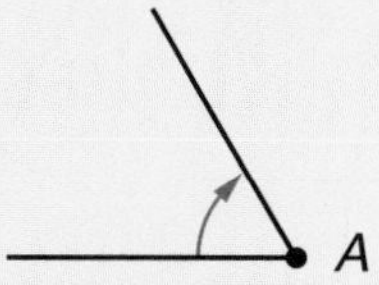

La medida de $\angle A$ es 60°.

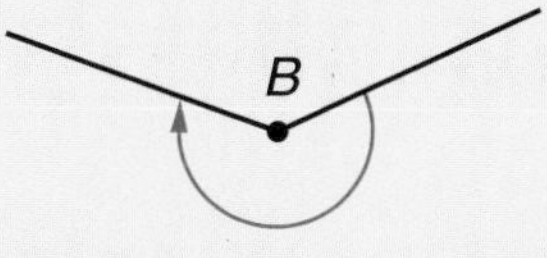

La medida de $\angle B$ es 225°.

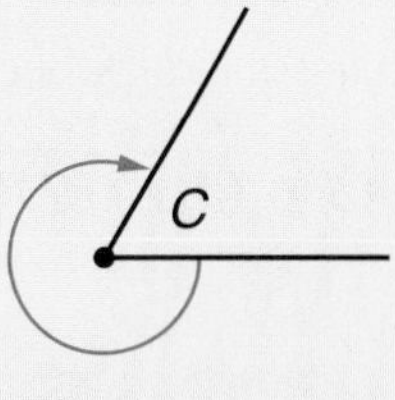

La medida de $\angle C$ es 300°.

Rectas y segmentos paralelos

Las **rectas paralelas** son rectas que nunca se cruzan y siempre están a la misma distancia entre sí. Imagina una vía de tren que continúa indefinidamente. Los dos rieles son paralelos; nunca se unen ni se cruzan. Siempre están separados por la misma distancia (alrededor de 4 pies 8 pulg).

Foto aérea de un depósito de trenes

Los **segmentos de recta paralelos** son segmentos que forman parte de rectas paralelas. Una sección de la vía de tren tiene dos segmentos de rieles que son paralelos.

El símbolo para *paralelos* son dos líneas verticales $\parallel$.

Si las rectas o segmentos se cruzan entre sí, se **intersecan.**

Ejemplo

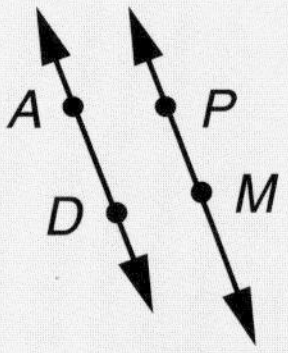

rectas paralelas $\overleftrightarrow{AD} \parallel \overleftrightarrow{PM}$

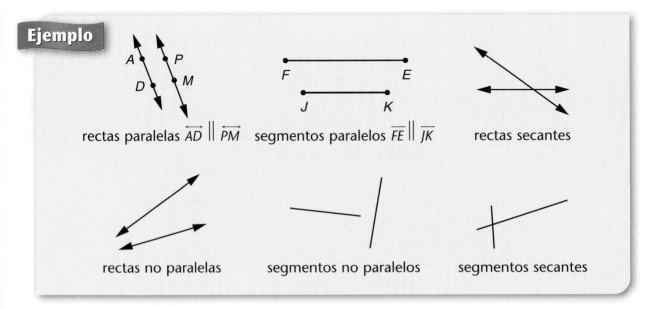

segmentos paralelos $\overline{FE} \parallel \overline{JK}$

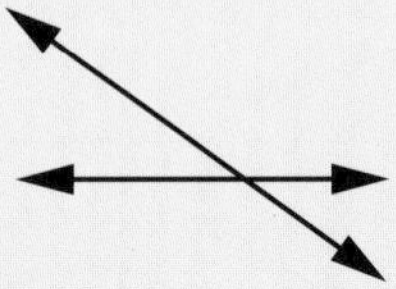
rectas secantes

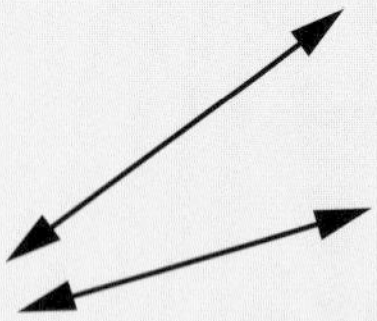
rectas no paralelas

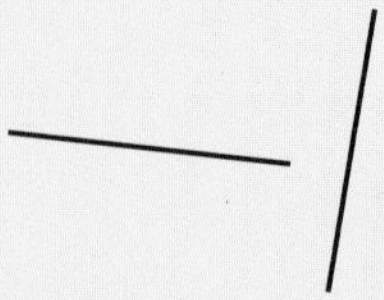
segmentos no paralelos

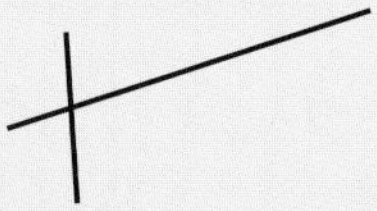
segmentos secantes

Segmentos de recta, semirrectas, rectas y ángulos

Figura	Nombre y descripción	Símbolo
• *A*	**punto** *A* Un lugar en el espacio	*A*
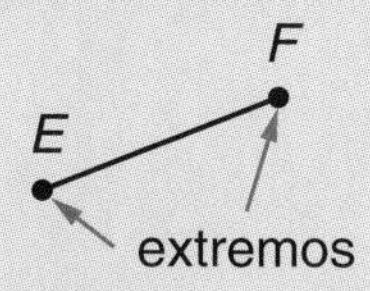	**segmento de recta** *EF* o *FE* Un sendero recto entre dos puntos, llamados **extremos**	$\overline{EF}$ o $\overline{FE}$
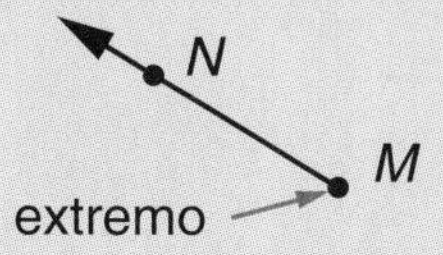	**semirrecta** *MN* Un sendero recto que continúa indefinidamente en una dirección desde un **extremo**	$\overrightarrow{MN}$
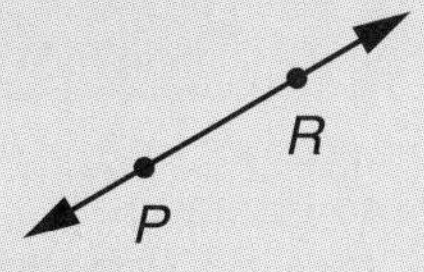	**recta** *PR* o **recta** *RP* Un sendero recto que continúa indefinidamente en ambas direcciones	$\overleftrightarrow{PR}$ o $\overleftrightarrow{RP}$
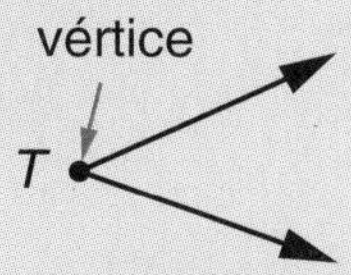	**ángulo** *T* Dos semirrectas o segmentos de recta con un extremo común llamado **vértice**	$\angle T$
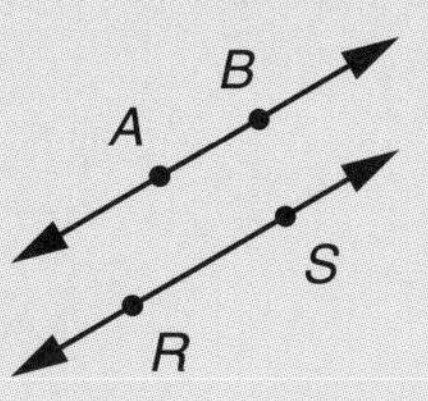	**rectas paralelas** *AB* y *RS* Rectas que nunca se cruzan y siempre están a la misma distancia entre sí Los **segmentos de recta paralelos** son segmentos que forman parte de rectas paralelas.	$\overleftrightarrow{AB} \parallel \overleftrightarrow{RS}$ $\overline{AB} \parallel \overline{RS}$
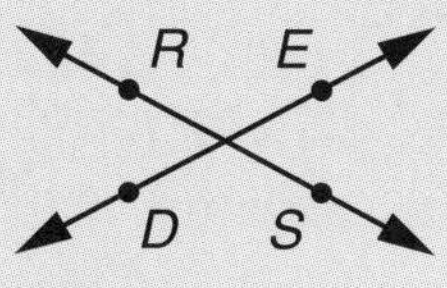	**rectas secantes** *DE* y *RS* Rectas que se cruzan Los **segmentos de recta secantes** son segmentos que se cruzan.	ninguno

recta

ángulo

rectas paralelas

rectas secantes

Polígonos

Un **polígono** es una figura plana bidimensional formada por 3 o más segmentos de recta llamados **lados.**

- Los lados de un polígono se conectan por los extremos y forman un sendero cerrado.
- Los lados de un polígono no se cruzan.

Cada extremo donde se juntan dos lados se llama **vértice.**

Figuras que son polígonos

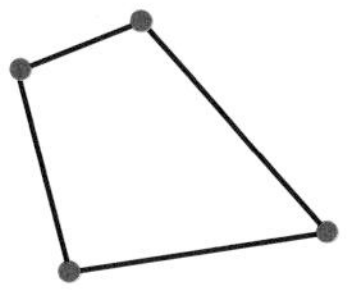

4 lados, 4 vértices

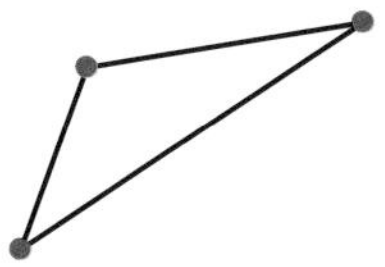

3 lados, 3 vértices

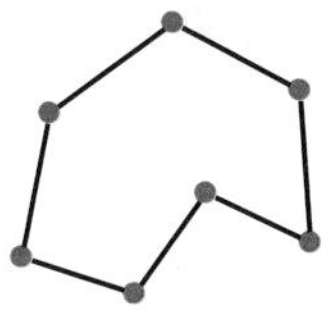

7 lados, 7 vértices

Figuras que NO son polígonos

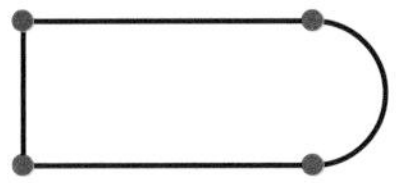

Todos los lados de un polígono deben ser segmentos de recta. Las líneas curvas no son segmentos.

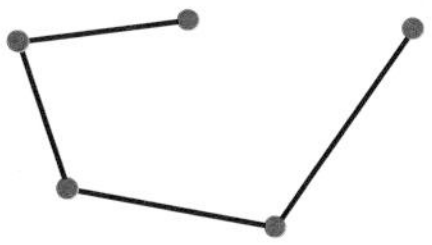

Los lados de un polígono deben formar un sendero cerrado.

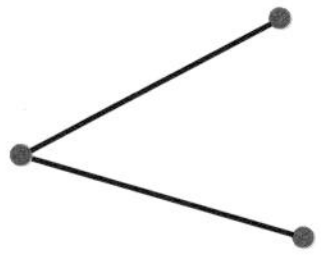

Un polígono debe tener por lo menos 3 lados.

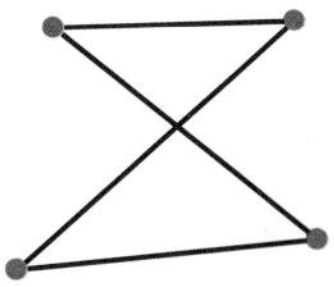

Los lados de un polígono no se cruzan.

Los polígonos reciben su nombre según el número de lados que tienen. El prefijo del nombre indica el número de lados.

triángulo

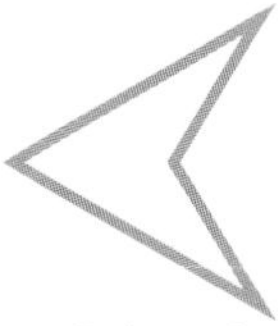

cuadrángulo o cuadrilátero

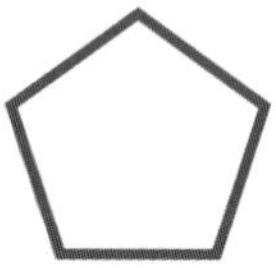

pentágono

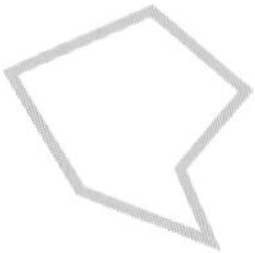

hexágono

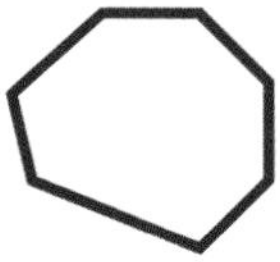

heptágono

octágono

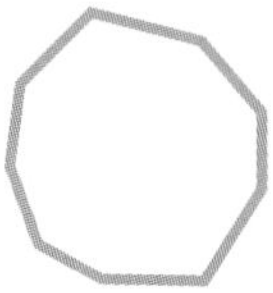

nonágono

Prefijos	
tri-	3
cuadr-	4
penta-	5
hexa-	6
hepta-	7
octa-	8
nona-	9
deca-	10
dodeca-	12

¿Lo sabías?

La bandera de Nepal es la única bandera del mundo que tiene 5 lados. Todas las demás tienen 4 lados. La bandera suiza tiene una cruz blanca cuyo borde forma un dodecágono (12 lados).

bandera de Nepal

bandera de Suiza

Comprueba si comprendiste

1. Nombra el polígono.

   a. 6 lados **b.** 4 lados **c.** 10 lados

   d. 8 lados **e.** 12 lados

2. Dibuja un pentágono con lados de distintas longitudes.

Comprueba tus respuestas en la página 339.

Un **polígono regular** es un polígono con todos los lados del mismo largo y con todos los ángulos del mismo tamaño.

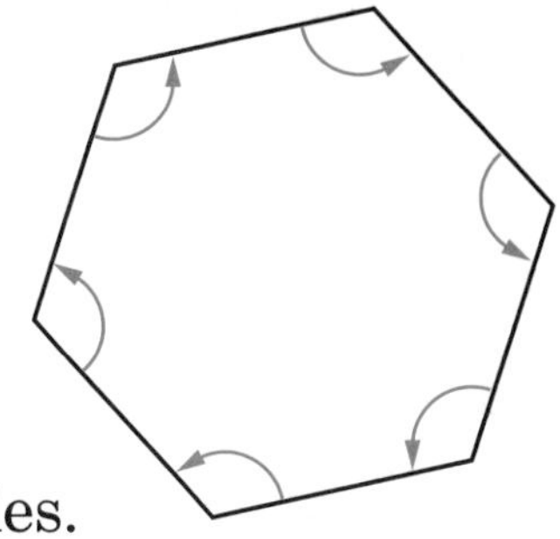

Este hexágono es un hexágono regular.
Los seis lados son del mismo largo.
Los seis ángulos son del mismo tamaño.

Algunos polígonos regulares tienen nombres especiales.

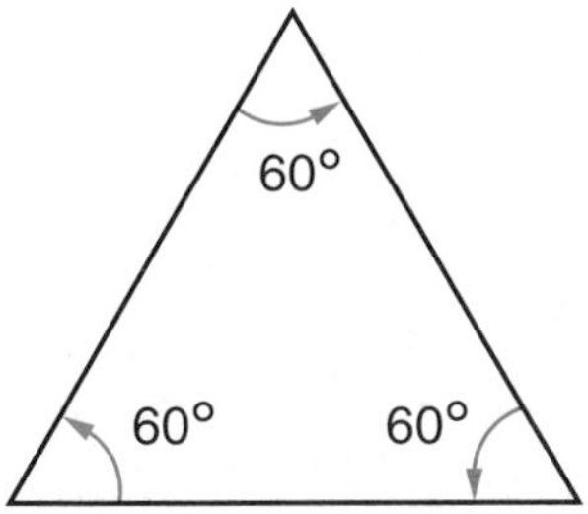

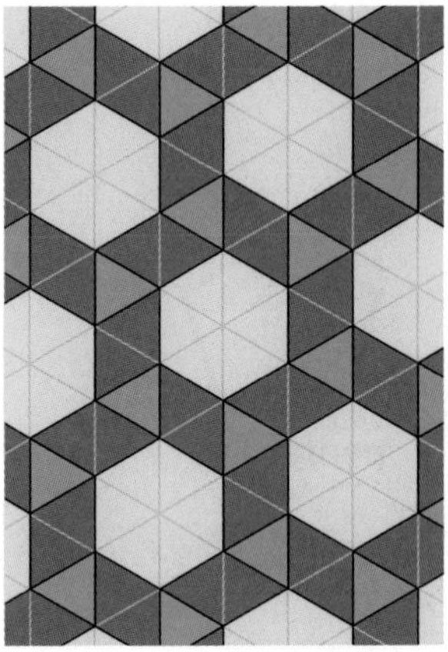

Diseño formado por triángulos equiláteros

Un triángulo regular se llama **triángulo equilátero.** Tiene 3 lados del mismo largo y 3 ángulos que miden 60° cada uno.

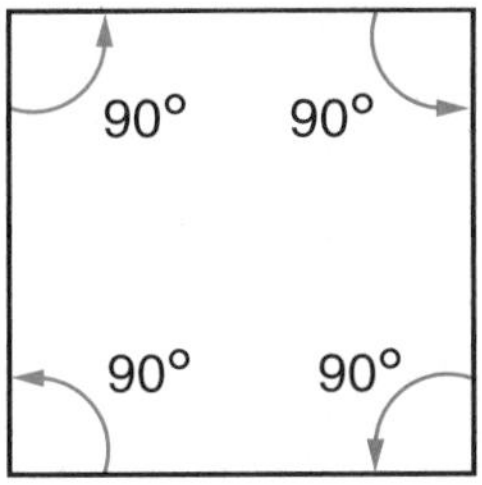

Colocación de un piso de losetas cuadradas

Un **cuadrado** es un cuadrángulo (cuadrilátero) regular. Tiene 4 lados del mismo largo y 4 ángulos que miden 90° cada uno.

El edificio del Pentágono, ubicado en Washington, D.C., tiene un área de 1,263,240 pies cuadrados. Su área es mayor que la de cualquier otro edificio de oficinas del mundo. Los muros exteriores del Pentágono forman un pentágono regular. Los muros interiores también forman un pentágono regular. Cada uno de los 5 ángulos de un pentágono regular mide 108°.

Una señal de alto tiene la forma de un octágono regular. Tiene 8 lados del mismo largo y 8 ángulos que miden 135° cada uno.

Triángulos

Los triángulos son el tipo más simple de polígono. El prefijo "tri" significa *tres*. Todos los triángulos tienen 3 lados, 3 vértices y 3 ángulos.

Ejemplo Nombra las partes del triángulo que se muestra abajo.

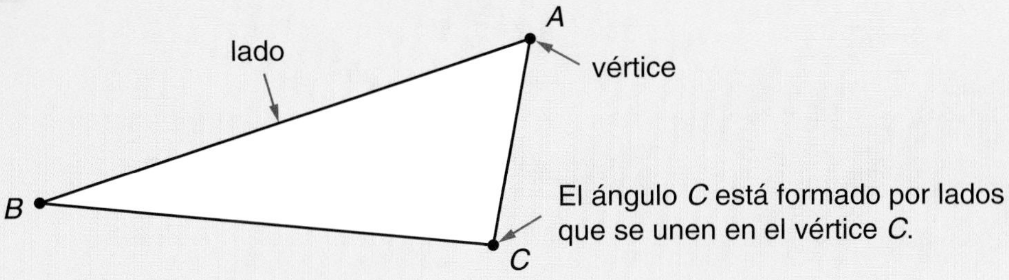

Los lados son $\overline{BC}$, $\overline{BA}$ y $\overline{CA}$. Los lados son los segmentos de recta que forman el triángulo.

Los vértices son los puntos *B*, *C* y *A*. Cada extremo donde se unen dos lados se llama *vértice*.

Los ángulos son $\angle B$, $\angle C$ y $\angle A$. Un ángulo está formado por los dos lados que se unen en un vértice. Por ejemplo, $\angle B$ está formado por $\overline{BC}$ y $\overline{BA}$.

Los triángulos tienen nombres de 3 letras. Se denomina un triángulo poniendo las letras de cada vértice en orden. El triángulo del ejemplo de arriba tiene 6 nombres posibles:

triángulo *BCA*, *BAC*, *CAB*, *CBA*, *ABC* o *ACB*.

Los triángulos tienen muchos tamaños y formas diferentes. Dos tipos especiales de triángulos tienen nombres específicos.

Triángulos equiláteros

Un **triángulo equilátero** es un triángulo con los 3 lados del mismo largo. Todos los triángulos equiláteros tienen la misma forma.

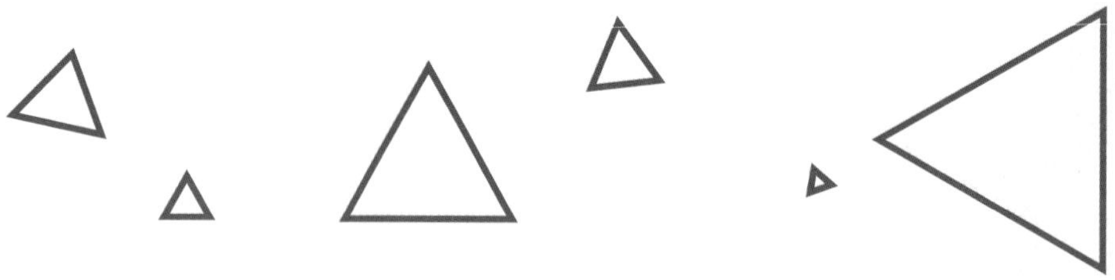

Triángulos rectángulos

Un **triángulo rectángulo** es un triángulo con un ángulo recto (esquina cuadrada). Los triángulos rectángulos tienen diferentes formas.

Abajo se muestran otros triángulos. Ninguno es un triángulo equilátero. Ninguno es un triángulo rectángulo.

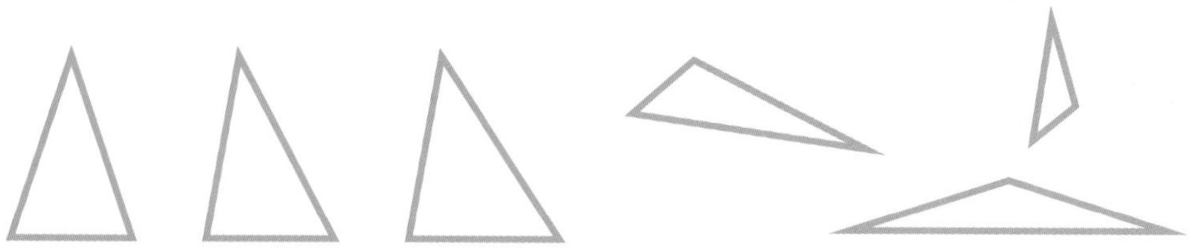

Cuadrángulos

Un **cuadrángulo** es un polígono que tiene 4 lados. Otro nombre para *cuadrángulo* es **cuadrilátero.** El prefijo "cuad" significa *cuatro*. Todos los cuadrángulos tienen 4 lados, 4 vértices y 4 ángulos.

¿Lo sabías?

Un cuatriciclo es un vehículo parecido a la bicicleta y al triciclo pero que tiene 4 ruedas.

Ejemplo Nombra las partes del cuadrángulo.

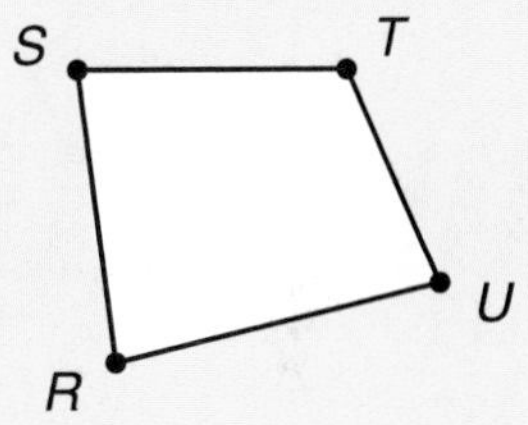

Los lados son $\overline{RS}$, $\overline{ST}$, $\overline{TU}$ y $\overline{UR}$.
Los vértices son R, S, T y U.
Los ángulos son $\angle R$, $\angle S$, $\angle T$ y $\angle U$.

Algunos cuadrángulos tienen 2 pares de lados paralelos. Estos cuadrángulos se llaman **paralelogramos.**

Recordatorio: Dos lados son paralelos si forman parte de líneas paralelas (que nunca se cruzan).

Figuras que son paralelogramos

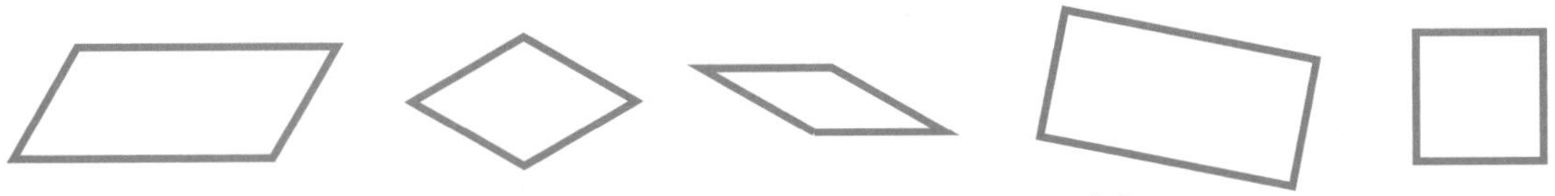

En cada figura los lados opuestos son paralelos.

Figuras que NO son paralelogramos

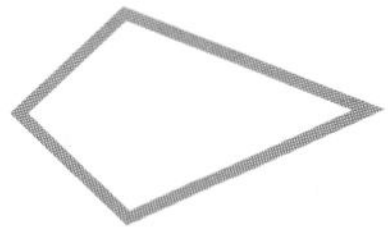

sin lados paralelos

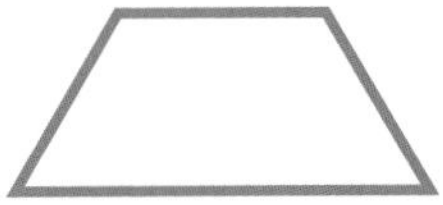

sólo 1 par de lados paralelos

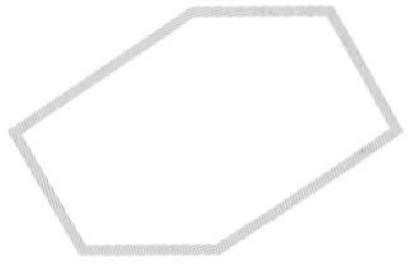

3 pares de lados paralelos, pero un paralelogramo debe tener 4 lados.

Algunos cuadrángulos tienen nombres especiales.
Algunos de ellos son paralelogramos.
Otros no son paralelogramos.

Cuadrángulos que son paralelogramos

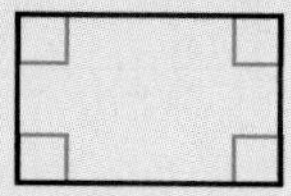	Los **rectángulos** son paralelogramos. Tienen 4 ángulos rectos (esquinas cuadradas). No todos los lados de un rectángulo tienen que ser del mismo largo.
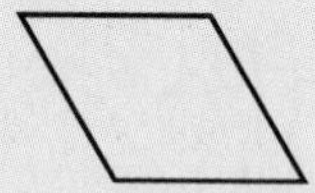	Los **rombos** son paralelogramos. Sus 4 lados son del mismo largo.
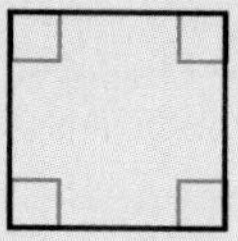	Los **cuadrados** son paralelogramos. Tienen 4 ángulos rectos (esquinas cuadradas).Sus 4 lados son del mismo largo. Todos los cuadrados son rectángulos. Todos los cuadrados son rombos.

Cuadrángulos que NO son paralelogramos

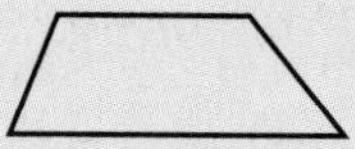	Los **trapecios** tienen exactamente 1 par de lados paralelos. Los 4 lados de un trapecio pueden tener diferentes largos.
	Una **cometa** es un polígono de 4 lados con 2 pares de lados iguales. Los lados iguales están uno junto al otro. Los 4 lados no pueden tener todos el mismo largo. Un rombo no es una cometa porque los 4 lados del rombo tienen el mismo largo.
	**otros** Cualquier polígono con 4 lados que no sea un paralelogramo, un trapecio ni una cometa

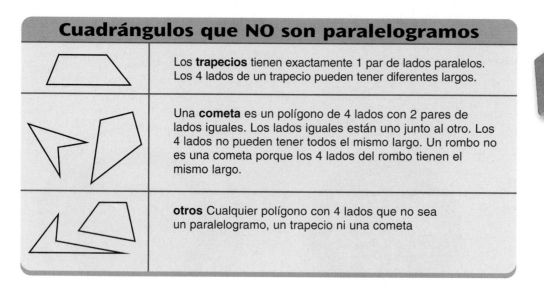

Círculos

Un **círculo** es una línea curva que forma un sendero cerrado. Todos los puntos de un círculo están a la misma distancia del **centro del círculo.**

Los círculos son figuras planas bidimensionales. Podemos dibujar círculos en una hoja de papel.

Todos los círculos tienen la misma forma, pero no todos tienen el mismo tamaño. El tamaño de un círculo es la distancia de un lado a otro del círculo, pasando por el centro. Esta distancia se llama **diámetro del círculo.**

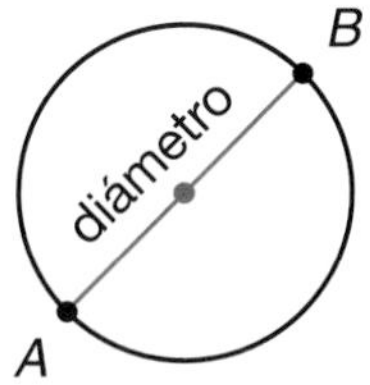

El segmento de recta *AB* es un diámetro del círculo. $\overline{AB}$ tiene un largo de $\frac{7}{8}$ pulg, entonces el diámetro del círculo es $\frac{7}{8}$ pulg.

La palabra *diámetro* tiene otro significado. Cualquier segmento de recta que pase por el centro del círculo y que tenga sus extremos sobre el círculo se llama **diámetro del círculo.** La figura de la derecha muestra los dos usos de la palabra *diámetro*.

Los **círculos concéntricos** son círculos que tienen el mismo centro y diferentes diámetros.

Ejemplos de círculos concéntricos

Ejemplo Muchas pizzas tienen forma de círculo. A menudo pedimos pizza de un tamaño determinado diciendo el diámetro que queremos.

Una "pizza de 12 pulgadas" significa una pizza con un diámetro de 12 pulgadas.

Una "pizza de 16 pulgadas" significa una pizza con un diámetro de 16 pulgadas.

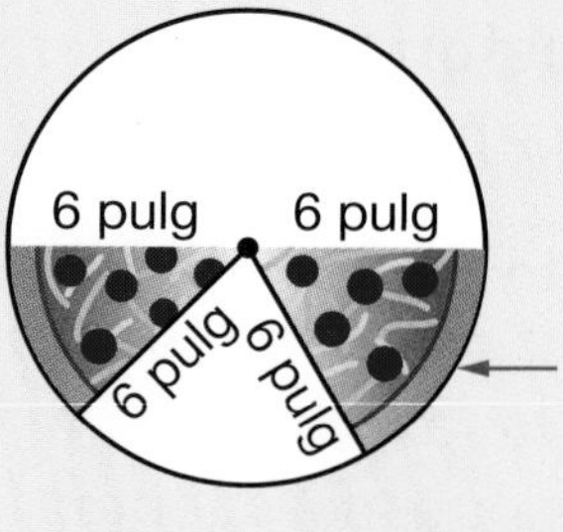

Una pizza de 12 pulgadas

La pizza mide 12 pulgadas de ancho. El diámetro es de 12 pulgadas.

Cada pedazo es un trozo cuyos lados miden 6 pulgadas de largo.

Comprueba si comprendiste

Mide el diámetro de cada círculo con una regla.

Mide al cuarto de pulgada más cercano.

1. 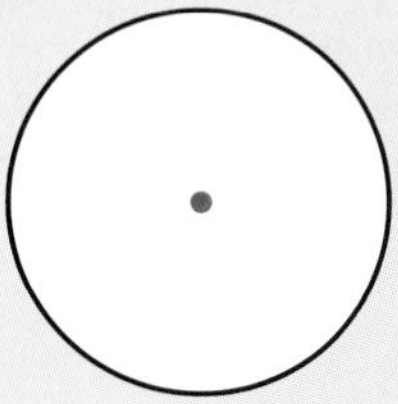

2. 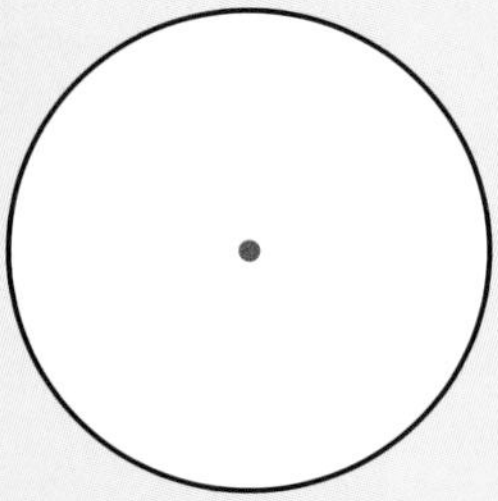

3. 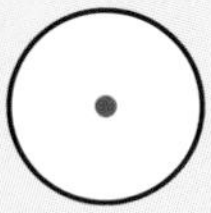

Mide al centímetro más cercano.

4. 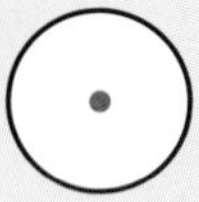

5. 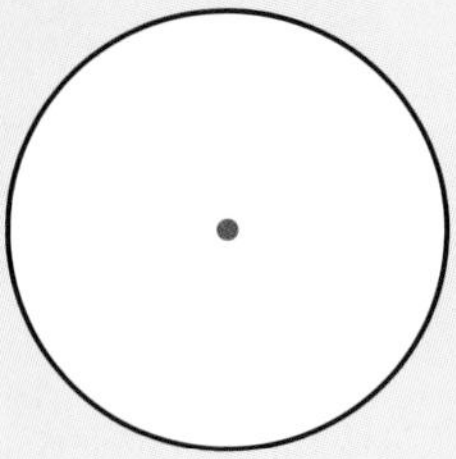

6. 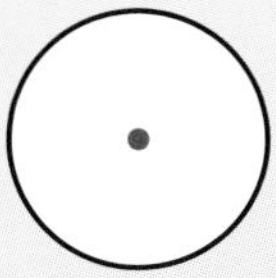

Comprueba tus respuestas en la página 339.

Cuerpos geométricos

Los triángulos, cuadrángulos y círculos son figuras planas. Ocupan un área determinada, pero no ocupan espacio. Son figuras planas **bidimensionales.** Podemos dibujar las figuras en una hoja de papel.

Los cuerpos geométricos que ocupan un espacio son cosas como cajas, libros y sillas. Son objetos **tridimensionales.** Algunos cuerpos, como las rocas y los animales, no tienen formas regulares. Otros cuerpos tienen formas que son fáciles de describir usando palabras geométricas.

Las **superficies** del exterior de un cuerpo geométrico pueden ser planas, curvas o ambas. Una **superficie plana** de un cuerpo se llama una **cara.**

Un cubo tiene 6 caras.

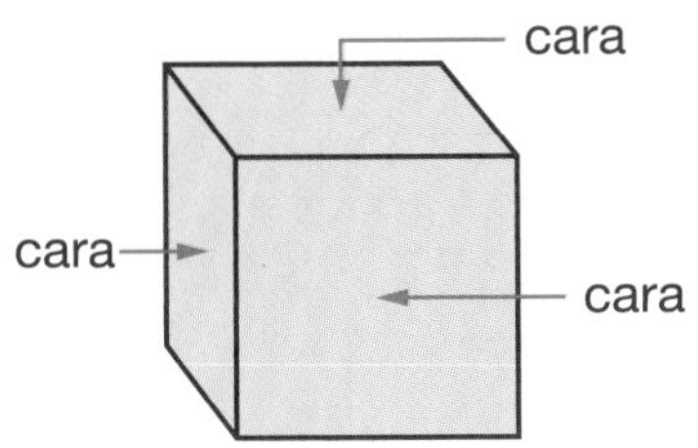

En este dibujo hay otras 3 caras que no se ven.

Esta caja tiene forma de cubo.

Un cilindro tiene 2 caras y 1 superficie curva.

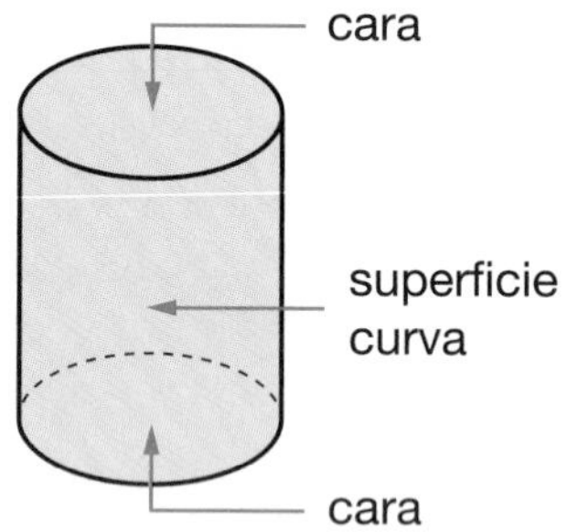

La línea punteada muestra una arista oculta.

La superficie de la mesa es un cilindro corto con caras grandes. La pata central de la mesa es un cilindro alto con caras pequeñas.

Un cono tiene 1 cara y 1 superficie curva.

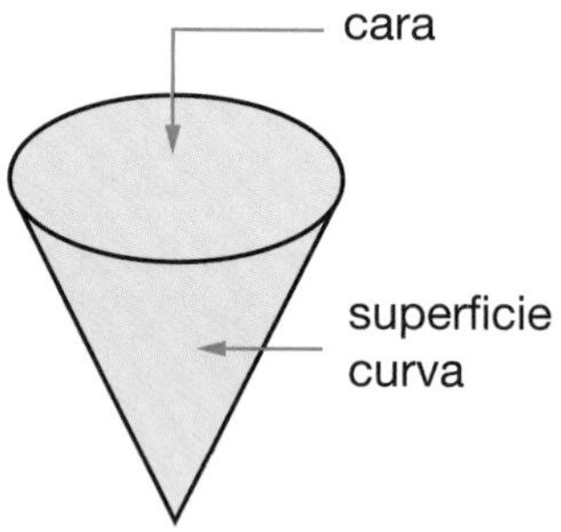

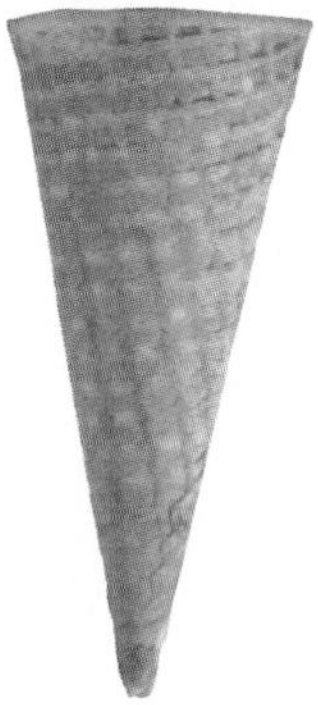

Este cono de helado es un buen modelo de un cono. Pero recuerda que un cono está cerrado. Tiene una cara que funciona como cubierta.

¿Lo sabías?

Los edificios con forma de cilindro o cono no son muy comunes. Aquí tienes algunos ejemplos.

El *Rotunda* es un edificio de oficinas ubicado en Birmingham, Inglaterra.

Esta estructura está cubierta de cerámica esmaltada. Es la entrada a un estacionamiento ubicado en Valencia, España.

Las superficies de un cuerpo geométrico se unen entre sí y forman curvas o segmentos de recta. Estas curvas o segmentos de recta son las **aristas** de un cuerpo.

Ejemplo Identifica las aristas de un cubo, de un cilindro y de un cono.

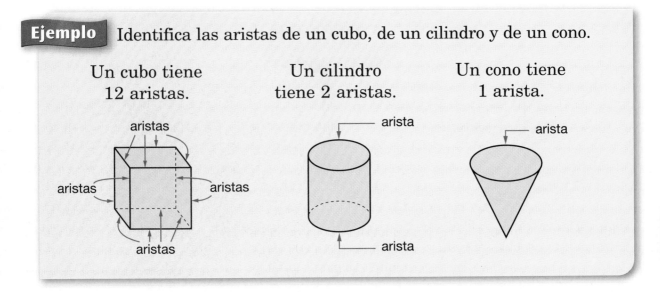

Un cubo tiene 12 aristas.

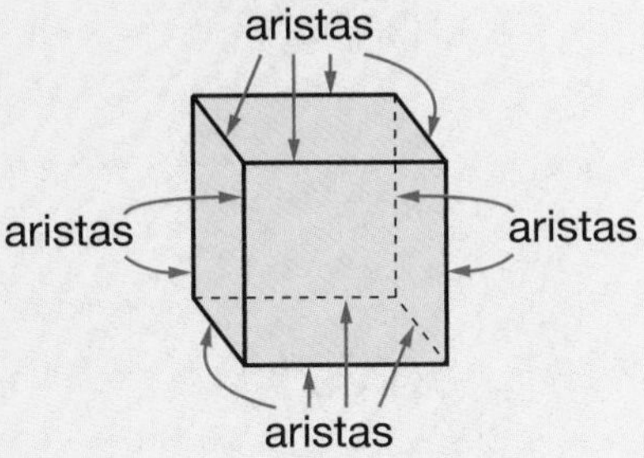

Un cilindro tiene 2 aristas.

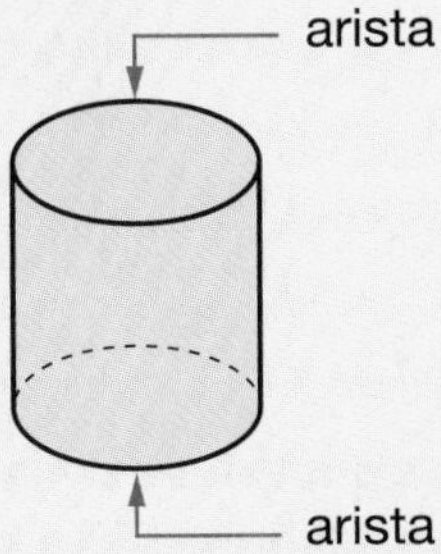

Un cono tiene 1 arista.

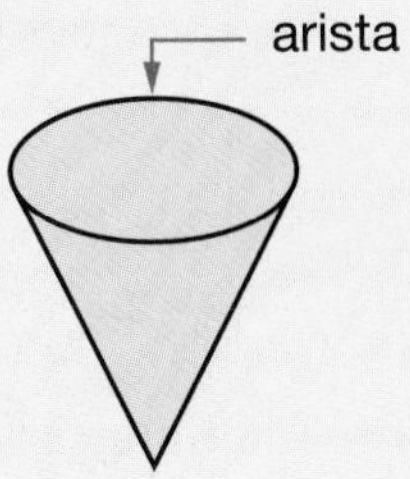

La esquina de un cuerpo geométrico se llama **vértice.**

Ejemplo Identifica los vértices de un cubo, de un cilindro y de un cono.

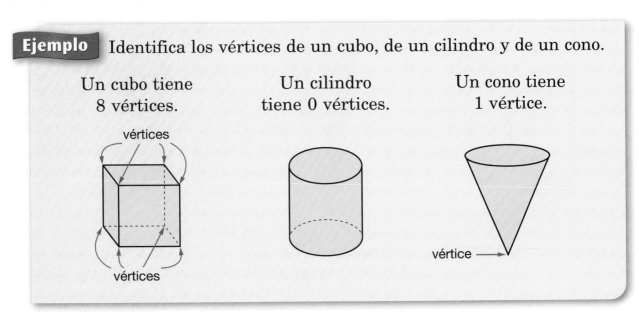

Un cubo tiene 8 vértices.

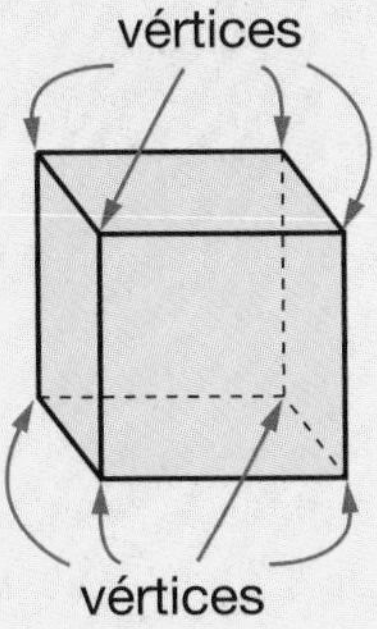

Un cilindro tiene 0 vértices.

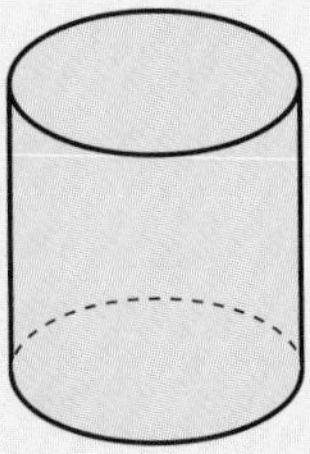

Un cono tiene 1 vértice.

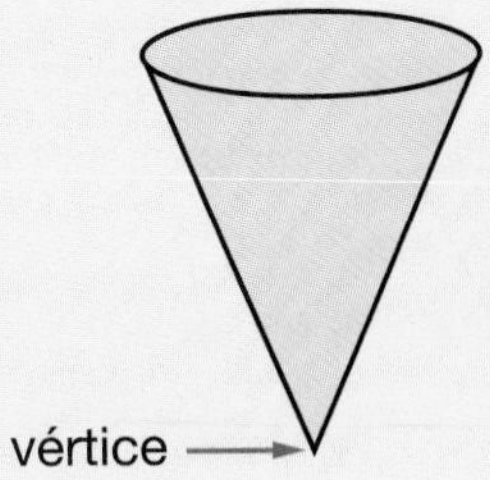

Poliedros

Un **poliedro** es un cuerpo geométrico cuyas superficies son planas y están formadas por polígonos. Un poliedro no tiene ninguna superficie curva. Las caras de un **poliedro regular** están formadas por copias del mismo tamaño de un polígono regular.

Abajo se muestran tres grupos importantes de poliedros. Éstos son **pirámides, prismas** y **poliedros regulares.** Muchos poliedros no pertenecen a ninguno de estos grupos.

Pirámides

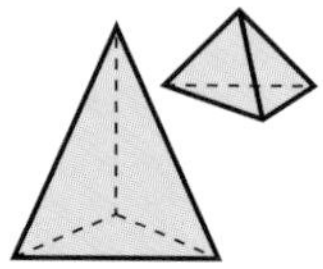

pirámides triangulares

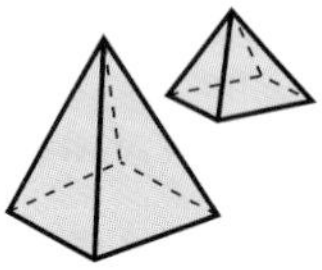

pirámides rectangulares

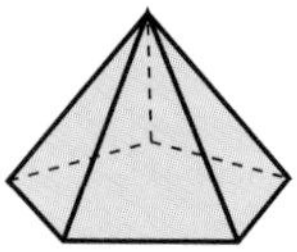

pirámide pentagonal

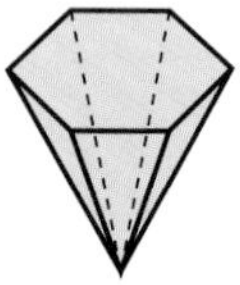

pirámide hexagonal

Prismas

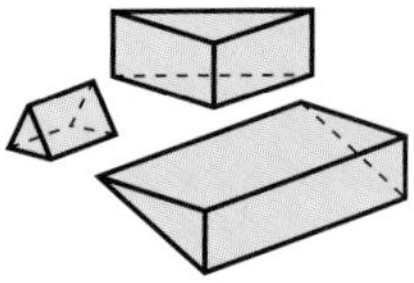

prismas triangulares

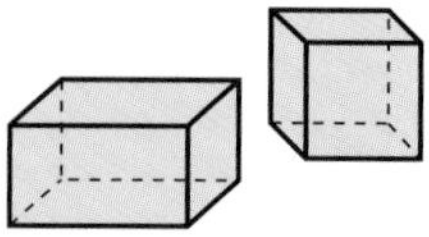

prismas rectangulares

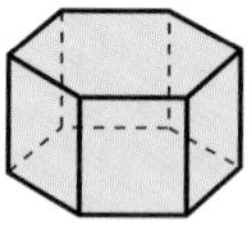

prisma hexagonal

Poliedros regulares

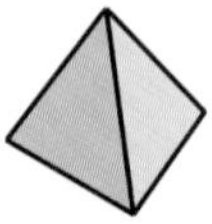

tetraedro regular (pirámide) (4 caras)

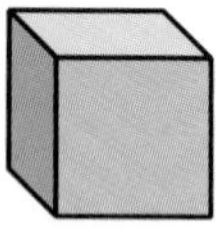

cubo (prisma) (6 caras)

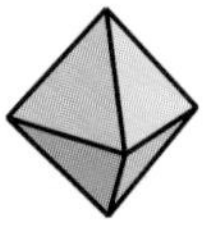

octaedro regular (8 caras)

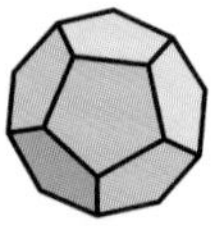

dodecaedro regular (12 caras)

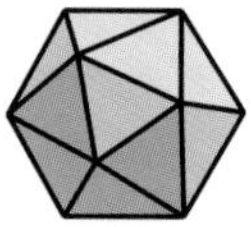

icosaedro regular (20 caras)

Pirámides

Todos los cuerpos geométricos de abajo son **pirámides.**

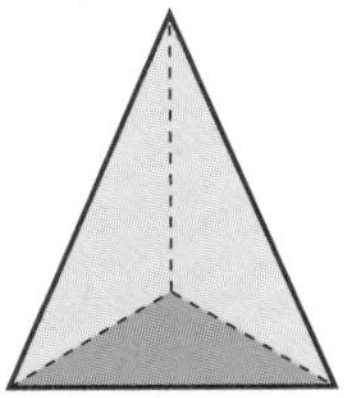

pirámide triangular

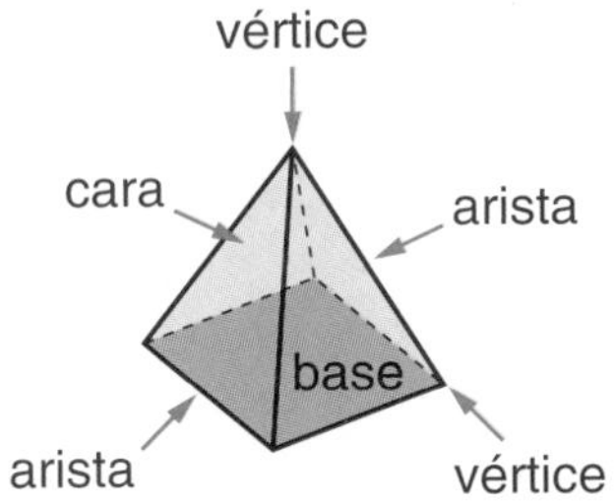

pirámide cuadrangular

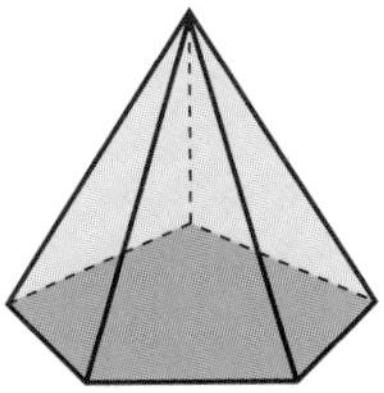

pirámide pentagonal

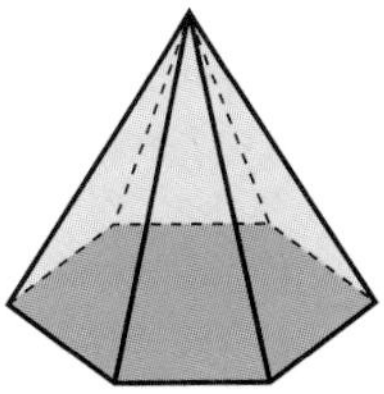

pirámide hexagonal

Las pirámides tienen superficies planas llamadas **caras.**

La cara *sombreada* de cada pirámide de arriba se llama **base** de la pirámide. Todas las caras que no son bases tienen forma de triángulo. Todas las caras que no son la base se unen en un vértice.

La forma de la base se usa para dar nombre a la pirámide. Si la base tiene forma de triángulo se llama **pirámide triangular.** Si la base es un cuadrado, se llama **pirámide cuadrangular.**

Las pirámides de Egipto tienen la base cuadrada. Son pirámides cuadrangulares.

Prismas

Todos los cuerpos geométricos de abajo son **prismas.**

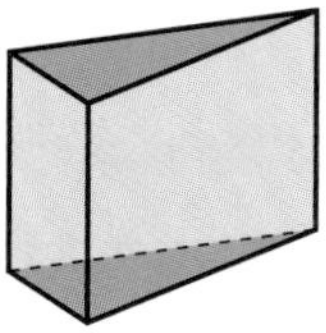

prisma triangular

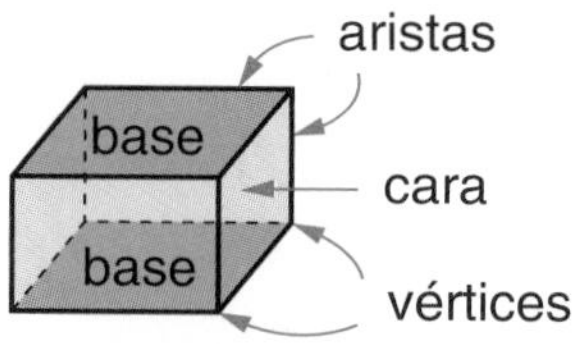

prisma rectangular

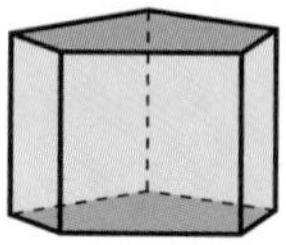

prisma pentagonal

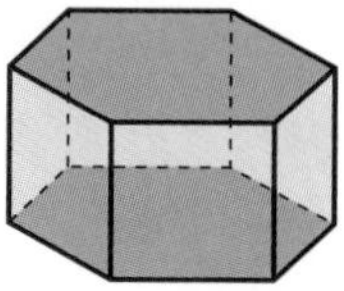

prisma hexagonal

Los prismas tienen superficies planas llamadas **caras.**

Las dos caras *sombreadas* de cada prisma de arriba se llaman **bases** del prisma.

- Ambas bases tienen el mismo tamaño y forma.
- Las bases son paralelas. Esto significa que las bases siempre están separadas por la misma distancia.
- Las caras que conectan las bases tienen forma de rectángulos o paralelogramos.

La forma de las bases se usa para darle nombre al prisma. Si las bases son triángulos, se llama **prisma triangular.** Si las bases son rectángulos, se llama **prisma rectangular.**

Cilindros y conos

Un **cilindro** tiene dos superficies planas unidas por una superficie curva. Las latas de sopa y los rollos de papel tienen forma de cilindro.

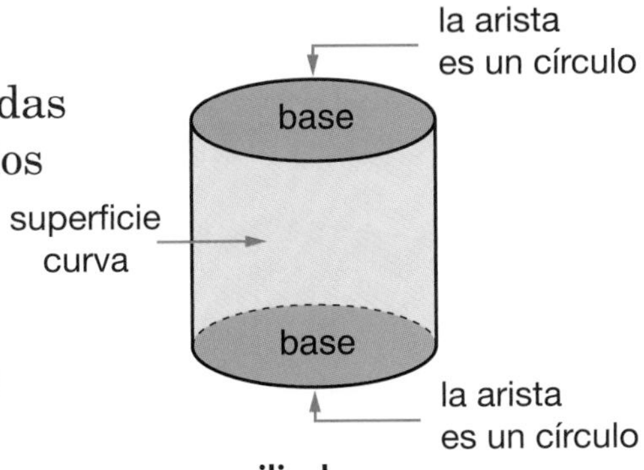

cilindro

Las superficies planas se llaman **bases.**

- Las 2 bases son círculos. Estos círculos tienen el mismo tamaño.
- Las 2 bases son paralelas. Esto significa que las bases siempre están separadas por la misma distancia.

Estas velas tienen forma de cilindro.

Otro cuerpo con una superficie curva es el **cono.** Muchos conos de helado y algunos vasos de papel tienen forma de cono.

Un cono tiene 1 superficie plana de forma circular. Es la **base** del cono. La otra superficie del cono es una superficie curva. Ésta se envuelve alrededor de la base y termina en un punto llamado **ápice** del cono.

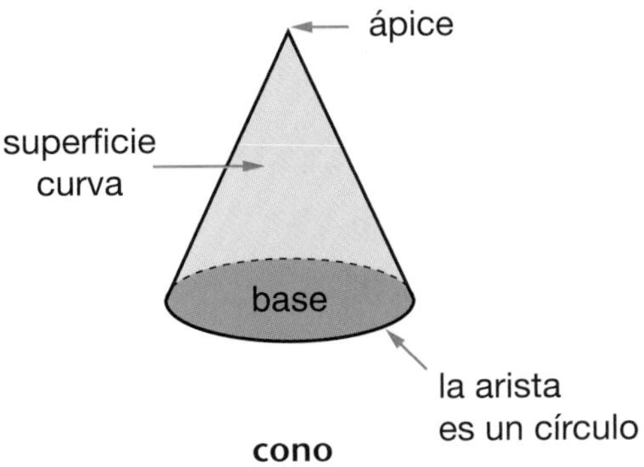

cono

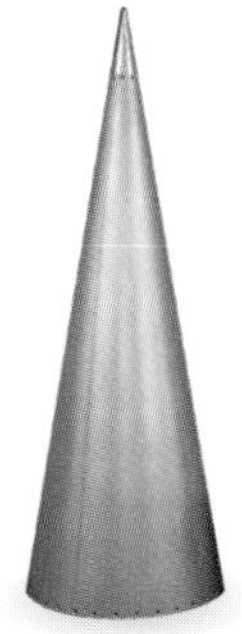

Esta ojiva forma parte de un cohete.

Este sombrero de cumpleaños tiene forma de cono.

Esferas

Una **esfera** es un cuerpo geométrico con una superficie curva que tiene forma de pelota o globo. Todos los puntos en la superficie de la esfera están a la misma distancia del **centro de la esfera.**

Las esferas son objetos tridimensionales. Ocupan espacio. Todas las esferas tienen la misma forma, pero no el mismo tamaño.

El tamaño de una esfera es la distancia que la atraviesa pasando por su centro. Esta distancia se llama **diámetro de la esfera.**

¿Lo sabías?

Ya en el año 3000 a.C., se hacían canicas de arcilla horneada con forma de esferas.

El segmento *RS* pasa por el centro de la esfera.
El largo de este segmento es el diámetro de la esfera.
El segmento *RS* también se llama diámetro de la esfera.

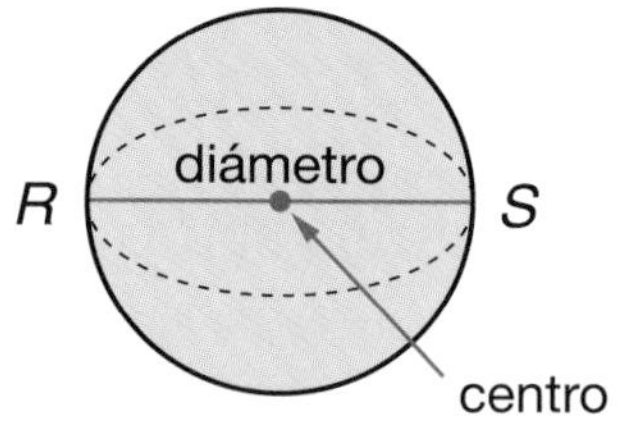

Ejemplo La forma de la Tierra es muy parecida a una esfera. El diámetro de la Tierra mide cerca de 8,000 millas. La distancia desde la superficie de la Tierra hasta su centro es de cerca de 4,000 millas. Cualquier punto de la superficie terrestre está a unas 4,000 millas del centro de la Tierra.

Capas terrestres

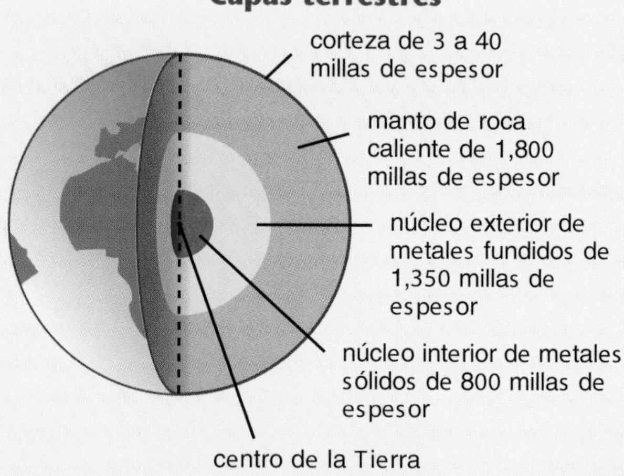

Figuras congruentes

A veces las figuras tienen la misma forma y el mismo tamaño. Estas figuras son **congruentes.** Las figuras son congruentes si al poner una sobre otra coinciden exactamente.

Los segmentos de recta son congruentes si tienen el mismo largo.

Ejemplo Los segmentos de recta AB y CD miden 3 cm de largo.

Ambos segmentos tienen la misma forma.
Ambos segmentos tienen el mismo largo.

Los segmentos de recta son congruentes. Coinciden exactamente cuando un segmento se coloca sobre el otro.

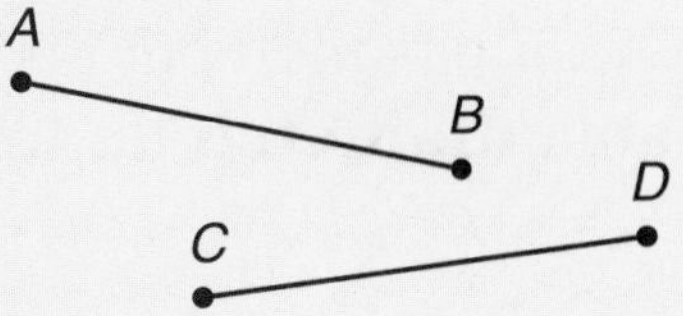

Los ángulos son congruentes si miden los mismos grados.

Ejemplo El ángulo E y el ángulo F son ángulos rectos.

∠E y ∠F tienen la misma forma.
Los dos miden 90°.

Los ángulos son congruentes. Coinciden exactamente cuando se coloca un ángulo sobre el otro.

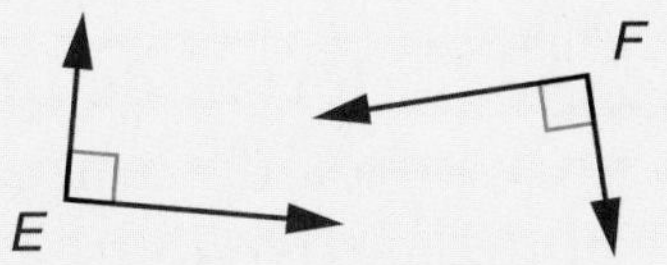

Los círculos son congruentes si sus diámetros son del mismo largo.

Ejemplo Estos círculos tienen diámetros de $\frac{1}{2}$ pulg.

Los 3 círculos tienen la misma forma.
Los 3 círculos tienen el mismo tamaño.

Los círculos son congruentes. Coinciden exactamente cuando se coloca uno sobre el otro.

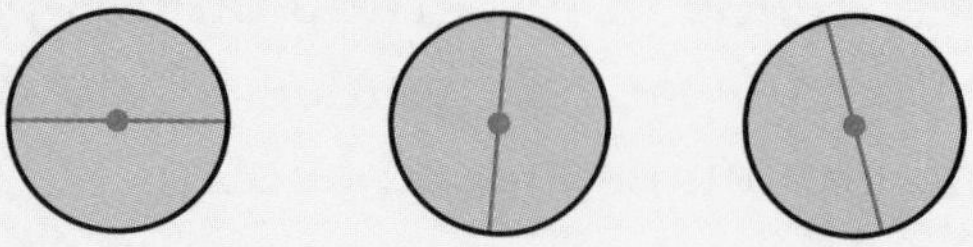

Si usamos una máquina copiadora para copiar una figura, el original y la copia son congruentes.

Ejemplo Se usó una máquina copiadora para copiar el pentágono *RSTUV*.

Si recortamos la copia, coincidirá exactamente cuando se coloque sobre el original.

Los lados coincidirán exactamente.
Todos los ángulos coincidirán exactamente.

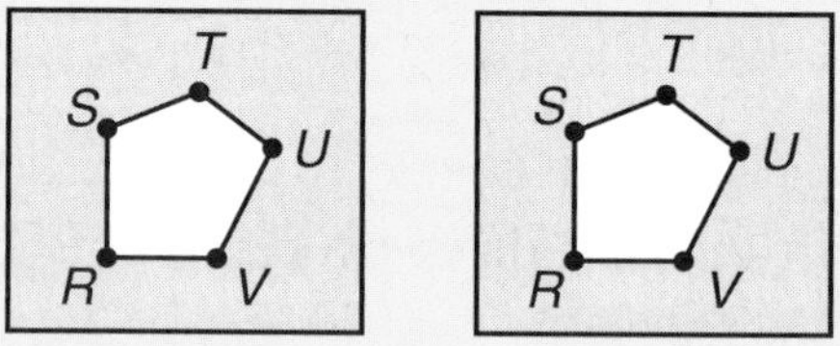

original

copia

Comprueba si comprendiste

¿Cuál de los triángulos siguientes NO es congruente con los otros tres?

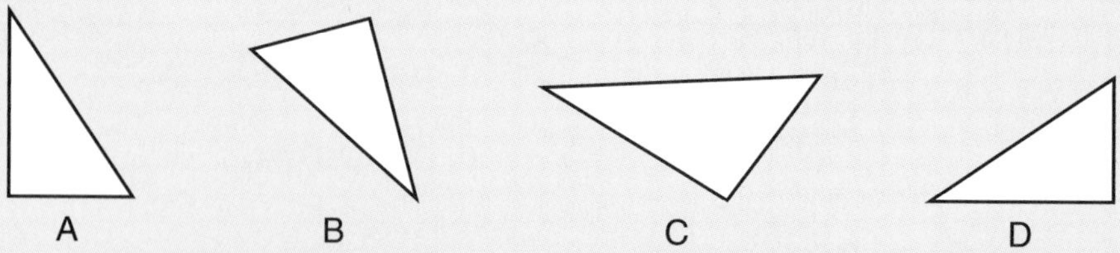

Comprueba tus respuestas en la página 339.

Simetría axial

Observa esta fotografía de una mariposa. Se trazó una línea punteada a través de ella. La línea divide la fotografía en dos partes. Ambas partes se ven iguales. Cada una es una imagen en espejo de la otra.

La figura es **simétrica con respecto a un eje.** La línea punteada se llama **eje de simetría** de la figura.

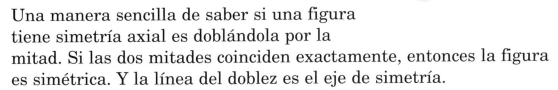

Una manera sencilla de saber si una figura tiene simetría axial es doblándola por la mitad. Si las dos mitades coinciden exactamente, entonces la figura es simétrica. Y la línea del doblez es el eje de simetría.

Ejemplo Las letras T, V, E y X son simétricas. Abajo se dibujaron los ejes de simetría de cada letra.

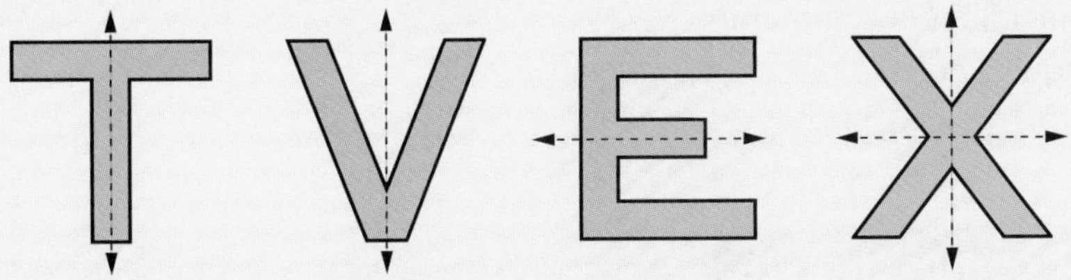

La letra X tiene dos ejes de simetría. Puedes doblarla por cualquiera de las dos líneas y las dos mitades coincidirán exactamente.

Todas las figuras de abajo son simétricas. Cada una tiene dibujado el eje de simetría. Si hay más de un eje de simetría, también está dibujado.

Figuras simétricas con respecto a un eje

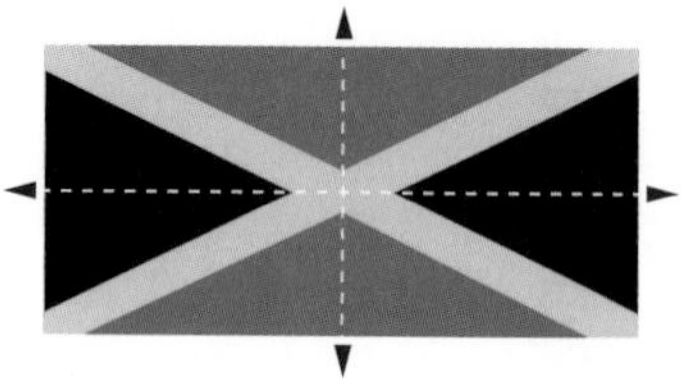

bandera de Jamaica

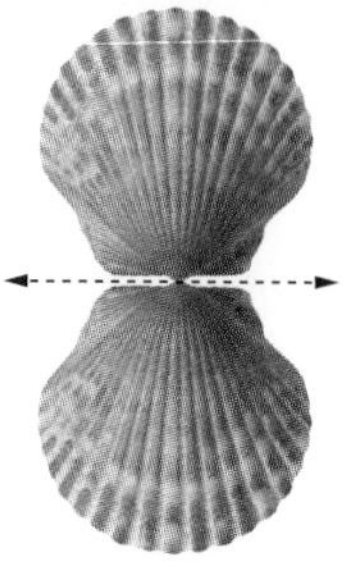

concha marina

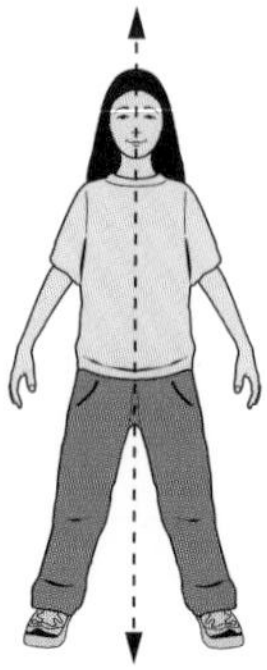

cuerpo humano

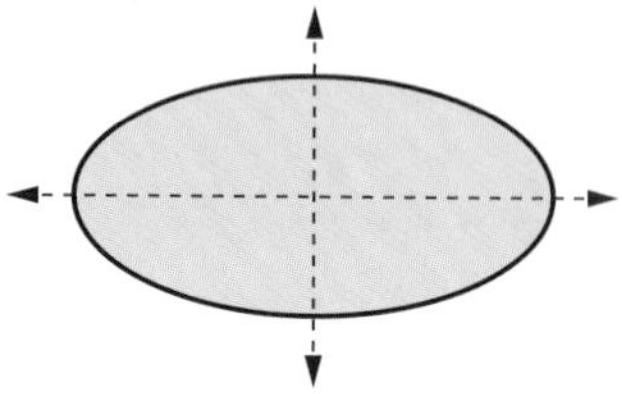

elipse

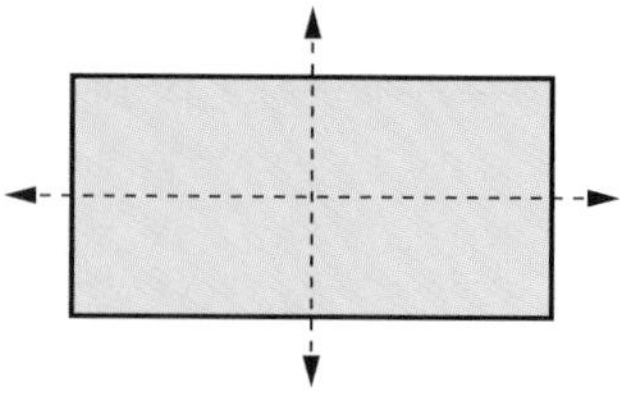

rectángulo

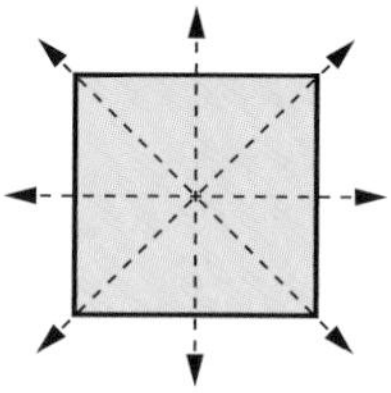

cuadrado

Comprueba si comprendiste

1. Calca las figuras de los bloques geométricos sobre una hoja de papel. Traza todos los ejes de simetría de cada figura.
2. ¿Cuántos ejes de simetría tiene un círculo?

Comprueba tus respuestas en la página 340.

La Plantilla de bloques geométricos

Hay 11 figuras geométricas en la Plantilla de bloques geométricos. Todas las figuras son simétricas. Seis de las figuras tienen el mismo tamaño que los bloques geométricos reales.

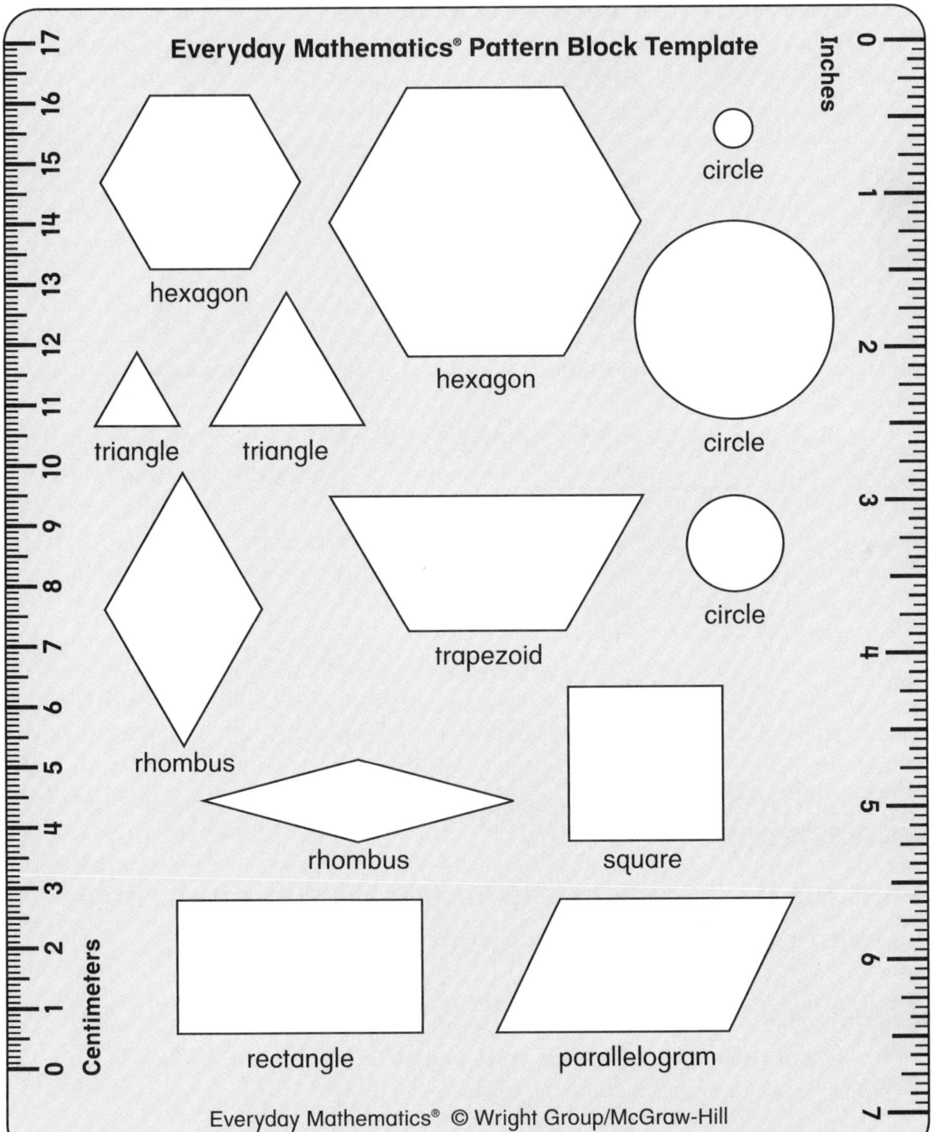

Matemáticas ... a diario

La geometría en la naturaleza

Muchas de las figuras interesantes que vemos en la naturaleza se deben a la manera en que las cosas crecen o se forman. Algunas de esas figuras se ven a simple vista. Otras sólo se ven con instrumentos especiales, como lupas, microscopios o telescopios.

Si observas la yema de tu dedo con una lupa potente, verás muchas curvas. Las curvas de las huellas digitales, que son únicas, producen la tracción necesaria para que puedas levantar cosas. ➤

Las estrellas de la Osa Mayor están tan lejos de la Tierra que, vistas desde aquí, parecen puntos. ➤

Polígonos, círculos y esferas

Si trazas una línea imaginaria que una las puntas de los brazos de esta estrella de mar, se formará un pentágono. ➤

Los panales de abejas parecen hexágonos unidos entre sí. Estos hexágonos encajan unos con otros sin dejar espacios entre sí. Son un lugar excelente para que las abejas almacenen la miel. ➤

➤ Observa en detalle las figuras formadas en el barro seco de Death Valley, California. ¿Ves figuras con forma de cuadrilátero?

Matemáticas ... a diario

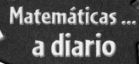

Las hojas circulares de este nenúfar Victoria Regia pueden medir hasta dos metros de diámetro.

Si cortas una cebolla por la mitad, verás algo parecido a los círculos concéntricos.

Ésta es la cabeza esférica de un diente de león maduro.

Espirales

Esta fotografía fue tomada desde un punto ubicado sobre las nubes de un huracán. ¿Ves las espirales? ➤

El camaleón de Meller enrosca la cola y forma una espiral. ➤

Las semillas de girasol forman espirales en muchas direcciones distintas a partir del centro. ➤

Matemáticas ... a diario

Figuras y cuerpos tridimensionales

Con un microscopio de gran potencia, puedes ver que estos cristales de sal son cuerpos rectangulares.

Estos cristales de cuarzo son cuerpos geométricos. Puedes ver algunas de sus muchas caras.

Estas columnas de roca ubicadas en la Calzada del Gigante, en Irlanda, adquirieron su forma hexagonal debido a la actividad volcánica.

Esta nube en forma de embudo de un tornado tiene forma de cono y desciende hacia la tierra.

Simetría

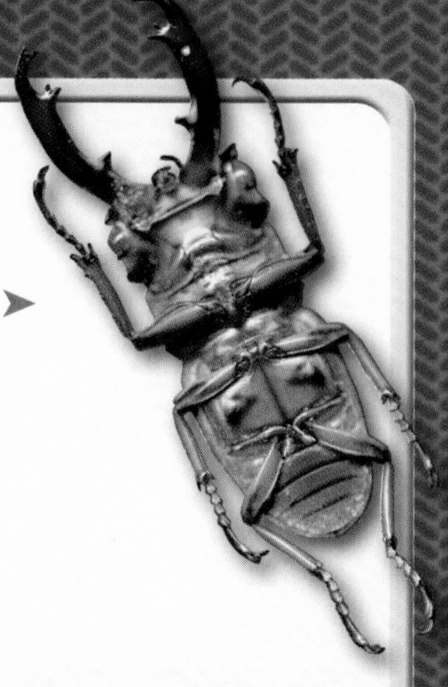

El lado izquierdo y el derecho de este ciervo volante son simétricos. ➤

➤ Las dos mitades de esta alcachofa son simétricas.

Si amplías el tamaño de los copos de nieve, verás que son simétricos. ¿Qué figuras ves en los copos de nieve? ➤

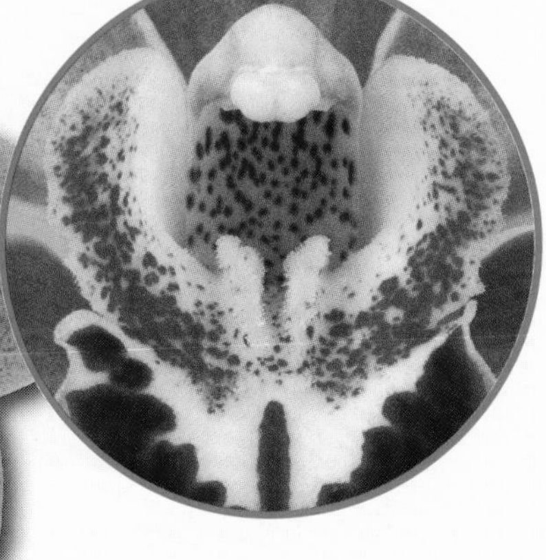

➤ Aquí tienes un primer plano de una orquídea. ¿Ves la simetría entre los lados?

Mira a tu alrededor. ¿Dónde ves geometría en la naturaleza?

Medidas

Medidas antes de la invención de las unidades estándar

La gente medía el largo y el peso mucho antes de que hubiera reglas y básculas. En el pasado, la gente usaba partes de su cuerpo para medir la longitud. Aquí tienes algunas unidades de longitud basadas en el cuerpo humano:

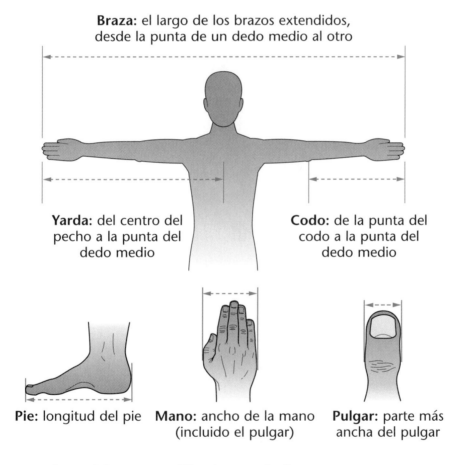

Braza: el largo de los brazos extendidos, desde la punta de un dedo medio al otro

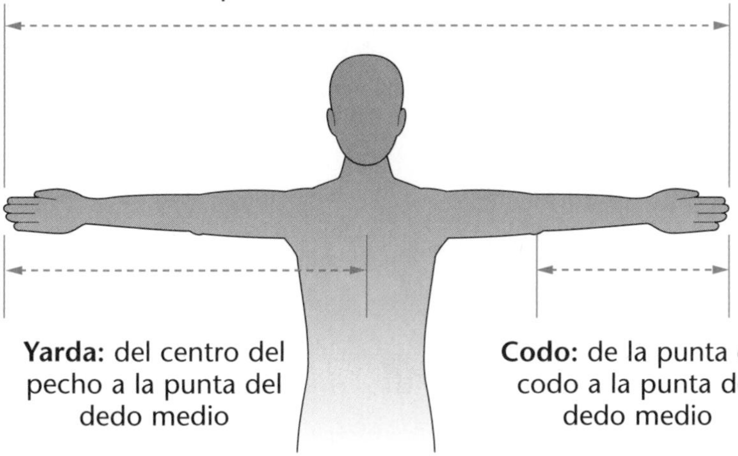

Yarda: del centro del pecho a la punta del dedo medio

Codo: de la punta del codo a la punta del dedo medio

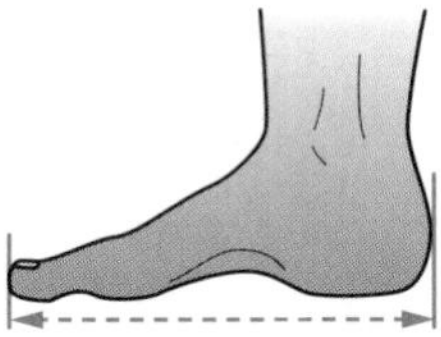

Pie: longitud del pie

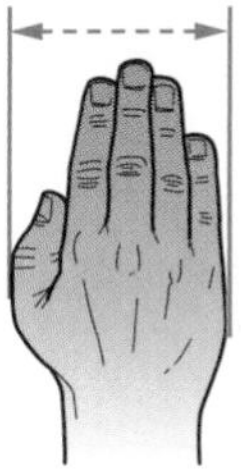

Mano: ancho de la mano (incluido el pulgar)

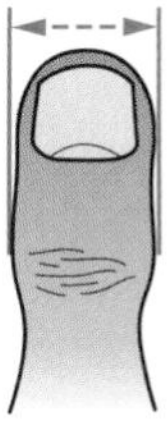

Pulgar: parte más ancha del pulgar

Observa detenidamente. Verás que la braza es aproximadamente del mismo largo que la estatura de una persona.

El problema de usar medidas del cuerpo es que éstas son diferentes en cada persona.

Usar **unidades estándar** de longitud resuelve este problema. Las unidades estándar nunca cambian. Son las mismas para todos.

Si dos personas miden el mismo objeto usando unidades estándar, su medida será la misma o casi la misma.

El sistema métrico decimal

Hace aproximadamente 200 años se desarrolló el **sistema métrico decimal** de medidas. El sistema métrico usa unidades estándar para medir longitud, peso y temperatura.

- La unidad estándar de longitud es el **metro.** La palabra *metro* se abrevia **m.** Un metro mide aproximadamente lo mismo que un paso grande o que el ancho de la puerta de una casa.
- La unidad estándar de peso es el **gramo.** La palabra *gramo* se abrevia **g.** Una *dime* pesa cerca de 2 gramos. Un clip pesa cerca de $\frac{1}{2}$ gramo. Entonces, dos clips pesan cerca de 1 gramo.
- La unidad estándar de temperatura es el **grado Celsius** o **°C.** El agua se congela a 0°C. La temperatura ambiente es de unos 20°C.

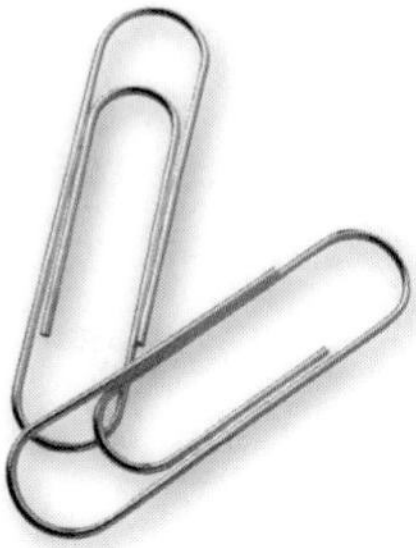

El sistema métrico se usa en todo el mundo.

Los científicos casi siempre usan el sistema métrico decimal. Las unidades métricas a menudo se usan en deportes como el atletismo, el patinaje sobre hielo y la natación. Muchas etiquetas de alimentos incluyen medidas métricas.

El sistema métrico es fácil de usar porque es un sistema decimal. Se basa en los números 10, 100 y 1,000.

Veamos qué significa esto con una **regla de un metro.** Una regla de un metro mide 1 metro de largo. Quizá haya reglas de un metro en tu salón de clases.

Ejemplo Abajo se muestra una parte de una regla de un metro. Se ha dividido en unidades más pequeñas.

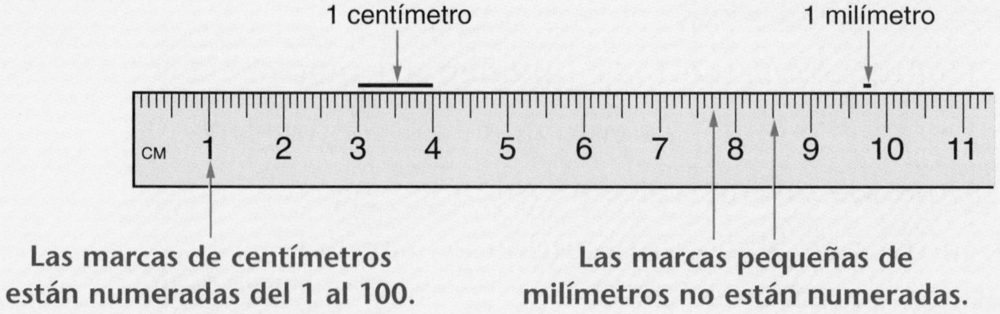
1 centímetro
1 milímetro
CM 1 2 3 4 5 6 7 8 9 10 11
Las marcas de centímetros están numeradas del 1 al 100.
Las marcas pequeñas de milímetros no están numeradas.

La regla de un metro se divide en 100 partes iguales.
El largo de cada parte se llama un **centímetro.**
Hay 100 centímetros en 1 metro.

Cada centímetro se divide en 10 partes iguales.
El largo de cada parte pequeña se llama un **milímetro.**

Hay 10 milímetros en 1 centímetro.
Hay 1,000 milímetros en 1 metro.

Estados Unidos es el único país grande donde el sistema métrico no se usa para las medidas de todos los días. En su lugar, se usa el **sistema tradicional de EE.UU.** Este sistema usa unidades estándar como la **pulgada,** el **pie,** la **yarda** y la **libra.**

El sistema tradicional de EE.UU. no se basa en los números 10, 100 y 1,000. Esto lo hace más difícil de usar que el sistema métrico decimal. Por ejemplo, para convertir pulgadas a yardas, debes saber que 36 pulgadas equivalen a 1 yarda.

Comprueba si comprendiste

1. **a.** ¿Cuántos centímetros equivalen a 1 metro?
   b. ¿Cuántos milímetros equivalen a 1 centímetro?
   c. ¿Cuántos milímetros equivalen a 1 metro?
2. De la lista de abajo, ¿qué unidades son del sistema métrico decimal?

   pie   milímetro   libra   pulgada
   gramo   metro   centímetro   yarda
3. **a.** Traza un segmento de recta de 4 centímetros de largo.
   b. Traza otro segmento de recta de 40 milímetros de largo.
   c. ¿Qué segmento de recta es más largo?

Comprueba tus respuestas en la página 340.

Medir la longitud en centímetros y milímetros

La **longitud** es la medida de una distancia entre dos puntos. La longitud normalmente se mide con una regla. Los bordes de tu Plantilla de bloques geométricos son reglas. Las cintas métricas, las reglas de una yarda y las reglas de un metro se usan para medir distancias más grandes.

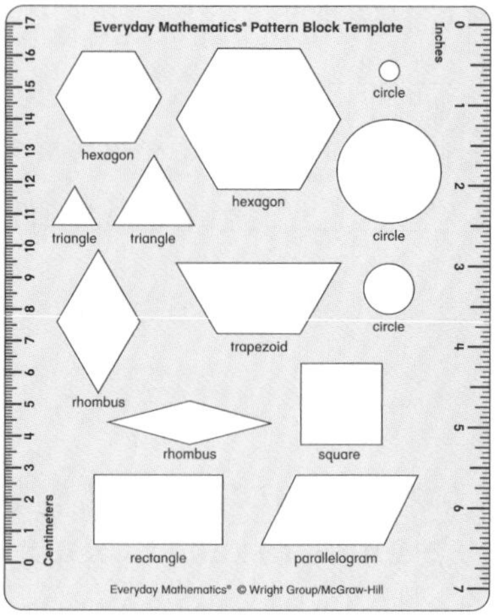

Las reglas suelen tener marcadas las **pulgadas** en un lado y los **centímetros** en el otro. El lado que muestra los centímetros se llama **escala de centímetros.** El lado que muestra las pulgadas se llama **escala de pulgadas.**

Cada centímetro se divide en 10 partes iguales llamadas **milímetros.** Un milímetro es $\frac{1}{10}$, o sea, 0.1 de centímetro. La palabra *centímetro* se abrevia **cm.** La palabra *milímetro* se abrevia **mm.**

¿Lo sabías?

En enero de 2003, un grupo de científicos chinos encontró el cuerpo de un dinosaurio de cuatro alas que medía unos 75 centímetros de la cabeza a la cola.

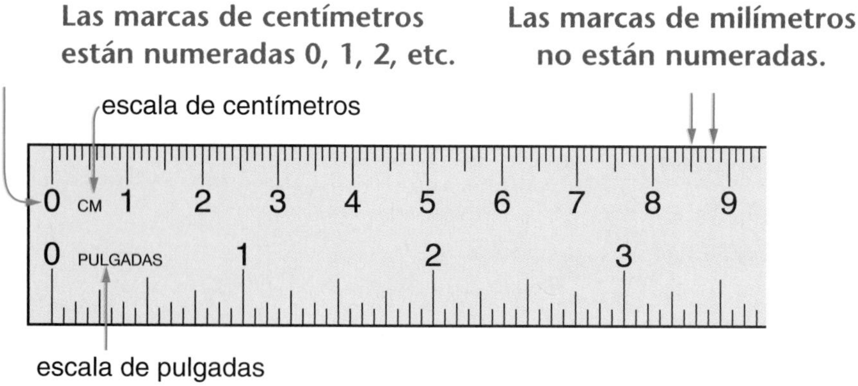

Ejemplo ¿Qué tan larga es la llave?

Siempre alinea un extremo del objeto con la marca del 0 de la regla.

El otro extremo de la llave está en la marca de 3 centímetros.

La llave mide 3 centímetros de largo.

Esto se escribe 3 cm.

Si la marca del 0 está al final de la regla, el número "0" puede no estar impreso en la regla. Cuando esto suceda, alinea el extremo del objeto con el extremo de la regla.

Ejemplo ¿Cuántos milímetros de largo mide la flecha?

La marca del 0 está al final de la regla. Alinea el extremo del objeto con el extremo de la regla.

Hay 40 milímetros del extremo de la regla a la marca de los 4 cm.
La punta de la flecha está 5 milímetros después de la marca de los 4 cm.

Entonces, la flecha mide 45 milímetros de largo.

Esto se escribe 45 mm.

Ejemplo Halla la longitud de la aguja.

Usa centímetros:

El final de la aguja está 7 espacios pequeños después de la marca de los 2 cm. Cada espacio pequeño es $\frac{1}{10}$ de un centímetro.

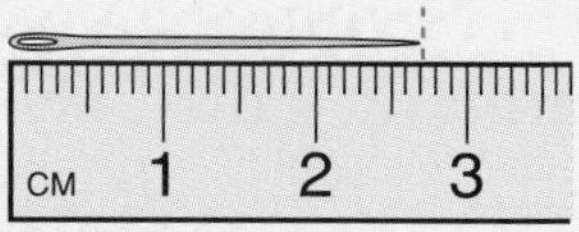

Entonces, la aguja mide $2\frac{7}{10}$ (o sea, 2.7) cm de largo.

Usa milímetros:

Hay 20 milímetros desde el extremo de la regla hasta la marca de los 2 cm. La punta de la aguja está 7 milímetros después de la marca de los 2 cm.

Entonces, la aguja mide 27 mm de largo.

Puedes usar una regla para trazar un segmento de recta.

Ejemplo Traza un segmento de recta que mida 7.8 centímetros de largo.

Cada centímetro es igual a 10 milímetros. Entonces, 0.1 cm es igual a 1 mm y 0.8 cm es igual a 8 mm.

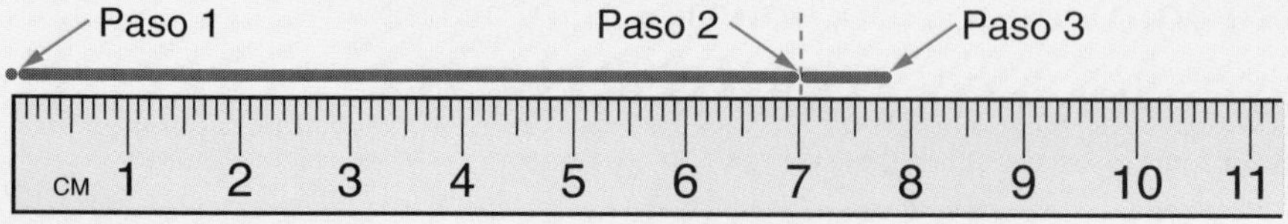

Paso 1: Pon un punto sobre el extremo de la regla.

Paso 2: Traza una línea hasta la marca de 7 cm.

Paso 3: Continúa trazando hasta que cubras 8 mm más de espacio.

Cambiar unidades de longitud en el sistema métrico

La unidad básica de longitud en el sistema métrico decimal es el **metro.** Medimos longitudes más pequeñas en **centímetros** y **milímetros** y distancias mayores en **kilómetros.** La tabla de abajo muestra la relación entre las diferentes unidades de longitud.

Relación entre las unidades métricas de longitud		Abreviaturas de las unidades de longitud
1 cm = 10 mm	1 mm = $\frac{1}{10}$ cm	mm = milímetro
1 m = 100 cm	1 cm = $\frac{1}{100}$ m	cm = centímetro
1 m = 1,000 mm	1 mm = $\frac{1}{1,000}$ m	m = metro
1 km = 1,000 m	1 m = $\frac{1}{1,000}$ km	km = kilómetro

Puedes usar esta tabla de referencia para cambiar de una unidad métrica a otra. Todos los cambios se hacen con los números 10, 100 y 1,000.

Ejemplo Judy corrió en una carrera de 5 kilómetros. ¿Cuántos metros son 5 kilómetros?

Un kilómetro equivale a 1,000 metros. Entonces, 5 kilómetros es 5 × 1,000, o sea, 5,000 metros.

Ejemplo Mark mide 150 cm. ¿Cuántos metros son 150 centímetros?

100 centímetros equivalen a 1 metro, y 50 centímetros son $\frac{1}{2}$ metro. Entonces, 150 cm son iguales a 1 m + $\frac{1}{2}$ metro, que es 1.5 metros.

Referencias personales para unidades métricas de longitud

A veces puede ser que no tengas una regla de un pie ni de un metro a mano. Cuando esto suceda, puedes estimar longitudes usando el largo de objetos comunes y distancias conocidas. Abajo se dan algunos ejemplos.

Referencias personales para unidades métricas de longitud

Cerca de 1 milímetro	Cerca de 1 centímetro
Grosor de un *dime*	Grosor de tu diario de matemáticas
Grosor de la punta de una tachuela	Ancho de la cabeza de una tachuela
Grosor de un cerillo de cartón	Grosor de un bloque geométrico
Cerca de 1 metro	**Cerca de 1 kilómetro**
Ancho de una puerta	1,000 pasos grandes (de un adulto)
Un paso grande (de un adulto)	Largo de 10 campos de fútbol americano (con las zonas del final de campo)
Altura de un mostrador de cocina	

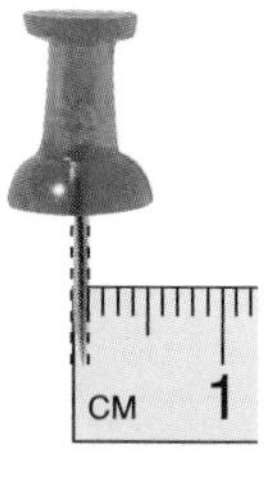

La punta de la tachuela mide cerca de 1 milímetro de grosor.

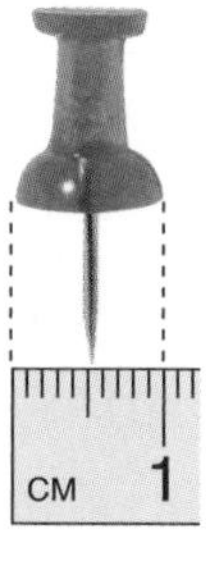

La cabeza de la tachuela mide cerca de 1 centímetro de ancho.

Las referencias personales para 1 metro pueden usarse también para 1 yarda. Un metro es un poco más largo que 39 pulgadas. Una yarda equivale a 36 pulgadas. Entonces, un metro es unas 3 pulgadas más largo que una yarda.

¿Lo sabías?

Con una altura de unos 979 metros, el Salto del Ángel en Venezuela es la catarata más alta del mundo.

regla de un metro

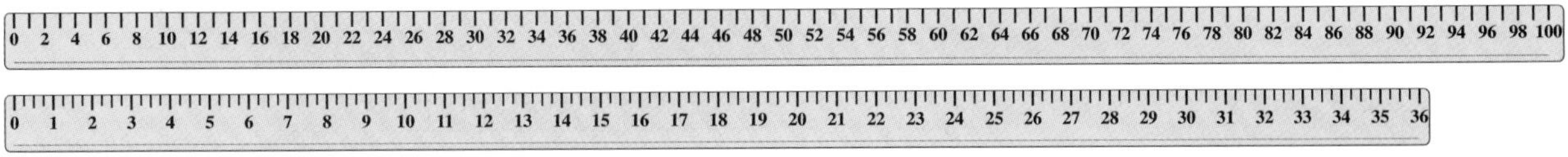

regla de un yarda

Comprueba si comprendiste

1. Una carrera de 10K es una carrera de 10 kilómetros. ¿Cuántos metros hay en 10 kilómetros?
2. **a.** ¿Cuántos centímetros hay en 3 metros?

   b. ¿Cuántos centímetros hay en 3.5 metros?
3. ¿Cuántos cm equivalen a 40 mm de largo?
4. Para medir el largo de tu dormitorio, ¿usarías metros o milímetros?
5. **a.** ¿Alrededor de cuántos kilómetros son 2,000 pasos grandes de un hombre?

   b. ¿Alrededor de cuántos metros son?
6. Ann formó un montón de 25 *dimes*. ¿Alrededor de cuántos centímetros de altura tiene el montón?

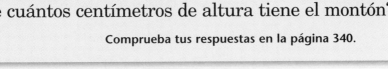

Comprueba tus respuestas en la página 340.

Medir la longitud en pulgadas

La longitud es la medida de una distancia entre dos puntos. En el sistema tradicional de EE.UU., la unidad estándar de longitud es la **pulgada.** La palabra *pulgada* se abrevia **pulg.**

En las reglas, las pulgadas se dividen en mitades, cuartos, octavos y dieciseisavos. Las marcas para mostrar las fracciones de pulgada suelen tener diferentes tamaños.

Este espacio mide $\frac{1}{16}$ de pulg de largo.

Este espacio mide $\frac{4}{16}$ de pulg, o sea, $\frac{1}{4}$ de pulg de largo.

Éstas son las marcas de $\frac{1}{4}$ y de $\frac{1}{2}$ pulg entre el 3 y el 4

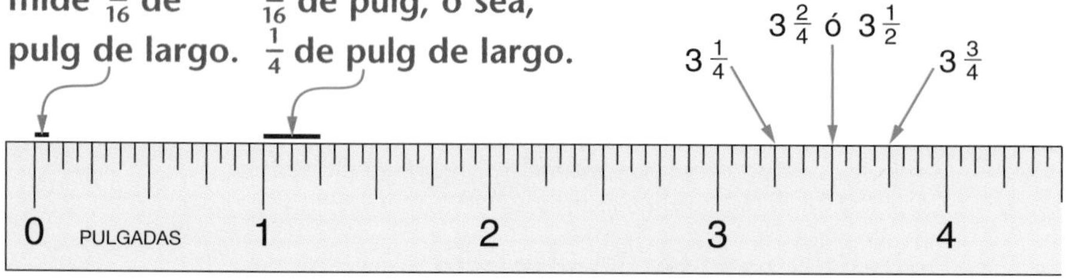

Ejemplo ¿Cuál es la longitud de cada clavo?

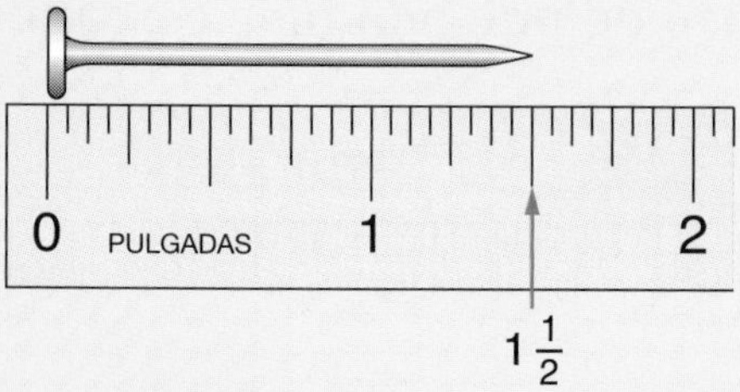

El extremo del clavo está en la marca de $1\frac{1}{2}$ pulgadas.

El clavo mide $1\frac{1}{2}$ pulgadas de largo.

Podemos escribir esto así: $1\frac{1}{2}$ pulg.

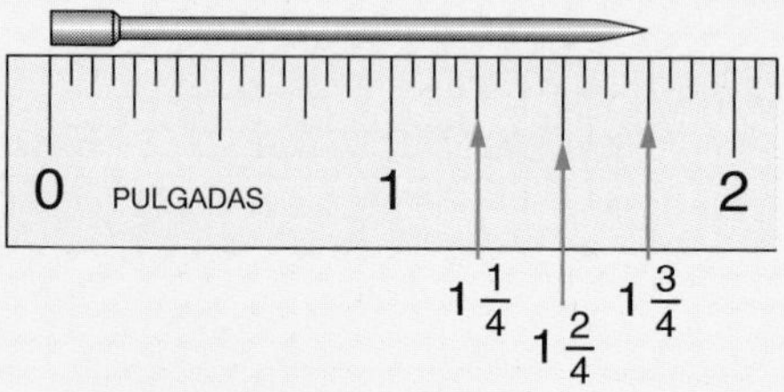

Se muestran las marcas de $\frac{1}{4}$ de pulgada entre 1 y 2. El extremo del clavo está en la marca de $1\frac{3}{4}$ pulgadas.

Mide $1\frac{3}{4}$ pulg de largo.

Ejemplo ¿Cuál es la longitud de la goma de borrar?

Siempre alinea el extremo del objeto con la marca del 0 en la regla.

Si la marca del 0 está en el extremo de la regla, el número "0" quizá no esté escrito.

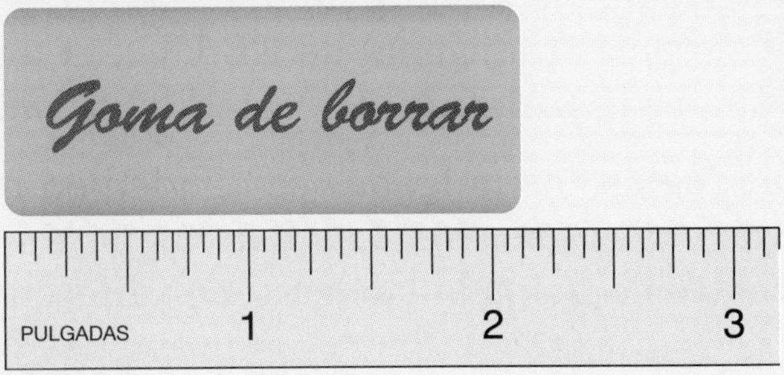

Hay 2 espacios pequeños entre la marca de 2 pulgadas y la punta de la goma de borrar. Cada espacio pequeño mide $\frac{1}{16}$ de pulgada de largo.

Entonces, la goma mide $2\frac{2}{16}$ pulgadas de largo. Como $\frac{2}{16} = \frac{1}{8}$, la longitud puede escribirse $2\frac{2}{16}$ pulg o $2\frac{1}{8}$ pulg.

A veces no necesitas una medida exacta. Medir a la "$\frac{1}{2}$ pulgada más cercana" o al "$\frac{1}{4}$ de pulgada más cercano" puede ser suficiente.

Ejemplo Halla la longitud del lápiz al cuarto de pulgada más cercano.

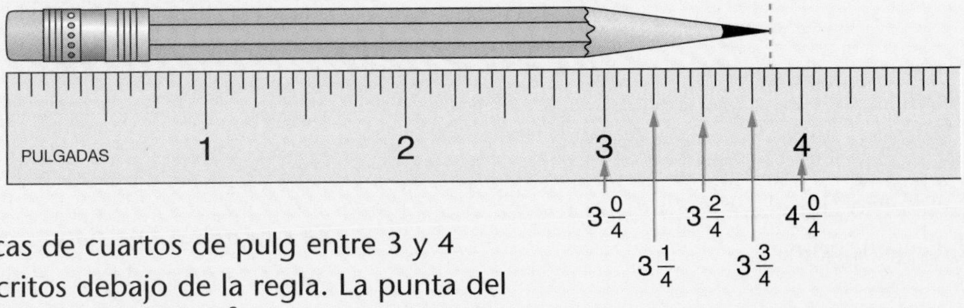

Las marcas de cuartos de pulg entre 3 y 4 están escritos debajo de la regla. La punta del lápiz está más cerca de $3\frac{3}{4}$.

El lápiz mide $3\frac{3}{4}$ pulgadas de largo al cuarto de pulgada más cercano.

Comprueba si comprendiste

1. Traza un segmento de recta que mida $2\frac{1}{2}$ pulgadas.

2. Mide el largo del crayón al cuarto de pulg más cercano.

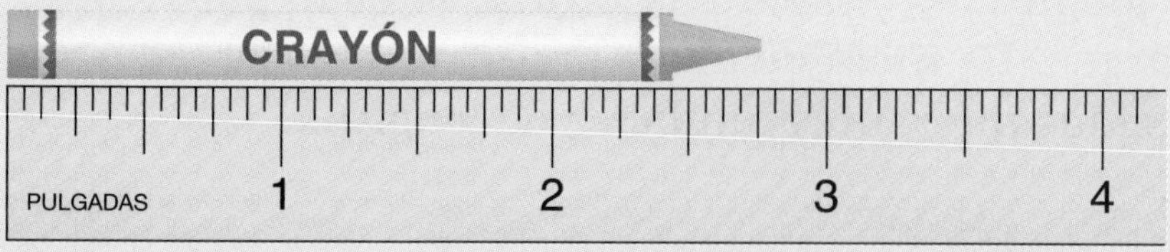

3. Di la medida que indica cada letra.

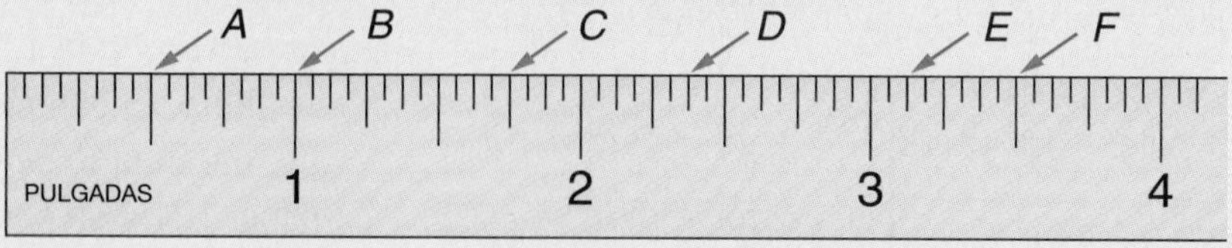

a. *A* es $\underline{\frac{1}{2}}$ pulg **b.** *B* es __?__ pulg **c.** *C* es __?__ pulg

d. *D* es __?__ pulg **e.** *E* es __?__ pulg **f.** *F* es __?__ pulg

Comprueba tus respuestas en la página 340.

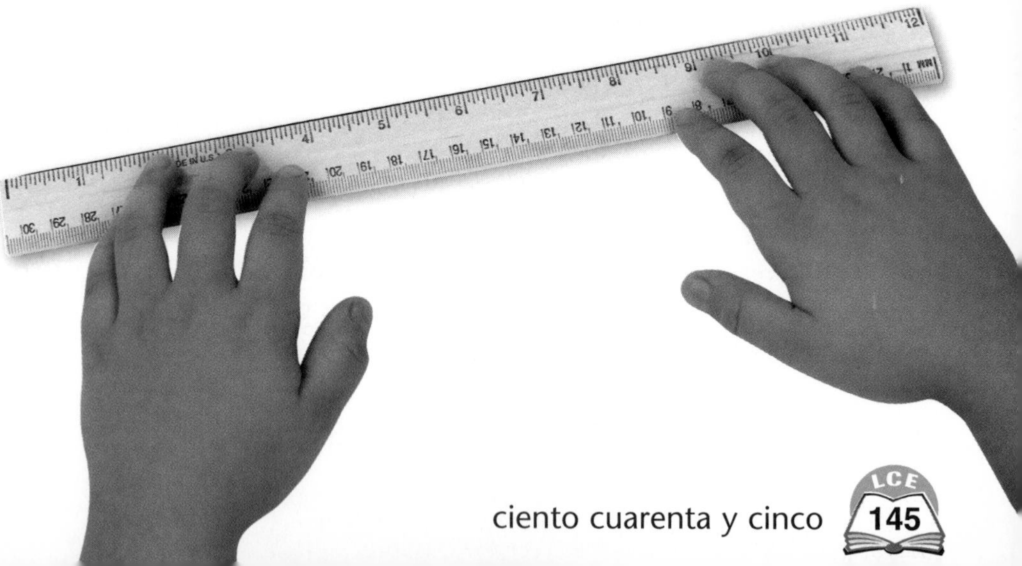

Cambiar unidades de longitud en el sistema tradicional de EE.UU.

La **pulgada** es una unidad básica de longitud en el sistema tradicional de EE.UU. Pero también medimos la longitud usando otras unidades. Los **pies** y las **yardas** también se usan para medir longitudes cortas. Las **millas** se usan para distancias más largas. La tabla de abajo muestra cómo se relacionan entre sí las diferentes unidades de longitud.

Relación entre las unidades tradicionales de longitud de EE.UU.		Abreviaturas de las unidades de longitud
1 pie = 12 pulg	1 pulg = $\frac{1}{12}$ pie	pulg = pulgada
1 yarda = 3 pies	1 pie = $\frac{1}{3}$ yarda	pie = pie
1 yarda = 36 pulg	1 pulg = $\frac{1}{36}$ yarda	yd = yarda
1 milla = 5,280 pies		mi = milla

Puedes usar esta tabla de referencia para cambiar de una unidad a otra.

Ejemplo ¿A cuántos pies son iguales 6 yardas?

Una yarda es igual a 3 pies.

Entonces, 6 yardas es 6×3, o sea, 18 pies.

¿Lo sabías?

El edificio Empire State de Nueva York fue construido en 1931 y mide 1,250 pies de altura. El edificio más alto del mundo se llama Taipei 101 y se encuentra en Taipei, Taiwán. Fue construido en 2003 y mide 1,670 pies de altura.

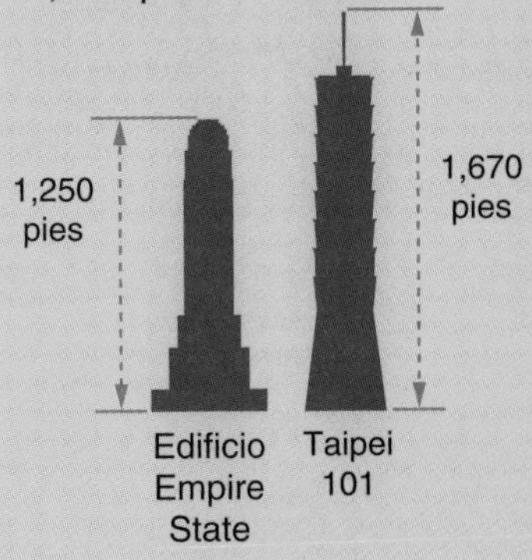

Si conoces una longitud en pies, puedes cambiarla a pulgadas. Si conoces una longitud en pulgadas, puedes cambiarla a pies. Observa los ejemplos de la página siguiente.

Ejemplo Ashley mide 4 pies 10 pulgadas de estatura. ¿Cuánto mide Ashley en pulgadas?

Un pie tiene 12 pulgadas.
Entonces, 4 pies es 4×12, o sea, 48 pulgadas.

4 pies + 10 pulgadas es lo mismo que: 48 pulgadas + 10 pulgadas, que son 58 pulgadas.

Entonces, Ashley mide 58 pulg de estatura.

Ejemplo Rashid usó 36 pulgadas de cinta para amarrar un paquete. ¿Cuántos pies de cinta usó?

Una pulgada es igual a $\frac{1}{12}$ de pie.
Entonces, 36 pulgadas serán igual a $\frac{36}{12}$ de pie,

y $\frac{36}{12}$ de pie $= 3$ pies.

Entonces, Rashid usó 3 pies de cinta.

Ejemplo Una caja mide 8 pulgadas de largo. ¿Cuántos pies de largo mide la caja?

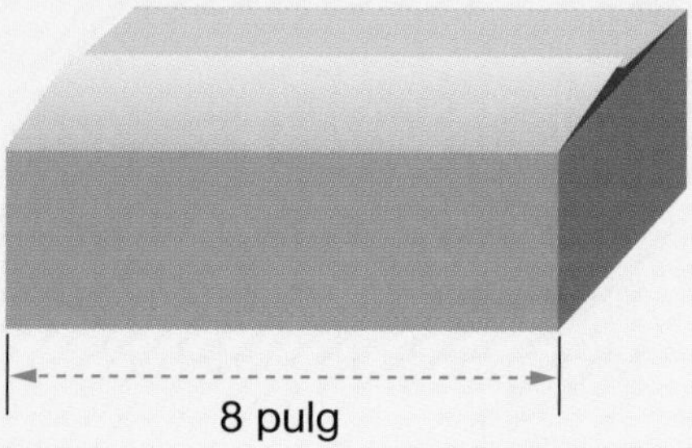

Una pulgada es igual a $\frac{1}{12}$ de pie.
Entonces, 8 pulgadas son iguales a $\frac{8}{12}$ de pie,

y $\frac{8}{12}$ de pie $= \frac{2}{3}$ de pie.

Entonces, la caja mide $\frac{2}{3}$ de pie de largo.

Referencias personales para las unidades de longitud de EE.UU.

A veces no tienes a mano una regla de un pie ni de una yarda. En ese caso, puedes estimar longitudes usando la longitud de objetos comunes y distancias conocidas. Abajo se dan algunos ejemplos.

Referencias personales para las unidades tradicionales de longitud de EE.UU.

Cerca de 1 pulgada	Cerca de 1 pie
Longitud de un clip Ancho de un *quarter* Ancho del pulgar de un hombre	Longitud del zapato de un hombre Longitud de una placa de carro Longitud de tu diario de matemáticas
Cerca de 1 yarda	**Cerca de 1 milla**
Ancho de una puerta Un paso grande (de un adulto) Altura de un mostrador de cocina	2,000 pasos medianos (de un adulto) Largo de 15 campos de fútbol americano (con las zonas de final de campo)

Ejemplo El papá de Michael midió la longitud de una cancha de baloncesto dando 30 pasos grandes. ¿Alrededor de cuántos pies de largo mide la cancha?

Un paso grande de un adulto mide cerca de 1 yarda. Entonces, la cancha de baloncesto mide cerca de 30 yardas. Una yarda es igual a 3 pies.

Entonces, la cancha mide cerca de 30×3 pies, o sea, 90 pies de largo.

Ejemplo La longitud de la cocina de Alisa es de 18 diarios de matemáticas. ¿Alrededor de cuántas yardas de largo mide la cocina de Alisa?

El diario de matemáticas de Alisa mide cerca de 1 pie de largo. Entonces, su cocina mide cerca de 18 pies de largo.

Un pie es igual a $\frac{1}{3}$ yarda. Entonces, 18 pies es igual a $\frac{18}{3}$ yarda y $\frac{18}{3}$ yarda = 6 yardas.

Entonces, la cocina de Alisa mide cerca de 6 yardas de largo.

Comprueba si comprendiste

1. a. 7 yardas = __?__ pies

b. 2 pies = __?__ pulg

c. 6 pies = __?__ yardas

d. __?__ pulg = 2 yardas

2. Rashid mide 5 pies 3 pulgadas de estatura. ¿Cuánto mide Rashid en pulgadas?

3. El zapato de un hombre es tan largo como aproximadamente __?__ clips.

4. 100 pasos grandes de un hombre miden cerca de __?__ yardas. ¿Alrededor de cuántos pies son?

5. El tío de Michael caminó alrededor de un lago. En su caminata, dio cerca de 12,000 pasos. ¿Alrededor de cuánto caminó?

Comprueba tus respuestas en las páginas 340 y 341.

regla de una yarda

regla de un pie

Perímetro

A veces queremos saber la **distancia que rodea** una figura. La distancia que rodea una figura se llama el **perímetro** de la figura. Para medir el perímetro, usamos unidades de longitud como pulgadas, metros o millas.

Ejemplo Jennifer dio una vuelta en bicicleta alrededor del lago.

La distancia que rodea el lago es de 2.3 millas. Decimos que el perímetro del lago es 2.3 millas.

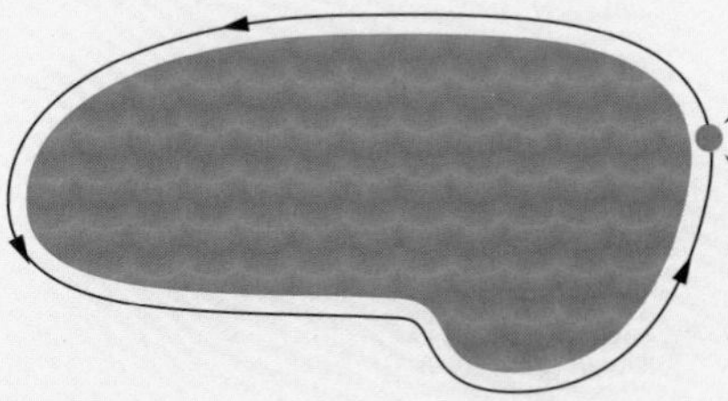

Para hallar el perímetro de un polígono, suma la longitud de sus lados. Nunca olvides decir la unidad de longitud que se usó para medir la figura.

Ejemplo Alan corrió una vez alrededor de la cuadra. ¿Cuánto corrió?

La distancia que Alan corrió fue el perímetro de la la cuadra. Para hallar esa distancia, suma la longitud de los 4 lados.

$$\begin{array}{r} 100 \text{ yd} \\ 60 \text{ yd} \\ 100 \text{ yd} \\ +\ 60 \text{ yd} \\ \hline 320 \text{ yd} \end{array}$$

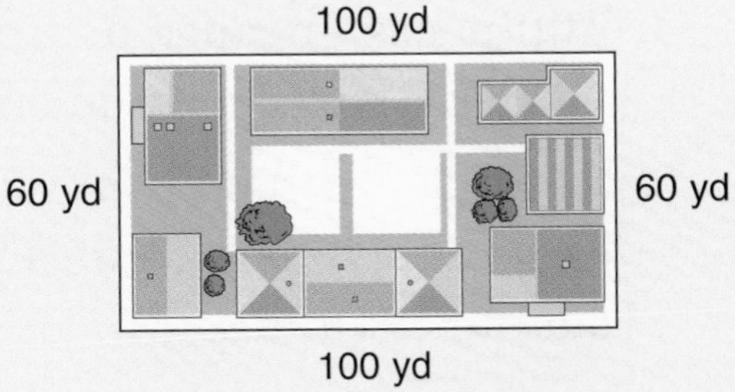

Alan corrió 320 yardas.

Ejemplo Halla el perímetro de este cuadrado.

Los cuatro lados tienen la misma longitud.

El dibujo muestra que un lado mide 2 centímetros de largo.

Suma las longitudes de los lados.
2 cm + 2 cm + 2 cm + 2 cm = 8 cm

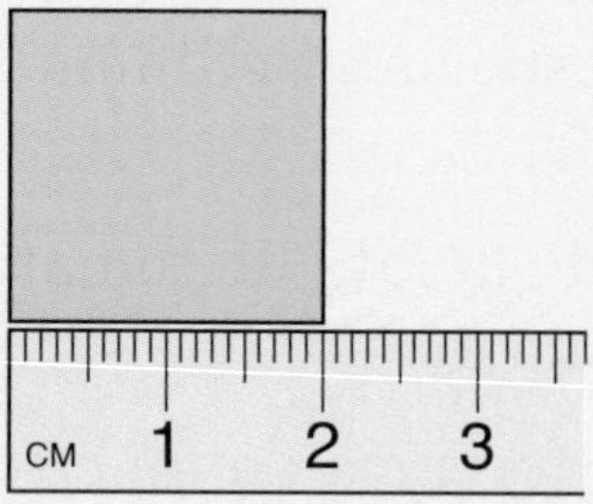

El perímetro del cuadrado es 8 cm.

Comprueba si comprendiste

Halla el perímetro del triángulo y del cuadrado de abajo.

1.

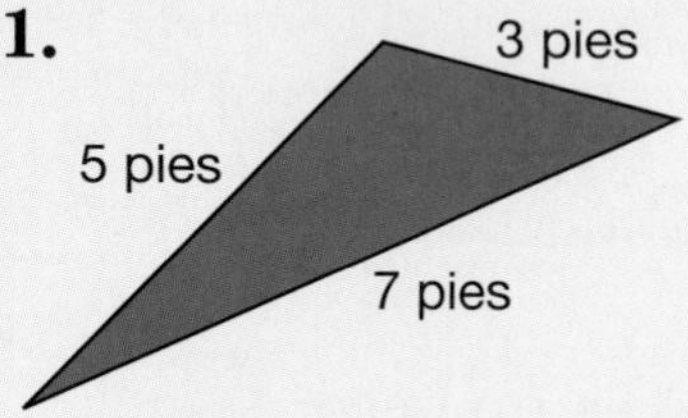

2.

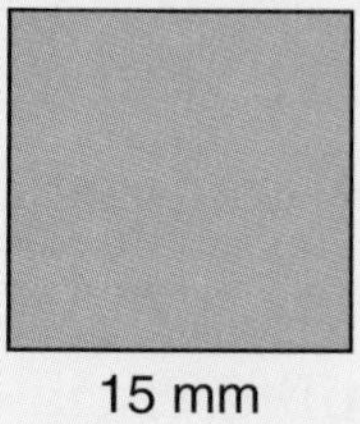

3. Mide los lados de tu diario de matemáticas a la media pulgada más cercana. ¿Cuál es el perímetro del diario de matemáticas?

Comprueba tus respuestas en la página 341.

Circunferencia y diámetro

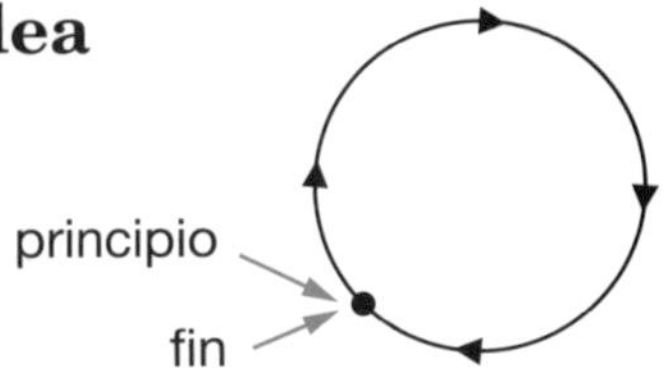

El perímetro de un círculo es la **distancia que rodea** el círculo.

El perímetro de un círculo tiene un nombre especial. Se llama la **circunferencia** del círculo.

La tapa de la lata de tomates que se muestra tiene forma de círculo.

La circunferencia de un círculo puede medirse con una cinta de medir.

Pon la cinta alrededor de la lata una vez. Luego lee la marca que toca el extremo de la cinta.

La circunferencia de la tapa de la lata es el recorrido que hace la lata cuando se abre con un abrelatas.

El **diámetro** de un círculo es la distancia de un lado a otro del círculo a lo largo de un segmento que pasa por el centro.

Si conoces el diámetro, hay una regla simple para estimar la circunferencia.

Regla del círculo: La circunferencia de un círculo es un poco más del triple de la longitud del diámetro.

Ejemplo El diámetro de una rueda de bicicleta es de 24 pulgadas. Estima la circunferencia de la rueda

Usa la Regla del círculo.

La circunferencia es un poco más que
3×24 pulgadas, o sea, 72 pulgadas.

Imagínate que la llanta de la bicicleta se corta y se extiende sobre el suelo. Sería un poco más larga que 72 pulgadas.

Comprueba si comprendiste

1. Mide el diámetro del *nickel* en milímetros.

2. ¿Alrededor de cuántos milímetros mide la circunferencia del *nickel*?

3. ¿Qué moneda de EE.UU. tiene la menor circunferencia?

4. Una pizza de 12 pulgadas tiene un diámetro de 12 pulgadas. ¿Alrededor de cuántas pulgadas mide la distancia que rodea la pizza?

Comprueba tus respuestas en la página 341.

Área

A veces queremos saber la cantidad de **superficie interior** de una figura. La cantidad de superficie interior de una figura se llama el **área** de la figura.

Una forma de hallar el área de una figura es contando el número de cuadrados de cierto tamaño que cubren el interior de la figura.

El rectángulo de abajo está cubierto por cuadrados de 1 centímetro en cada lado. Cada cuadrado se llama un **centímetro cuadrado.**

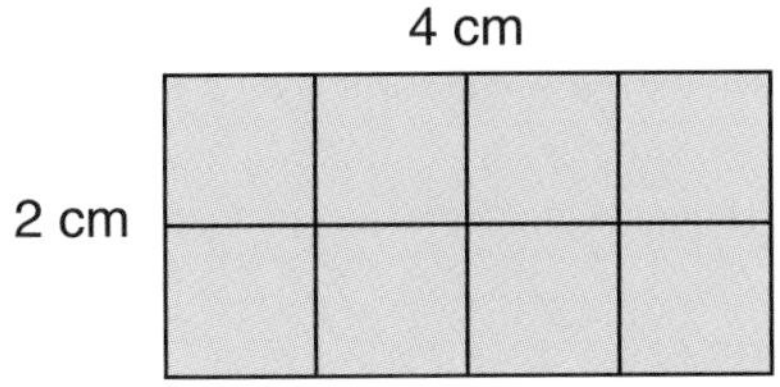

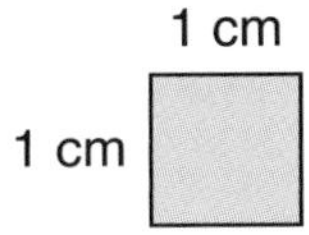

1 centímetro cuadrado
(tamaño real)

Ocho cuadrados cubren el rectángulo. El área del rectángulo es de 8 centímetros cuadrados.

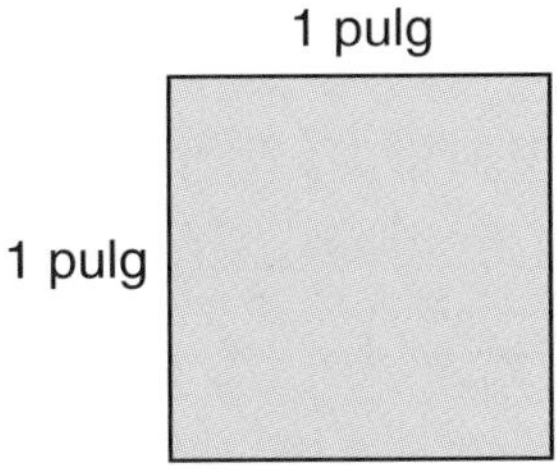

1 pulgada cuadrada
(tamaño real)

Una **pulgada cuadrada** es un cuadrado con lados de 1 pulgada de largo.

Un **pie cuadrado** es un cuadrado con lados de 1 pie de largo.

La **yarda cuadrada** y el **metro cuadrado** son unidades mayores de área. Se usan para medir áreas grandes, como la de un piso.

Ejemplo Cuenta las unidades cuadradas para hallar el área de estas figuras.

Cada cuadrado mide 1 pulgada cuadrada.18 cuadrados cubren el rectángulo.

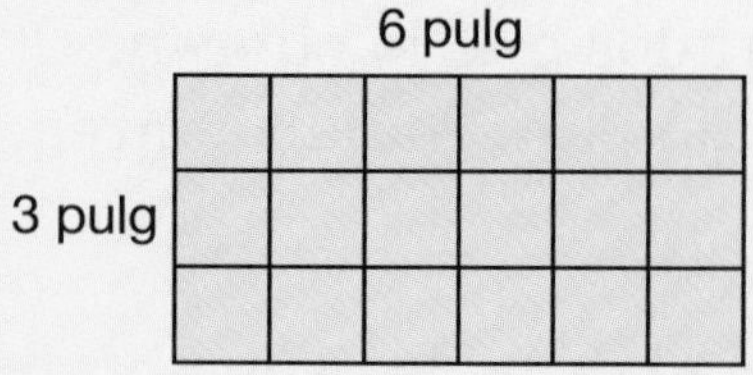

El área del rectángulo es de 18 pulgadas cuadradas.

Cada cuadrado mide 1 pie cuadrado. 14 cuadrados cubren la figura.

El área de la figura es de 14 pies cuadrados.

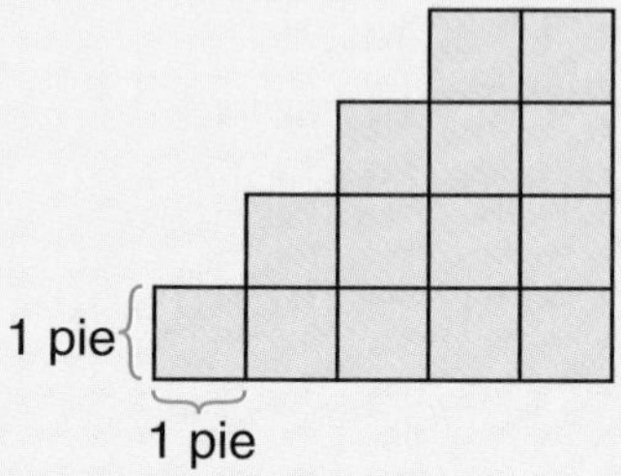

Recuerda: El perímetro es la **distancia que rodea** una figura.
El área es la cantidad de **superficie interior** de una figura.

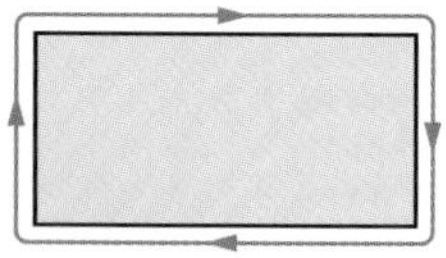

El perímetro es la distancia que rodea a la figura.

El área es la cantidad de superficie interior.

Algunas superficies son muy grandes para cubrirlas con cuadrados. Tomaría mucho tiempo contar un gran número de cuadrados.

Para hallar el área de un rectángulo, no necesitas contar todos los cuadrados que lo cubren. El ejemplo de abajo muestra un atajo para hallar el área.

Ejemplo Halla el área de este rectángulo.

Cada cuadrado mide 1 pie cuadrado.

- Hay 4 filas de cuadrados.
- Cada fila tiene 10 cuadrados.
- Entonces, hay 4 × 10 cuadrados, o sea, 40 cuadrados en total.

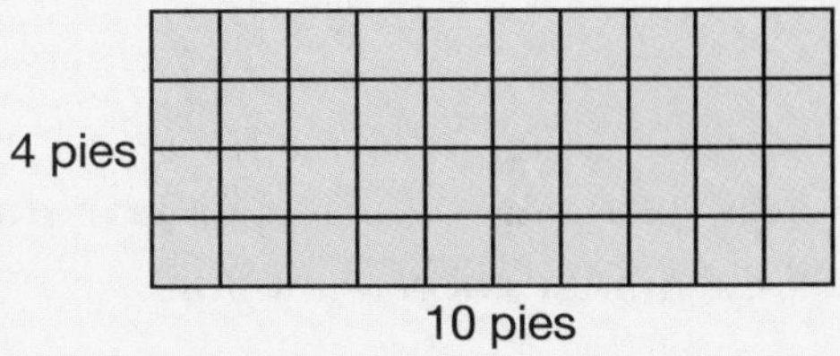

El área es de 40 pies cuadrados.

Resumen Para hallar el área de un rectángulo:

1. Cuenta el número de filas.
2. Cuenta el número de cuadrados que hay en 1 fila.
3. Multiplica: (número de filas) × (número de cuadrados en 1 fila)

Comprueba si comprendiste

Halla el área de cada rectángulo.

1.

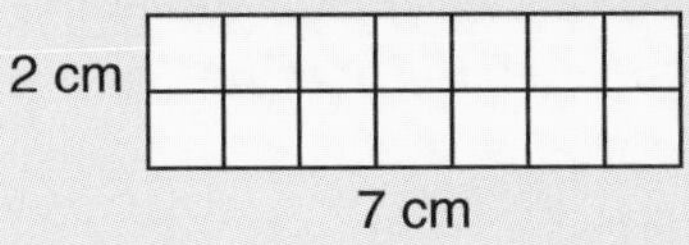

2.

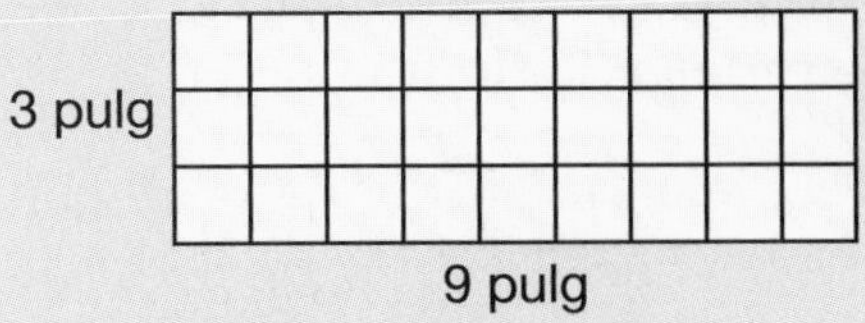

3. ¿Qué área es mayor, 1 yarda cuadrada o 1 metro cuadrado?

Comprueba tus respuestas en la página 341.

Volumen

A veces queremos saber la cantidad de **espacio interior** de un objeto tridimensional. La cantidad de espacio que hay dentro de un objeto se llama **volumen** del objeto. Piensa que el volumen es la cantidad de algo que cabe dentro de un objeto si el objeto es hueco.

Podemos hallar el volumen de un objeto contando el número de cubos de cierto tamaño que llenarían el objeto. Para medir el volumen de una caja, podemos llenarla con pequeños cubos de base 10.

Un cubo de base 10 tiene lados que miden 1 centímetro. Se llama un **centímetro cúbico.** Coloca los cubos dentro de una caja sin dejar espacios. El volumen de la caja es el número de cubos necesarios para llenarla.

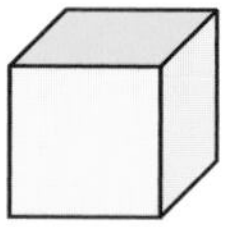

1 centímetro cúbico

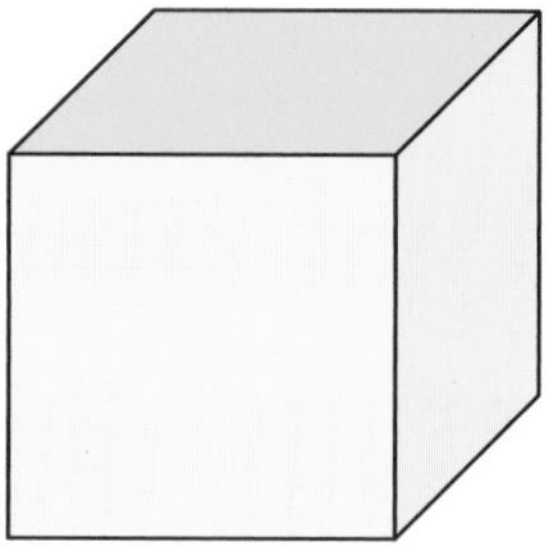

1 pulgada cúbica

Para medir el volumen se pueden usar cubos de otros tamaños.
1 **pulgada cúbica** es un cubo con lados de 1 pulgada.
1 **pie cúbico** es un cubo con lados de 1 pie.
1 **yarda cúbica** es un cubo con lados de 1 yarda.
1 **metro cúbico** es un cubo con lados de 1 metro.

Ejemplo Cuenta los cubos para hallar el volumen de estos objetos.

Cada cubo mide 1 centímetro cúbico.
Hay 4 cubos.

El volumen es de 4 centímetros cúbicos.

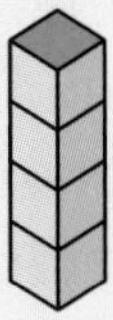

Objeto A

Cada cubo mide 1 centímetro cúbico.
Hay 4 cubos.

El volumen es de 4 centímetros cúbicos.

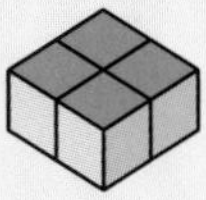

Objeto B

Cada cubo mide 1 pie cúbico.
Hay 18 cubos.

El volumen es de 18 pies cúbicos.

Objeto C

Los objetos que tienen formas diferentes pueden tener el mismo volumen. Los objetos A y B tienen formas diferentes, pero el mismo volumen.

A veces los objetos son muy grandes para llenarlos de cubos. Tomaría demasiado tiempo contar un gran número de cubos.

Un **prisma rectangular** es una figura tridimensional que parece una caja. Para hallar el volumen de un prisma rectangular, no necesitas contar todos los cubos que lo llenan. El ejemplo de la siguiente página muestra un atajo para hallar el volumen.

Ejemplo Halla el volumen de este prisma rectangular.

Cada cubo mide 1 pulgada cúbica.

La capa de arriba tiene 12 cubos. No podemos ver todos los cubos de la capa del medio ni de la capa de abajo. Cada una de esas capas también tiene 12 cubos.

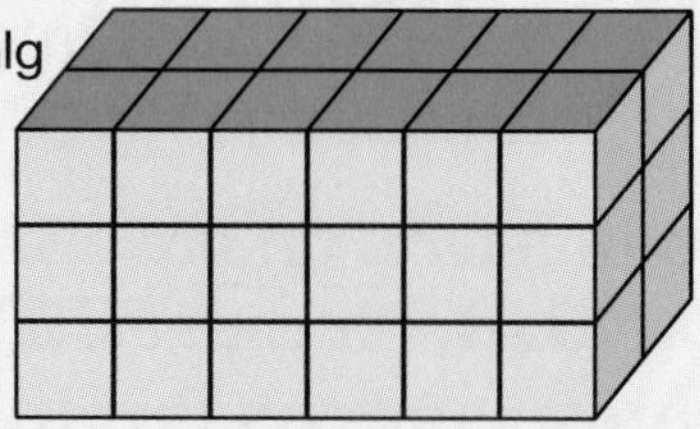

Hay 3 capas de cubos. Cada capa tiene 12 cubos. Entonces, hay 3 × 12 cubos, o sea, 36 cubos en total.

El volumen es de 36 pulgadas cúbicas.

Resumen Para hallar el volumen de un prisma rectangular:

1. Cuenta el número de capas.
2. Cuenta el número de cubos que hay en 1 capa.
3. Multiplica: (número de capas) × (número de cubos en 1 capa)

Comprueba si comprendiste

1. ¿Qué volumen es mayor, 1 yarda cúbica o 1 metro cúbico?
2. Halla el volumen de cada grupo de cubos.

a.

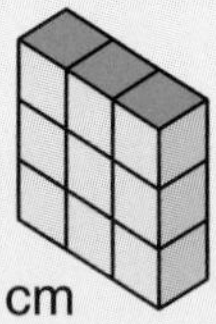

b.

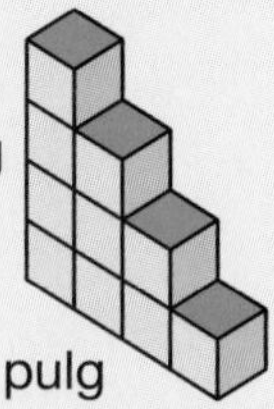

c.

Comprueba tus respuestas en la página 341.

Capacidad

> **¿Lo sabías?**
>
> Un grifo que pierde una gota por minuto desperdicia 38 galones de agua al año.

A veces necesitamos saber la cantidad de algo que puede verterse. Se pueden verter todos los líquidos y también algunos sólidos, como la arena y el azúcar.

El volumen de un envase que contiene líquidos se llama **capacidad.** La capacidad se mide en unidades como **galones, cuartos, pintas, tazas, onzas líquidas, litros** y **mililitros.**

Los litros y mililitros son **unidades métricas.** Los galones, cuartos, pintas, tazas y onzas líquidas son **unidades tradicionales de EE.UU.** La mayoría de las etiquetas para envases de líquidos muestran la capacidad en ambas unidades: métricas y tradicionales de EE.UU.

Las tablas de abajo muestran cómo se relacionan entre sí las diferentes unidades de capacidad.

Unidades tradicionales de EE.UU.

1 galón (gal)	=	4 cuartos (ct)
1 galón	=	2 medios galones
1 medio galón	=	2 cuartos
1 cuarto	=	2 pintas (pt)
1 pinta	=	2 tazas (tz)
1 taza	=	8 onzas líquidas (oz líquidas)
1 pinta	=	16 onzas líquidas
1 cuarto	=	32 onzas líquidas
1 medio galón	=	64 onzas líquidas
1 galón	=	128 onzas líquidas

Unidades métricas

1 litro (L) = 1,000 mililitros (mL)

1 mililitro = $\frac{1}{1,000}$ litro

taza pinta cuarto medio galón galón

Puedes usar las tablas para cambiar a otras unidades.

Ejemplo Cambia 3 cuartos a pintas, tazas y galones.

1 cuarto es igual a 2 pintas. Entonces, 3 cuartos es 3×2 pintas, o sea, 6 pintas.

1 cuarto es igual a 2 pintas y cada pinta es igual a 2 tazas.
Entonces, 1 cuarto es igual a 4 tazas, y 3 cuartos es 3×4 tazas, o sea, 12 tazas.

4 cuartos es igual a 1 galón. Entonces, 1 cuarto es igual a $\frac{1}{4}$ de galón, y 3 cuartos es $3 \times \frac{1}{4}$ de galón, o sea, $\frac{3}{4}$ de galón.

$3 \text{ ct} = 6 \text{ pt} = 12 \text{ tz} = \frac{3}{4} \text{ gal}$

Un litro es un poco más de 1 cuarto.

Ejemplo ¿Cuántas tazas hay en 2 litros?

1 litro es cerca de 1 cuarto. 2 litros son cerca de 2 cuartos.
Si 1 cuarto es igual a 4 tazas, 2 cuartos es 2×4 tazas, o sea, 8 tazas.

Entonces, 2 litros son cerca de 8 tazas.

Ejemplo Una botella de agua de 2 litros, ¿como cuántas onzas líquidas contiene?

2 litros son cerca de 8 tazas (según el ejemplo anterior).
1 taza es igual a 8 onzas líquidas.
Entonces, 8 tazas son 8×8 onzas líquidas, o sea, 64 onzas líquidas.

Una botella de 2 litros contiene unas 64 onzas líquidas.

Comprueba si comprendiste

1. a. 10 pt = ___?___ tz **b.** 8 pt = ___?___ ct **c.** 12 ct = ___?___ gal

2. ¿Cerca de cuántas tazas hay en 10 litros?

Comprueba tus respuestas en la página 341.

Peso

> **¿Lo sabías?**
> El primer tren de vapor se construyó en 1804. Podía transportar una carga de 24,000 libras (12 toneladas) de hierro.

En Estados Unidos, usamos dos grupos diferentes de unidades estándar hoy en día para medir el peso.

- La unidad estándar para pesar en el sistema métrico es el **gramo.** Un pequeño cubo de base 10 de plástico pesa 1 gramo. Algo más pesado se mide en **kilogramos.** Un kilogramo es igual a 1,000 gramos.
- Dos unidades estándar de peso del sistema tradicional de EE.UU. son la **onza** y la **libra.** Los objetos livianos se miden en onzas, y algo más pesado se mide en libras. Una libra es igual a 16 onzas. Algunos pesos se dan en ambas unidades, libras y onzas. Por ejemplo, podemos decir que "la caja pesa 4 libras y 3 onzas".

La tabla de abajo enumera las unidades de peso más usadas y cómo estas unidades se relacionan entre sí.

Unidades métricas	
1 gramo (g) = 1,000 miligramos (mg)	1 tonelada métrica (t) = 1,000 kilogramos
1 miligramo = $\frac{1}{1,000}$ de gramo	1 kilogramo = $\frac{1}{1,000}$ de tonelada métrica
1 kilogramo (kg) = 1,000 gramos	
1 gramo = $\frac{1}{1,000}$ de kilogramo	

Unidades tradicionales de EE.UU.	
1 libra (lb) = 16 onzas (oz)	1 tonelada (T) = 2,000 libras
1 onza = $\frac{1}{16}$ de libra	1 libra = $\frac{1}{2,000}$ de tonelada

Ejemplo La bola de boliche de Arthur pesa 10 libras 5 onzas. ¿Cuántas onzas pesa la bola?

Una libra es igual a 16 onzas. Entonces, 10 libras es 10 × 16 onzas, o sea, 160 onzas. 10 libras 5 onzas es 160 onzas + 5 onzas, o sea, 165 onzas.

Entonces, la bola de boliche pesa 165 onzas.

¿Cómo podemos comparar dos pesos, como 6 onzas y 280 gramos, que usan diferentes unidades? Un peso usa las unidades tradicionales de EE.UU. y el otro las unidades métricas.

Con los objetos que se muestran abajo, compara 1 gramo y 1 onza, y compara 1 libra y 1 kilogramo.

pequeño cubo de base 10 de plástico

cerca de 1 gramo

30 cubos de base 10

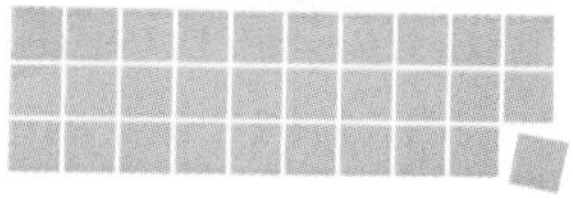

cerca de 1 onza

una pinta de fresas

cerca de 1 libra

$2\frac{1}{4}$ pintas de fresas

cerca de 1 kilogramo

Ejemplo Una pelota de voleibol pesa 280 gramos. Una de *softball* pesa 6 onzas. ¿Qué pelota pesa más?

Una onza es igual a 30 gramos. Entonces, 6 onzas es 6 × 30 gramos, o sea,180 gramos. La pelota de *softball* pesa 180 gramos.

Entonces, la pelota de voleibol pesa más que la de *softball*.

Comprueba si comprendiste

¿Es 600 gramos más pesado que 1 libra?

Comprueba tu respuesta en la página 341.

Las siguientes páginas muestran diferentes tipos de básculas y la **capacidad** y **precisión** de cada una.

La **capacidad** de una báscula es el mayor peso que puede sostener. Por ejemplo, la mayoría de las básculas para bebés tienen una capacidad de 25 libras. No se usaría para pesar a un niño de tercer grado.

La **precisión** de una báscula es su exactitud. Si puedes leer el peso en una báscula para bebés a la onza más cercana, entonces la precisión de la báscula es de 1 onza. Con una balanza, puedes medir y comparar pesos al gramo más cercano. Una balanza es mucho más precisa que una báscula para bebés porque un gramo es mucho más ligero que una onza.

Algunas básculas son extremadamente precisas. Pueden pesar cosas que no se pueden observar a simple vista. Otras básculas son muy grandes. Se pueden usar para pesar objetos de hasta 1,000 toneladas (2,000,000 de libras). La mayoría de las básculas muestran ambas unidades, las métricas y las tradicionales de EE.UU.

Comprueba si comprendiste

1. Ordena los pesos del más ligero al más pesado:

   1 libra   1 gramo   1 kilogramo   1 onza

2. Copia y completa.

   a. __?__ lb = 16 oz   **b.** 1,000 mg = __?__ g

   c. 1 kg = __?__ g   **d.** 600 g = __?__ kg

   e. 10 lb = __?__ oz   **f.** 8,000 lb = __?__ T

3. ¿Cómo se llama la exactitud de una báscula?

Comprueba tus respuestas en la página 341.

Modelos de básculas

Las básculas varían según su capacidad y precisión.

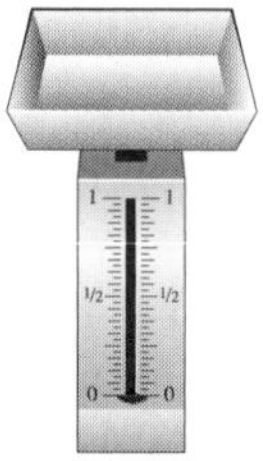

básculas de cocina

capacidad: 16 oz
precisión: $\frac{1}{2}$ oz

capacidad: 12 lb
precisión: 1 oz

báscula de alimentos
capacidad: 10 lb
precisión: 1 oz

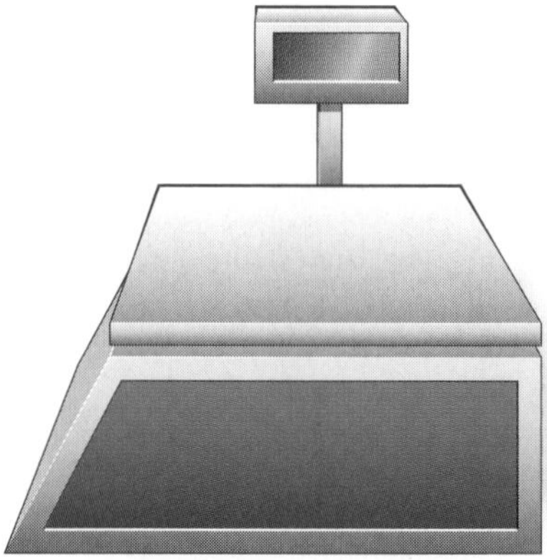

báscula de mercado
capacidad: 30 lb o 15 kg
precisión: 0.01 lb o 5 g

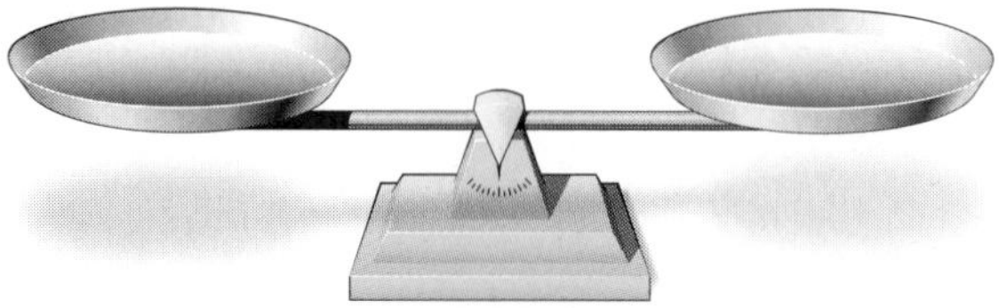

balanza
capacidad: 2 kg
precisión: 1g

1g 1g 2g 2g 5g 10g 20g 20g 50g 100g 100g 200g 500g 1000g

juego de pesas para balanza

báscula de paquetes
capacidad: 70 lb
precisión: 1 lb

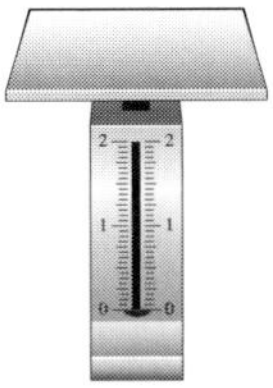

báscula para cartas
capacidad: 2 lb
precisión: 1 oz

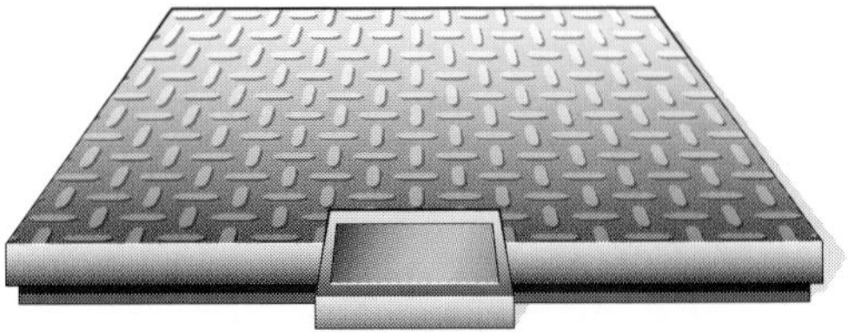

báscula de plataforma
capacidad: de 1 T a 1,000 T
precisión: $\frac{1}{4}$ lb a 1 T

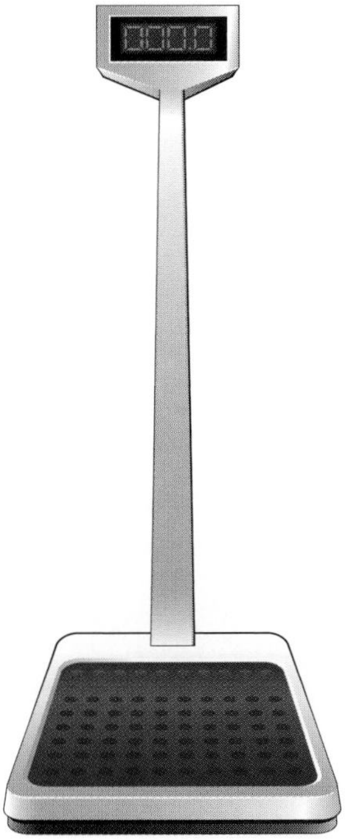

báscula de médico
capacidad: 250 lb o 115 kg
precisión: 0.8 oz o 25 g

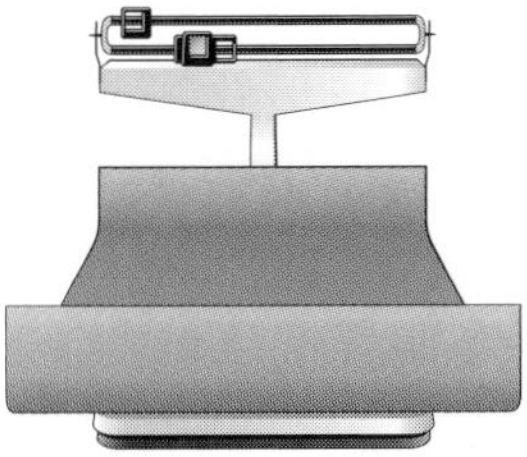

báscula para bebés
capacidad: 25 lb
precisión: 1 oz

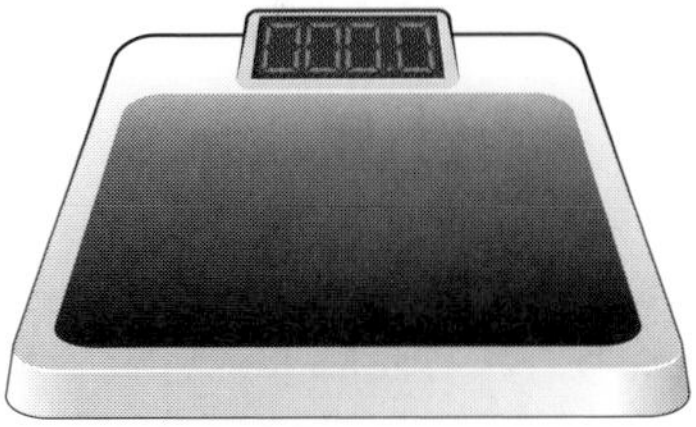

báscula de baño
capacidad: 300 lb o 135 kg
precisión: 0.1 lb o 50 g

básculas de resorte

capacidad: 10 oz
precisión: $\frac{1}{8}$ oz

capacidad: 500 g
precisión: 20 g

Medir ángulos

Los babilonios vivieron hace cerca de 3,000 años en lo que hoy es Iraq. La manera en que medimos los ángulos fue inventada por los babilonios. Ellos contaban un año de 360 días. Usaron el mismo número, 360, para medir ángulos. El medidor de ángulos que se muestra abajo lo inventaron ellos.

El círculo se divide en 360 partes iguales llamadas **grados.** Los números impresos en el círculo están escritos con un círculo pequeño elevado (°). El círculo pequeño es un símbolo que representa la palabra *grado*. Por ejemplo, 270° se lee "270 grados".

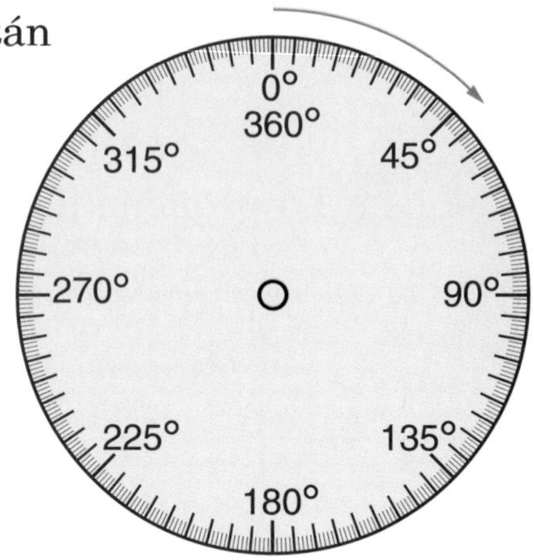

Supón que caminas alrededor de un círculo. Empieza en la marca de 0°. Camina en la dirección de las manecillas del reloj. Los números de grados escritos en el círculo muestran cuántas marcas has recorrido.

Ejemplo Cuando caminas de 0° a 45°, pasas 45 marcas a lo largo del círculo.

Cuando caminas de 0° a 180°, pasas 180 marcas. Pasas la mitad de las 360 marcas del círculo. Estás a mitad del camino alrededor del círculo.

Cuando caminas de 0° a 360°, pasas las 360 marcas. Vuelves al lugar de partida.

Así se usa un medidor de ángulos (transportador) para medir ángulos.

1. Pon el hueco del centro del transportador sobre el vértice del ángulo. El vértice es el punto donde se encuentran los lados del ángulo.

2. Alinea la marca de 0° del transportador con el lado del ángulo donde comienza la flecha.

3. Busca qué lugar del transportador cruza el otro lado del ángulo. Lee la medida en grados.

Ejemplo La pequeña flecha curva muestra el ángulo que se mide.

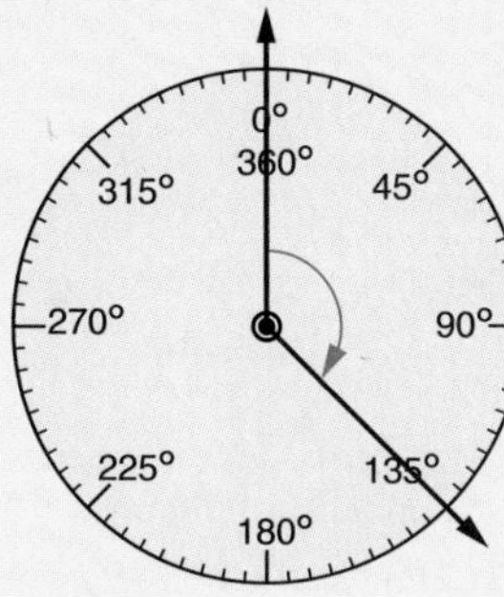

El ángulo mide 135°.

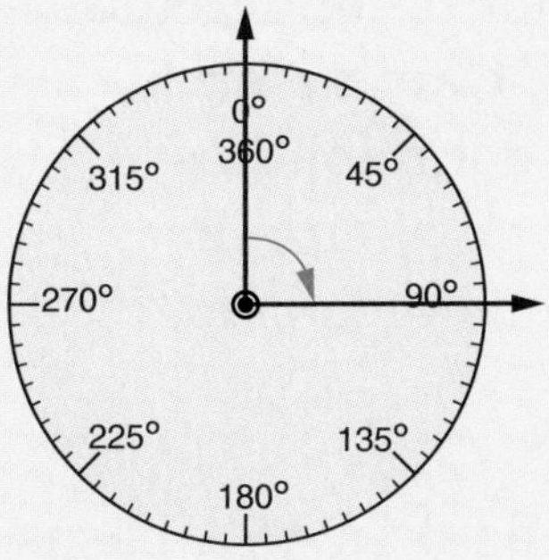

El ángulo mide 90°.

Un ángulo de 90° es $\frac{1}{4}$ de giro del círculo.

Un ángulo de 90° se llama **ángulo recto.**

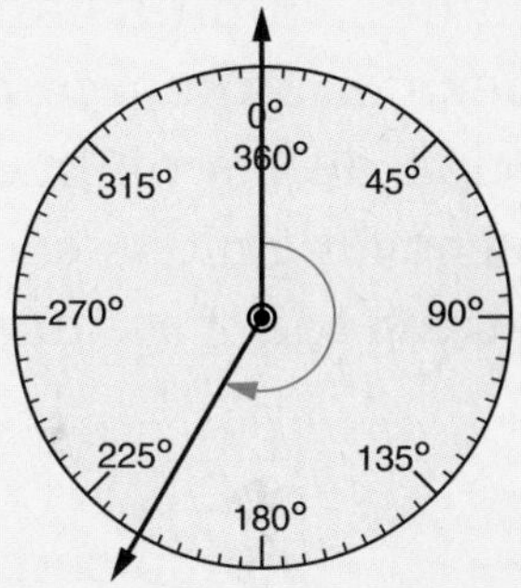

El ángulo mide entre 180° y 225°.

La medida del ángulo se aproxima más a 225° que a 180°.

Marcos de referencia

Temperatura

La **temperatura** de algo es lo caliente o frío que está. La temperatura se mide con un **termómetro.** El termómetro común es un tubo de vidrio que contiene un líquido. Cuando la temperatura sube, el líquido se expande y sube en el tubo. Cuando la temperatura baja, el líquido se encoge y baja en el tubo.

En el sistema tradicional de EE.UU., la temperatura se mide en **grados Fahrenheit (°F).** En el sistema métrico decimal, la temperatura se mide en **grados Celsius** o **centígrados (°C).**

¿Lo sabías?

Los rayos pueden calentar el aire a temperaturas de 50,000°F o más.

Ejemplo El agua se congela a 32°F, o sea, 0°C. El agua hierve a 212°F, o sea, 100°C.

Un termómetro pequeño para medir la temperatura del cuerpo tiene marcas separadas entre sí por $\frac{2}{10}$ (0.2) de grado. Esto permite tomar medidas exactas de la temperatura del cuerpo.

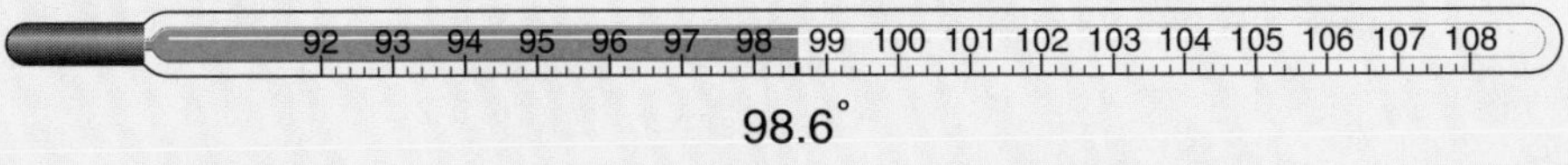

La temperatura normal del cuerpo es de aproximadamente 98.6°F.

Las temperaturas pueden ser números negativos. La temperatura −12°F se lee "menos 12 grados" o "12 grados bajo 0".

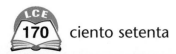

La mayoría de los termómetros tienen marcas separadas entre sí por 2 grados.

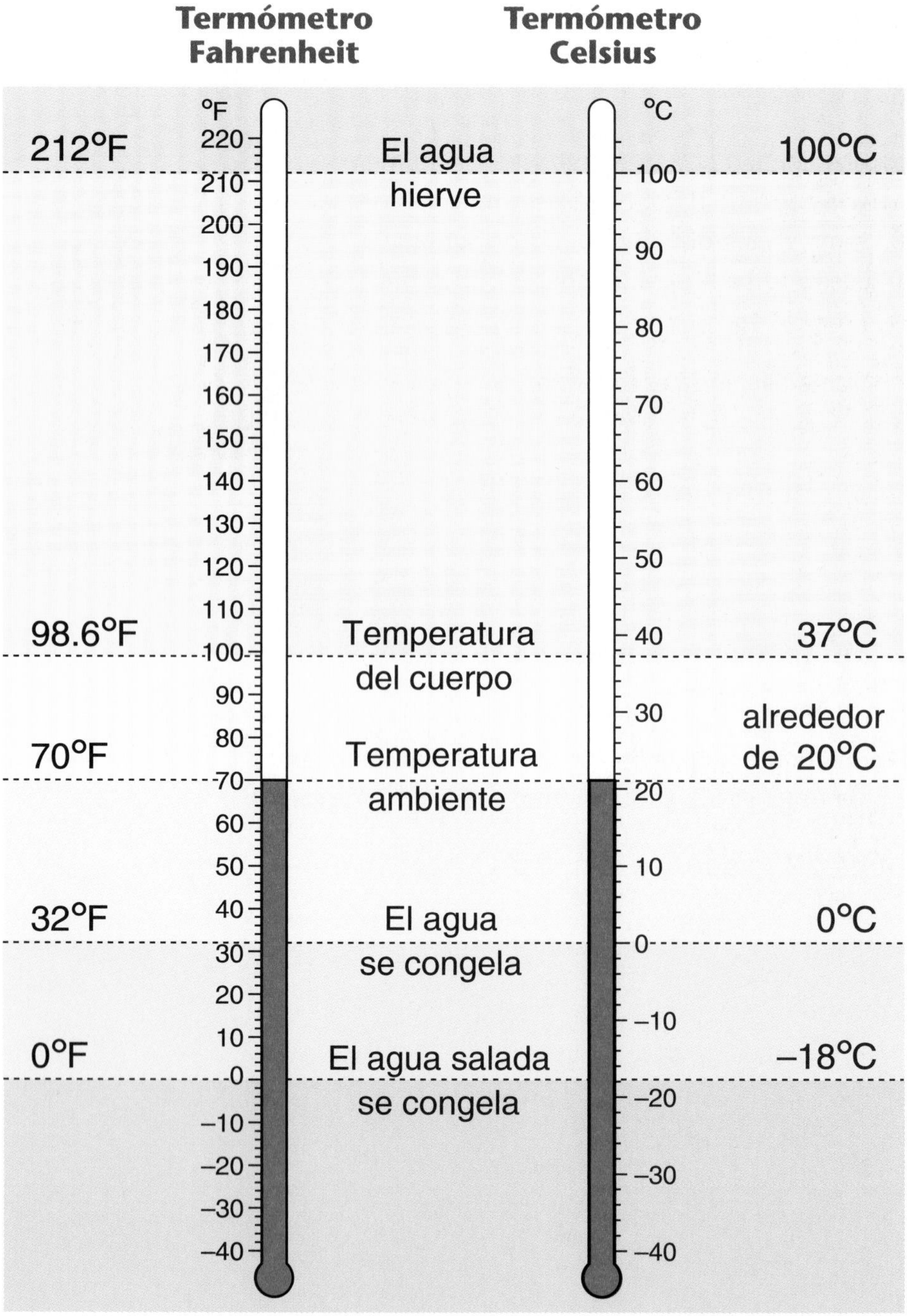

A veces quieres hallar la diferencia entre dos temperaturas.

Ejemplo Halla la diferencia de temperatura entre 48°F y 94°F.

Una manera de hallar la diferencia es empezar por el número menor y contar hacia adelante hasta el número mayor. Empieza con 48. Suma 2 para obtener 50. Luego suma 40 para obtener 90. Luego suma 4 para obtener 94. La suma total es 2 + 40 + 4, o sea, 46.

Otra manera de hallar la diferencia es restando.
$94 - 48 = 46$

La diferencia es 46 grados, o sea, 46°F.

Ejemplo Halla la diferencia de temperatura entre 52°C y −20°C.

Empieza con la temperatura negativa –20. Suma 20 para obtener 0. Luego suma 52 para obtener 52. La suma total es 20 + 52, o sea, 72.

La diferencia es 72 grados, o sea, 72°C.

A veces la temperatura cambia y quieres hallar la nueva temperatura.

Ejemplo A las 6:00 p.m. la temperatura era de 50°F. A las 9:00 p.m. la temperatura había bajado 20 grados. ¿Cuál era la temperatura a las 9:00 p.m.?

Como la temperatura bajó, resta 20 a la temperatura inicial.
$50 - 20 = 30$

A las 9:00 p.m. la temperatura era de 30°F.

Comprueba si comprendiste

1. Halla las temperaturas que faltan.

	Grados Fahrenheit (°F)	Grados Celsius (°C)
a. El agua hierve a	212°F	___?___ °C
b. El agua se congela a	___?___ °F	0°C
c. La temperatura del cuerpo es	___?___ °F	37°C
d. La temperatura ambiente es	70°F	___?___ °C
e. El agua salada se congela a	0°F	___?___ °C

2. Halla la diferencia de temperatura entre 22°F y 60°F.
3. Halla la diferencia de temperatura entre −30°C y 50°C.
4. A mediodía la temperatura era de 73°F. A las 4:00 p.m. la temperatura había descendido 35°F. ¿Cuál era la temperatura a las 4:00 p.m.?

Comprueba tus respuestas en la página 342.

Tiempo

Usamos el **tiempo** de dos maneras:
1. para decir cuándo sucede algo y
2. para decir cuánto tiempo tarda o dura algo.

Ejemplos Marta se acuesta a dormir a las 9:30 p.m. Se levanta a las 7:15 a.m. Marta ha dormido 9 horas y 45 minutos.

9:30 p.m. y 7:15 a.m. son horas que indican cuándo ha sucedido algo.
9 horas y 45 minutos dice cuánto tiempo durmió Marta.

La abreviatura **a.m.** significa "antes del mediodía"; es el período de tiempo desde la medianoche hasta el mediodía. La abreviatura **p.m.** significa "después del mediodía"; es el período de tiempo desde el mediodía hasta la medianoche. Mediodía se escribe 12:00 p.m. y medianoche, 12:00 a.m.

La tabla muestra cómo se relacionan entre sí las unidades de tiempo.

Unidades de tiempo

1 minuto	= 60 segundos	1 año	= 52 semanas más 1 día o 52 semanas más 2 días (en año bisiesto)
1 hora	= 60 minutos	1 año	= 365 ó 366 días (en año bisiesto)
1 día	= 24 horas	1 década	= 10 años
1 semana	= 7 días	1 siglo	= 100 años
1 mes	= 28, 29, 30 ó 31 días	1 milenio	= 1,000 años
1 año	= 12 meses		

¿Lo sabías?

Una tortuga Galápagos vive 200 años o más.

Los insectos en general viven entre 2 semanas y 8 meses.

Un segundo es un tiempo muy corto. A menudo queremos medir el tiempo hasta las fracciones de segundo. Muchos relojes de pulsera tienen un cronómetro que mide el tiempo a la $\frac{1}{100}$ (o sea, 0.01) de segundo más cercana.

Ejemplo Las carreras en las Olimpiadas se cronometran a la 0.01 de segundo más cercana. En las Olimpiadas de 2004, Justin Gatlin ganó la carrera de los 100 metros. Su tiempo fue de 9.85 segundos.

Comprueba si comprendiste

1. ¿Qué significan a.m. y p.m.?
2. Coloca estas horas en orden empezando por la medianoche:

7:30 p.m.	12:00 a.m.	12:00 p.m.	4:15 a.m.
9:45 p.m.	10:50 a.m.	3:05 p.m.	2:55 a.m.

3. ¿Cuántos años tiene 1 década?
4. ¿Cuántos años tienen 3 siglos?

Copia y completa.

5. 1 día = __?__ horas
6. 4 semanas = __?__ días
7. **Destácate:** ¿Cuántos segundos tiene 1 hora?

Comprueba tus respuestas en la página 342.

Calendarios

La Tierra gira alrededor del Sol. Tarda 365 días, 5 horas, 48 minutos y 46 segundos en dar una vuelta completa. Este tiempo es el significado exacto de 1 año.

Usamos un **calendario** para llevar la cuenta de los días de cada semana y mes en un año. La mayoría de los calendarios muestran 365 días. Pero cada 4 años, agregamos 1 día más en febrero. Estos años especiales se llaman **años bisiestos.** Cada año bisiesto tiene 366 días.

Los años bisiestos siguen un patrón. El patrón tiene 2 reglas:

1. Cualquier año que se pueda dividir entre 4 (sin residuo) es un año bisiesto. Así que 2004, 2008 y 2012 son todos años bisiestos.

2. Los años que terminan en 00 son casos especiales. Son años bisiestos sólo cuando se pueden dividir entre 400 (sin residuo). Entonces, 2000 y 2400 son años bisiestos. Pero 1900 y 2100 *no* lo son.

Número de días en cada mes

enero	31 días	agosto	31 días
febrero	28 ó 29* días	septiembre	30 días
marzo	31 días	octubre	31 días
abril	30 días	noviembre	30 días
mayo	31 días	diciembre	31 días
junio	30 días		
julio	31 días	*29 días en año bisiesto	

¿Lo sabías?

Plutón tarda 247.7 años en dar una vuelta completa alrededor del Sol.

Aquí tienes un calendario del año 2008. Es un año bisiesto.

2008

ENERO

D	L	M	M	J	V	S
		1	2	3	4	5
6	7	8	9	10	11	12
13	14	15	16	17	18	19
20	21	22	23	24	25	26
27	28	29	30	31		

FEBRERO

D	L	M	M	J	V	S
					1	2
3	4	5	6	7	8	9
10	11	12	13	14	15	16
17	18	19	20	21	22	23
24	25	26	27	28	29	

MARZO

D	L	M	M	J	V	S
						1
2	3	4	5	6	7	8
9	10	11	12	13	14	15
16	17	18	19	20	21	22
23	24	25	26	27	28	29
30	31					

ABRIL

D	L	M	M	J	V	S
		1	2	3	4	5
6	7	8	9	10	11	12
13	14	15	16	17	18	19
20	21	22	23	24	25	26
27	28	29	30			

MAYO

D	L	M	M	J	V	S
				1	2	3
4	5	6	7	8	9	10
11	12	13	14	15	16	17
18	19	20	21	22	23	24
25	26	27	28	29	30	31

JUNIO

D	L	M	M	J	V	S
1	2	3	4	5	6	7
8	9	10	11	12	13	14
15	16	17	18	19	20	21
22	23	24	25	26	27	28
29	30					

JULIO

D	L	M	M	J	V	S
		1	2	3	4	5
6	7	8	9	10	11	12
13	14	15	16	17	18	19
20	21	22	23	24	25	26
27	28	29	30	31		

AGOSTO

D	L	M	M	J	V	S
					1	2
3	4	5	6	7	8	9
10	11	12	13	14	15	16
17	18	19	20	21	22	23
24	25	26	27	28	29	30
31						

SEPTIEMBRE

D	L	M	M	J	V	S
	1	2	3	4	5	6
7	8	9	10	11	12	13
14	15	16	17	18	19	20
21	22	23	24	25	26	27
28	29	30				

OCTUBRE

D	L	M	M	J	V	S
			1	2	3	4
5	6	7	8	9	10	11
12	13	14	15	16	17	18
19	20	21	22	23	24	25
26	27	28	29	30	31	

NOVIEMBRE

D	L	M	M	J	V	S
						1
2	3	4	5	6	7	8
9	10	11	12	13	14	15
16	17	18	19	20	21	22
23	24	25	26	27	28	29
30						

DICIEMBRE

D	L	M	M	J	V	S
	1	2	3	4	5	6
7	8	9	10	11	12	13
14	15	16	17	18	19	20
21	22	23	24	25	26	27
28	29	30	31			

Ejemplo El Día de Acción de Gracias siempre es el cuarto jueves de noviembre. Entonces, en el año 2008 el Día de Acción de Gracias es el 27 de noviembre.

El 1 de enero de 2008 es martes. Entonces, el último día de 2007 (31 de diciembre de 2007) es lunes.

Comprueba si comprendiste

1. ¿Qué meses tienen 31 días?
2. ¿Qué día de la semana es el 1 de enero de 2009?
3. ¿En qué fecha cae el cuarto lunes de mayo de 2008?
4. ¿Qué día de la semana y qué fecha es una semana después del 30 de mayo de 2008?

Comprueba tus respuestas en la página 342.

Estaciones y duración del día

El año se divide en cuatro estaciones.

Fechas	Al norte del ecuador	Al sur del ecuador
de 22 dic a 20 mar	invierno	verano
de 21 mar a 20 jun	primavera	otoño
de 21 jun a 21 sep	verano	invierno
de 22 sep a 21 dic	otoño	primavera

Es **de día** desde el amanecer hasta la puesta del sol. Es **de noche** desde la puesta del sol hasta el amanecer. Un día siempre dura 24 horas, pero la cantidad de horas de luz solar no siempre es la misma.

- En la mayor parte de la Tierra, la cantidad de horas de luz solar varía de un día al otro.
- En todas partes del ecuador, siempre es de día durante 12 horas y siempre es de noche durante 12 horas.

El 21 de marzo y el 22 de septiembre es de día la misma cantidad de tiempo que es de noche. Hay 12 horas de día y 12 horas de noche en todos los lugares de la Tierra.

El primer día de invierno es de día menos tiempo y es de noche más tiempo que en ningún otro momento del año. En Estados Unidos es el 22 de diciembre. El primer día de invierno en todos los lugares al sur del ecuador es el 21 de junio. El primer día de verano es de día más tiempo y es de noche menos tiempo que en ningún otro momento del año. En Estados Unidos es el 21 de junio. El primer día de verano en todos los lugares al sur del ecuador es el 22 de diciembre.

La cantidad de horas de luz solar depende de la época del año (la fecha). También depende de la distancia desde el ecuador. La tabla de abajo muestra la cantidad de horas de luz solar en diferentes lugares y épocas del año.

Cantidad de horas de luz (en horas y minutos)

Fecha	Ecuador	Houston, Texas	Seward, Alaska	Polo Norte
21 de marzo	12 hr 0 min	12 hr 0 min	12 hr 0 min	12 hr 0 min
21 de junio	12 hr 0 min	14 hr 4 min	18 hr 49 min	24 hr 0 min
22 de septiembre	12 hr 0 min	12 hr 0 min	12 hr 0 min	12 hr 0 min
22 de diciembre	12 hr 0 min	10 hr 14 min	5 hr 54 min	0 hr 0 min

Ejemplo Compara Houston y Seward el 21 de junio. Ambas ciudades están al norte del ecuador, entonces el 21 de junio es el primer día de verano en ambos lugares.

- En Houston, el 21 de junio hay más horas de luz solar que el resto del año (14 hr 4 min).
- En Seward, el 21 de junio hay más horas de luz solar que el resto del año (18 hr 49 min).
- Seward está mucho más lejos del ecuador que Houston. El 21 de junio, Seward tiene casi 5 horas más de luz solar que Houston.

Comprueba si comprendiste

1. ¿En qué fechas comienza y termina la primavera en donde vives?
2. Compara Houston y Seward el 22 de diciembre.

Comprueba tus respuestas en la página 342.

Gráficas de coordenadas

A veces usamos dos rectas numéricas para hacer una **gráfica de coordenadas.**

Localizamos puntos en una gráfica de coordenadas con dos números. Los números se escriben entre paréntesis.

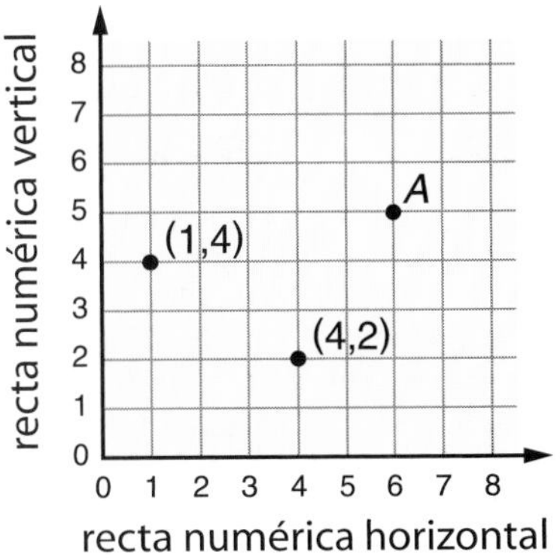

Ejemplo Localiza el punto (4,2) en la gráfica de coordenadas.

Empieza en el punto 0 en la recta numérica horizontal. Sigue por la recta numérica horizontal hasta el punto 4. Sigue hacia arriba hasta la línea marcada con el número 2 en la recta numérica vertical.

El punto al que llegaste se llama (4,2).

Ejemplo Di el nombre de la ubicación del punto *A*.

Halla el número en la recta numérica horizontal que está directamente debajo del punto *A*. Es el número 6. Luego, halla el número en la recta numérica vertical que está directamente a la izquierda del punto *A*. Es el número 5.

El nombre del punto *A* es (6,5).

Los pares de números como (6,5) y (1,4) se llaman **pares ordenados.**

Los números entre paréntesis se llaman **coordenadas** del punto. Los números 6 y 5 son las coordenadas del punto (6,5).

Comprueba si comprendiste

1. ¿Qué letra nombra el punto de estas ubicaciones?

   a. (4,1) **b.** (3,5)

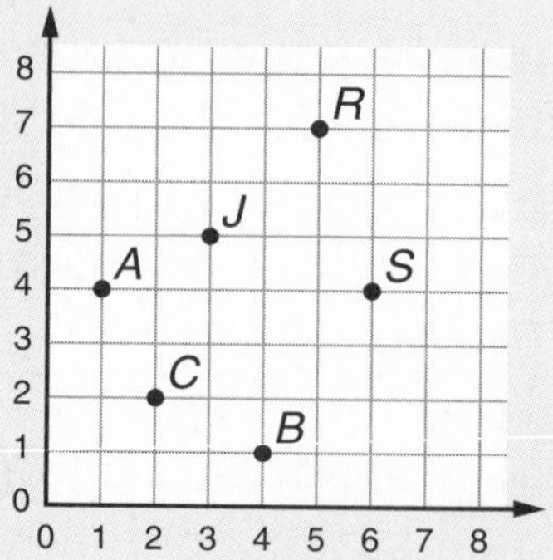

2. Escribe la ubicación de los puntos.

   a. punto *C* **b.** punto *R*

3. Usa la gráfica de coordenadas del mapa del campamento para escribir las coordenadas de cada lugar.

   a. Campamento (1,2)

   b. Mirador de incendios (___,___)

   c. Hotel (___,___)

   d. Área de juegos (___,___)

   e. Salto de esquí (___,$5\frac{1}{2}$)

   f. Piscina (___,___)

Mapa del campamento

Comprueba tus respuestas en la página 342.

Dibujos a escala

Los mapas y los dibujos suelen tener una **clave de distancia.** La clave de distancia indica cómo cambiar las distancias del mapa o del dibujo a distancias reales. A veces la clave de distancia se llama **escala.**

Ejemplo Josh usó papel cuadriculado para dibujar un mapa. La clave de distancia del mapa indica que cada pulgada de su mapa equivale a 100 pies de distancia real.

Josh camina de su casa a la escuela por la Calle Principal y luego por la Avenida Ellis. En su mapa hay 1 pulgada de su casa a la Avenida Ellis y hay otras 3 pulgadas por la Avenida Ellis hasta la escuela. La distancia total de la casa de Josh a la escuela es de 4 pulgadas. Cada pulgada equivale a 100 pies. Entonces, la escuela está a 400 pies de la casa de Josh.

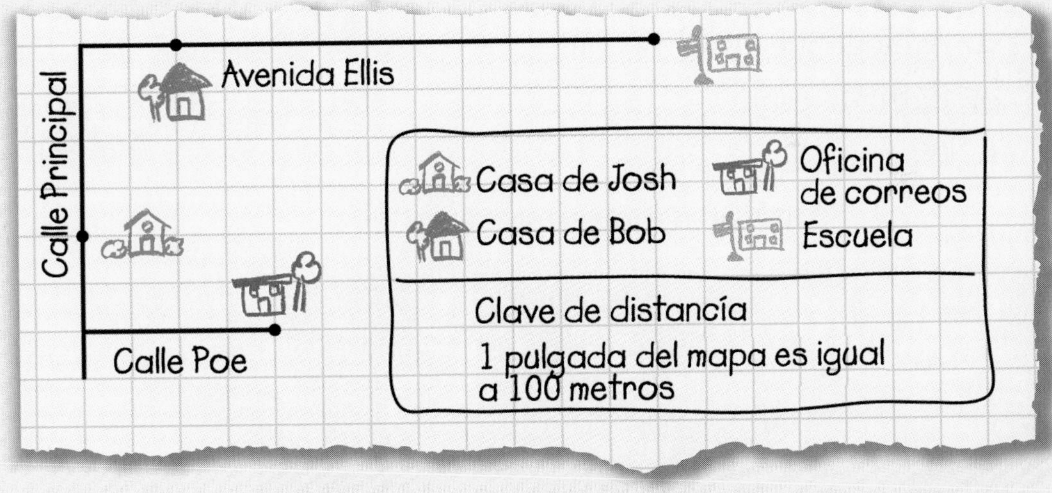

El papel cuadriculado que usó Josh tiene 4 recuadros por pulgada. Entonces, cada recuadro mide $\frac{1}{4}$ de pulgada de largo y representa 25 pies de distancia real.

La casa de Bob está a 6 recuadros de la casa de Josh. La casa de Bob está a 6×25 pies, o sea, 150 pies de la casa de Josh.

Medición del tiempo

Matemáticas ... a diario

En el pasado, las personas medían el paso del tiempo observando la naturaleza. Para seguir las estaciones, prestaban atención a la migración de las aves, la caída de las hojas y los cambios en la posición del Sol, la Luna y las estrellas.

Algunas aves migran a las zonas de apareamiento cuando el tiempo se vuelve más cálido.

Las hojas de muchos tipos de árboles cambian de color cuando el tiempo se vuelve más frío.

Las constelaciones, como Orión, se ven en distintos puntos del cielo según la estación.

Instrumentos para medir el tiempo

En algún momento, las personas inventaron instrumentos para medir el paso del tiempo. Los primeros instrumentos se guiaban por el movimiento de los cuerpos celestes, como el Sol, la Luna y las estrellas.

Estas enormes piedras, conocidas como Stonehenge, se colocaron en Inglaterra hace unos 5,000 años. Stonehenge puede medir el comienzo del verano y el invierno.

El desarrollo de los relojes de sombra llevó a la creación del reloj de sol. Los relojes de sol pueden ser muy precisos, pero tienen algunas limitaciones. Por ejemplo, no funcionan cuando el día está muy nublado.

Ya en el año 3,500 a.C., los egipcios y sumerios construían relojes de sombra. A medida que el Sol se movía por el cielo, el largo y la dirección de la sombra proyectada les daba una idea aproximada de la hora.

Matemáticas ... a diario

Relojes de agua

En la antigüedad, las personas también usaban otros instrumentos para medir el tiempo que no estaban guiados por el movimiento de los cuerpos celestes. Uno de esos instrumentos es el reloj de agua.

Los relojes de agua simples vertían agua a una velocidad constante en un recipiente. Se podía calcular la hora según el nivel que alcanzara el agua en el recipiente.

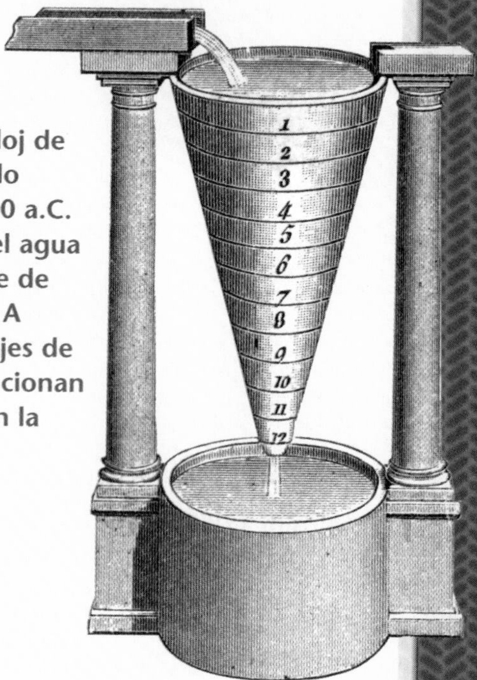

La clepsidra es un reloj de agua mecánico creado alrededor del año 500 a.C. Su diseño hace que el agua fluya constantemente de un recipiente a otro. A diferencia de los relojes de sol, las clepsidras funcionan en días nublados y en la oscuridad.

Este es un modelo del reloj de agua de Su Sung, construido en China en el año 1088. Este reloj medía treinta pies de altura y probablemente fue el reloj de agua más grande y más complejo que se haya construido.

Péndulos y relojes de péndulo

La creación del reloj de péndulo fue un avance importante en la fabricación de relojes.

En la década de 1580, el científico italiano Galileo Galilei hizo un descubrimiento importante. Observó que un candelabro tardaba siempre lo mismo en balancearse de un lado a otro, sin importar el tamaño del movimiento.

Unos 75 años más tarde, el científico holandés Christiaan Huygens tomó el descubrimiento de Galileo e inventó el primer reloj de péndulo. Estos relojes usaban el balanceo de un péndulo para medir el tiempo.

El reloj de péndulo que se muestra aquí se construyó más tarde, en la década de 1750.

Relojes modernos

Con el paso del tiempo, los relojes se han vuelto más precisos y versátiles.

En la década de 1920, la medición del tiempo dio un gran paso cuando los inventores aprovecharon una de las propiedades de los cristales de cuarzo. Cuando los atraviesa una corriente eléctrica, los cristales vibran a una velocidad constante, como el ritmo constante al que se balancea un péndulo.

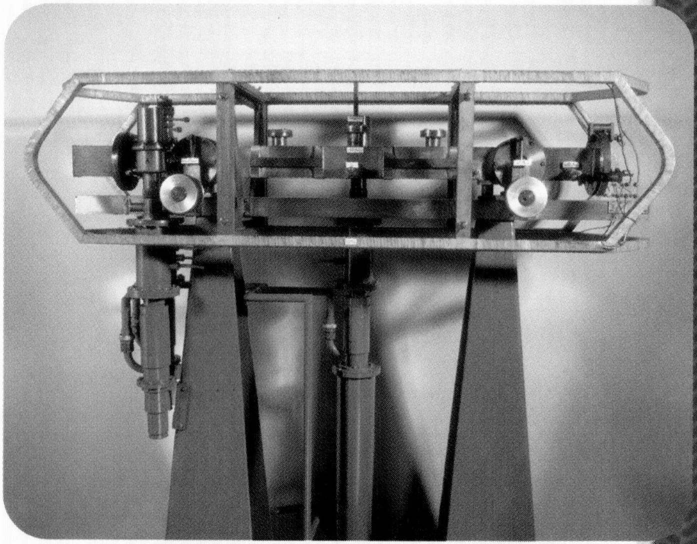

Hoy en día, los relojes de cuarzo se usan en muchos relojes de pulsera, calculadoras y computadoras personales. Sin duda, son los instrumentos de medición de tiempo más populares debido a su precisión y bajo costo.

En 1955, los científicos construyeron un reloj que es más preciso que el reloj de cuarzo. Se trata del reloj atómico de cesio, ¡y es tan preciso que sólo varía por 1 segundo cada 1,000,000 de años!

Volver a la naturaleza

Aunque hoy en día usamos la tecnología para medir el tiempo con precisión, aún utilizamos la naturaleza para estimar el tiempo.

Si observamos nuestra propia sombra, podemos saber si es por la mañana, si es el mediodía o si es por la tarde. Por la mañana y por la tarde el Sol está más cerca del horizonte, así que las sombras son largas. Cerca del mediodía, el Sol está a mayor altura en el cielo, y las sombras son más cortas. ➤

➤ Usamos muchas pistas para saber qué momento del día es. ¿Qué momento del día crees que muestra esta foto?

¿De qué manera mides tú el paso del tiempo?

Estimación

Cuándo hay que estimar

Una **estimación** es una respuesta que debe acercarse a la respuesta exacta. Haces estimaciones todos los días.

- Estimas cuánto tardarás en conducir de un lugar a otro.
- Estimas cuánto dinero necesitarás para comprar algunas cosas en la tienda.
- Estimas cuántas pulgadas crecerás el próximo año.

Puede ser imposible hallar una respuesta exacta. Cuando esto sucede, *tienes* que estimar la respuesta.

¿Lo sabías?

Además de las personas que pronostican el tiempo, otras personas estiman para hacer predicciones. Quienes hacen comentarios deportivos predicen el resultado de futuros partidos. Los periodistas predicen el resultado de las elecciones.

Ejemplo Las personas que pronostican el tiempo predicen las temperaturas del día siguiente. Deben estimar, porque no saben cuál será la temperatura exacta.

Usan palabras como **esperar, predecir** y **aproximadamente.** Estas palabras permiten a la gente saber que se están dando estimaciones, no cantidades exactas.

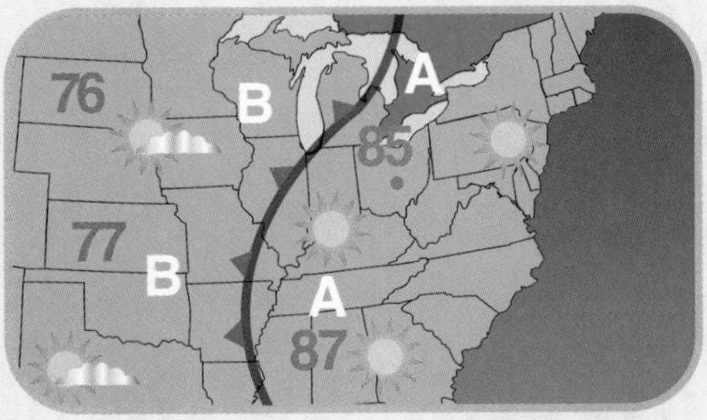

"En Columbus, Ohio, se *espera* un clima soleado para mañana. Se *predicen* temperaturas máximas de *aproximadamente* 85 grados".

Algunas estimaciones se llaman **cálculos aproximados.** Un cálculo aproximado tal vez no se acerque a la respuesta exacta, pero es suficiente para ayudarte a resolver un problema.

Estima cuando no necesitas una respuesta exacta

Cuando no necesitas hallar una respuesta exacta, una estimación te puede ayudar a responder a una pregunta.

Ejemplo Carlie tiene $5.00. ¿Es suficiente dinero para comprar una botella de jugo de $1.39 y una ensalada de $2.89?

Carlie puede estimar. Puede usar números simples cercanos a los precios reales.

	Precios exactos	Números simples cercanos
$2.89 es casi $3.	$2.89	$3.00
$1.39 es casi $1.50.	$1.39	+$1.50
$3 + $1.50 es igual a $4.50.		$4.50

Carlie tiene suficiente dinero para comprar el jugo y la ensalada.

Ejemplo Ming lee 13 páginas en media hora. ¿Alrededor de cuánto tiempo tardará en leer 38 páginas?

Estima cuánto tiempo tardará Ming. Usa números simples cercanos a los números exactos.

	Números exactos	Números simples cercanos
13 es cercano a 10.	13 páginas	10 páginas
38 es cercano a 40.	38 páginas	40 páginas

Tardará alrededor de 4 veces más en leer 40 páginas que 10 páginas.

Ming tardará alrededor de 2 horas en leer 38 páginas.

Estima para comprobar cálculos

A veces quieres una respuesta exacta. Estimar puede ayudarte a comprobar la respuesta. La estimación debe acercarse a la respuesta exacta; si no se acerca, sabes que debes hacer el cálculo otra vez.

Ejemplo Tanesha se fue de viaje. El lunes recorrió 316 millas. El martes, 447 millas. El miércoles, 489 millas. Tanesha sumó los tres números y obtuvo 975.

Tanesha hizo un cálculo aproximado para comprobar su respuesta. Usó números simples cercanos a los números del problema.

	Números exactos	**Números simples cercanos**
316 es cercano a 300.	316	300
447 es cercano a 400.	447	400
489 es cercano a 500.	489	+ 500
Suma los 3 números simples.		1,200

Tanesha sabe que su respuesta de 975 tiene que estar mal. Sumó los tres números otra vez. Esta vez obtuvo 1,252.

Esta nueva respuesta tiene más sentido. Se acerca a su estimación de 1,200.

Ajustar números

Trata de usar números simples para estimar. Los números simples deben acercarse a los números exactos del problema.

Aquí tienes una manera de **ajustar** un número y obtener un número simple.

1. Mantén el primer dígito del número.

2. Reemplaza los otros dígitos del número por ceros.

Ejemplos

Número exacto	Número ajustado
124	100
77	70
5,100	5,000
138,429	100,000
2	2

Ejemplos Cada problema de abajo está escrito nuevamente usando números ajustados. Se usan números ajustados para hallar una estimación. Las estimaciones están encerradas en un círculo.

Números exactos	Números ajustados	Números exactos	Números ajustados
347	300	452	400
− 212	− 200	+ 86	+ 80
	(100)		(480)

Una manera más precisa de ajustar números es redondearlos. Aquí tienes una manera de **redondear un número.**

Ejemplos

		Redondear 68	Redondear 529
Paso 1	Escribe el número que vas a redondear.	68	529
Paso 2	Mantén el primer dígito. Reemplaza los otros dígitos por ceros. Éste es el **número menor**.	60	500
Paso 3	Suma 1 al primer dígito. Éste es el **número mayor.**	70	600
Paso 4	El número que estás redondeando, ¿se acerca más al número menor o al mayor?	mayor	menor
Paso 5	Redondea al número más cercano de los dos.	70	500

A veces, el número que estás redondeando está a mitad de camino entre el número mayor y el menor. Cuando esto suceda, redondea al número mayor.

Ejemplo Redondea 45.

El número menor es 40. El número mayor es 50. 45 está a mitad de camino entre 40 y 50.

Entonces, redondea 45 a 50, que es el número mayor.

Comprueba si comprendiste

Redondea los números.

1. 78 **2.** 34 **3.** 85 **4.** 555 **5.** 4,302

6. Estima la suma de 282 + 47 usando números redondeados.

Comprueba tus respuestas en la página 342.

Patrones y funciones

Patrones de figuras

Las figuras a menudo se acomodan de maneras regulares para formar patrones. Las losas del piso y del techo suelen formar patrones.

Las imágenes de abajo muestran diferentes maneras de construir muros con ladrillos. Cada manera de apilar los ladrillos forma un patrón diferente.

A veces se muestra un patrón de figuras y se te pide que lo continúes. Debes decidir cuál es la figura siguiente del patrón.

Para hallar la figura siguiente de un patrón, tendrás que adivinar. Debes pensar bien en tu respuesta, y no adivinar por adivinar. Observa con cuidado lo que se muestra y trata de hallar un patrón. El patrón te ayuda a deducir cuál será la figura siguiente.

¿Lo sabías?

Un caleidoscopio es un tubo que contiene espejos y pedacitos de vidrios de colores. Cuando lo miras por dentro y rotas el tubo, ves patrones cambiantes que siempre son simétricos.

Ejemplo ¿Cuál es la figura siguiente en este patrón?

 ?

El patrón muestra una serie de cuadrados. Cada uno contiene un punto que se mueve en la dirección de las manecillas del reloj de una esquina a la siguiente.

Entonces, la figura siguiente se verá así: 

Aquí hay otros patrones de figuras. Hay suficiente información en el dibujo para adivinar de forma bien pensada cuál será la figura siguiente.

Ejemplo Halla la figura siguiente en este patrón.

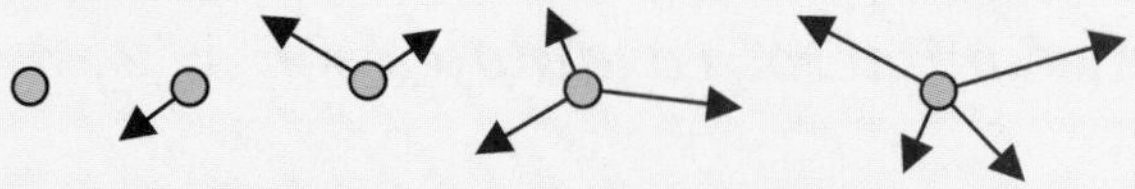
?

Cada figura de la serie tiene un círculo pequeño.
El número de flechas aumenta de uno en uno cada vez.

Entonces, la figura siguiente tendrá 5 flechas. 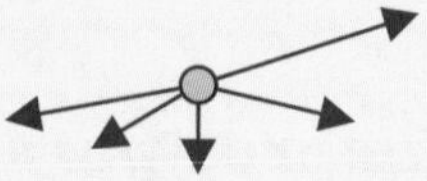

Ejemplo Halla la figura siguiente en este patrón. 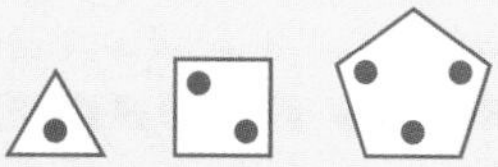 ?

Cada figura tiene dos partes. Una parte es un polígono. Cada polígono en la serie tiene un lado más que el anterior. La última figura es un pentágono (5 lados). Entonces, la figura siguiente será un hexágono (6 lados).

La otra parte de cada figura es un conjunto de puntos dentro del polígono. Cada polígono tiene un punto más que el anterior. El pentágono tiene 3 puntos. Entonces, la figura siguiente tendrá 4 puntos.

La figura siguiente en este patrón es 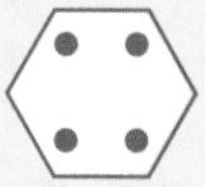.

Comprueba si comprendiste

Dibuja la figura siguiente en cada patrón.

1. 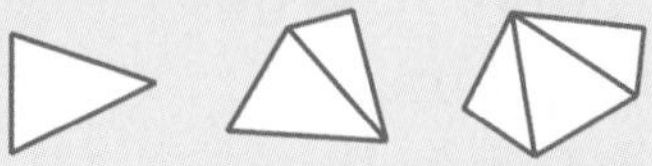

2. 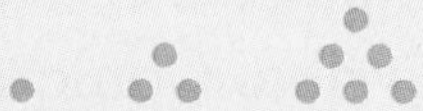

Comprueba tus respuestas en la página 343.

Patrones de números

Se pueden usar figuras de puntos para representar números. Las figuras de puntos nos ayudan a hallar patrones de números.

Todas las figuras de puntos que se muestran son para números cardinales. Los *números cardinales son* 1, 2, 3, etc.

Números pares

2 4 6 8 10 12

Los **números pares** son números cardinales que tienen un residuo de 0 si se dividen entre 2. La figura de puntos de un número par tiene 2 filas iguales.

Números impares

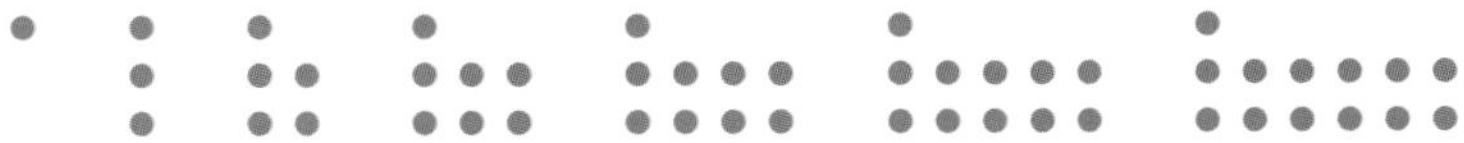

1 3 5 7 9 11 13

Los **números impares** son números cardinales que tienen un residuo de 1 si se dividen entre 2. La figura de puntos de un número impar tiene 2 filas iguales más 1 punto adicional.

Números triangulares

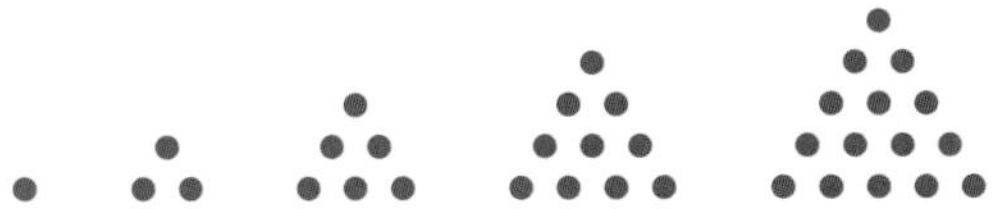

1 3 6 10 15

Las figuras de puntos de arriba son triángulos con el mismo número de puntos en cada lado. Cada fila tiene 1 punto más que la fila de arriba. Cualquier número cardinal que tenga una figura de puntos como ésta se llama un **número triangular.**

Números cuadrados

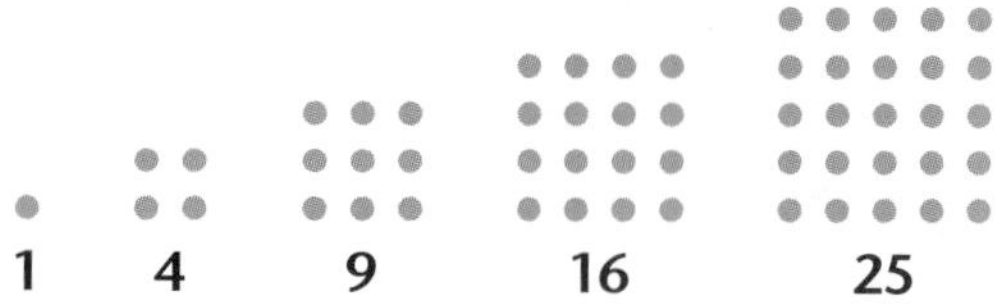

Un **número cuadrado** es el producto de un número cardinal multiplicado por sí mismo. Por ejemplo, 16 es un número cuadrado porque 16 es igual a 4×4 ó 4^2. La figura de puntos de un número cuadrado es un cuadrado con el mismo número de puntos en todas las filas y columnas.

Números rectangulares

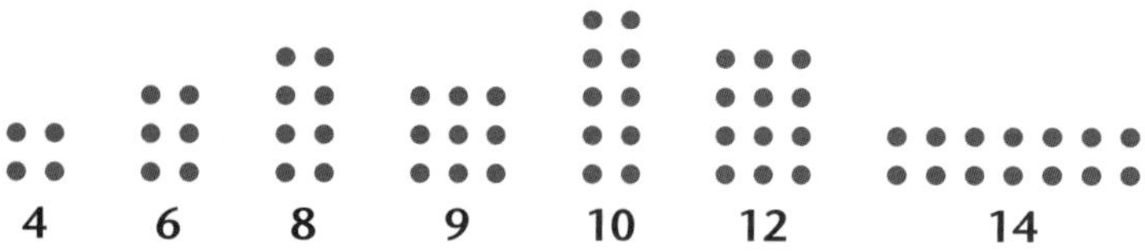

Un **número rectangular** es un número cardinal que es el producto de 2 números cardinales más pequeños. Por ejemplo, 12 es un número rectangular, porque $12 = 3 * 4$. La figura de puntos de un número rectangular es un rectángulo con al menos 2 filas y al menos 2 columnas.

Números primos

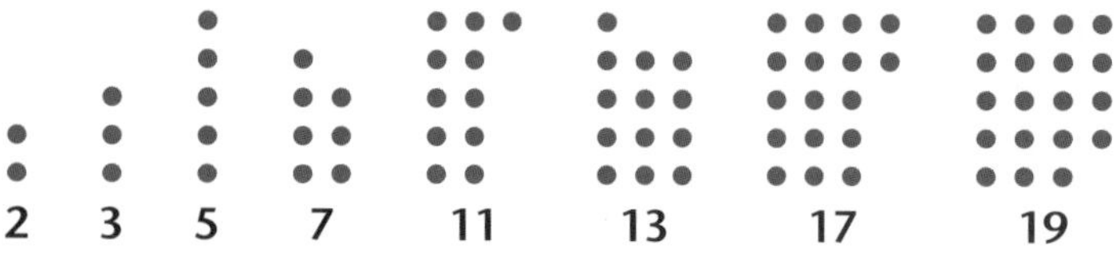

Un **número primo** es un número cardinal mayor que 1 que *no* es igual al producto de 2 números más pequeños. O sea que un número primo no puede ser un número rectangular. Esto significa que un número primo no se puede acomodar en una figura rectangular (con al menos 2 filas y al menos 2 columnas).

Marcos y flechas

Un diagrama de Marcos y flechas es una manera de mostrar un patrón de números. Este tipo de diagrama tiene tres partes:

- un conjunto de **marcos** que contienen números;
- **flechas** que muestran el sendero de un marco al siguiente;
- una caja con una flecha debajo. Dentro de la caja hay una **regla** escrita que indica cómo cambiar el número para obtener el número del marco siguiente.

Ejemplo Aquí se muestra un diagrama de Marcos y flechas.

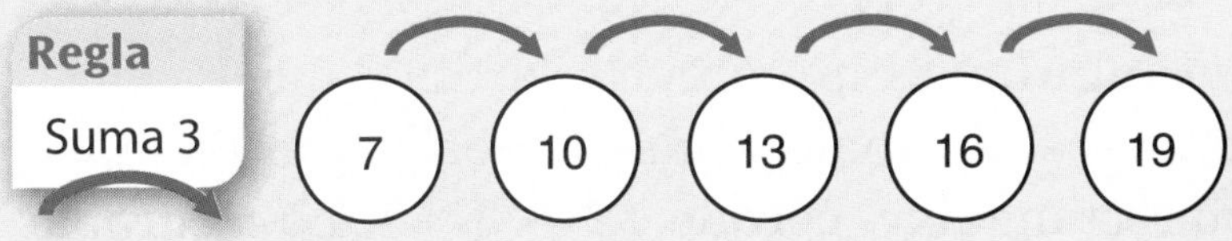

Ejemplo Usa la regla para completar los marcos vacíos.

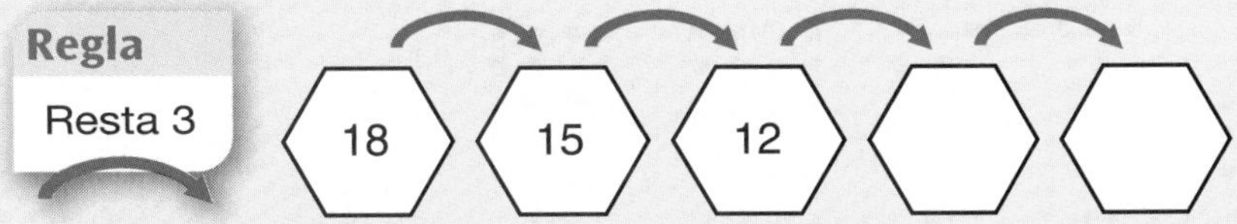

La regla es "Resta 3". Observa el marco con el número 12. Si restas 3 a 12, el resultado es 9. Escribe 9 en el siguiente marco. Luego resta 3 a 9. El resultado es 6. Escribe 6 en el último marco. El diagrama completo se ve así.

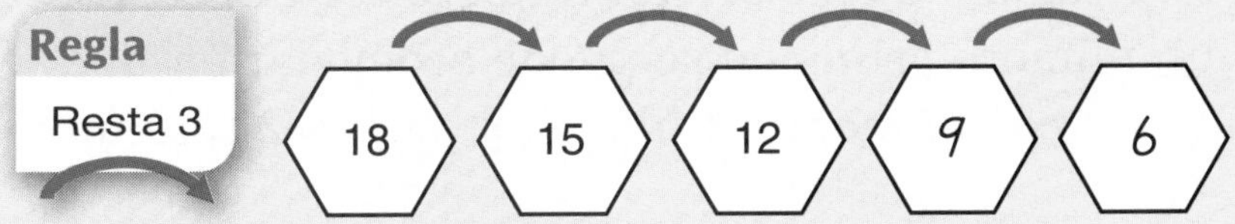

A veces no se da la regla. Debes usar los números de los marcos para hallar la regla.

Ejemplo Halla la regla para este diagrama.

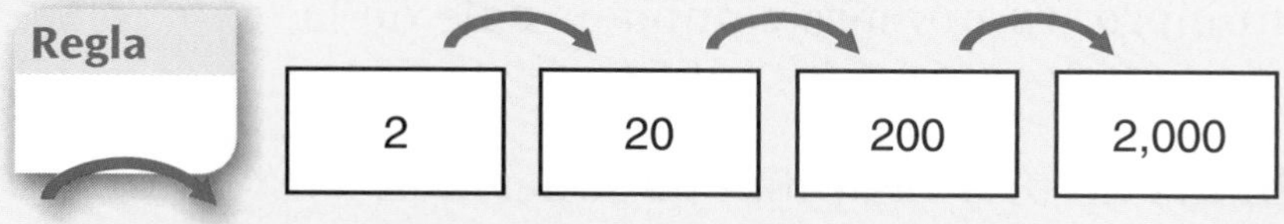

Cada número es 10 veces mayor que el número del marco anterior.

Entonces, la regla es “Multiplica por 10”, o sea, “$\times$ 10”.

A veces no se da la regla y no todos los marcos están completos. Halla primero la regla. Luego úsala para completar los marcos vacíos.

Ejemplo Halla la regla y completa los marcos vacíos.

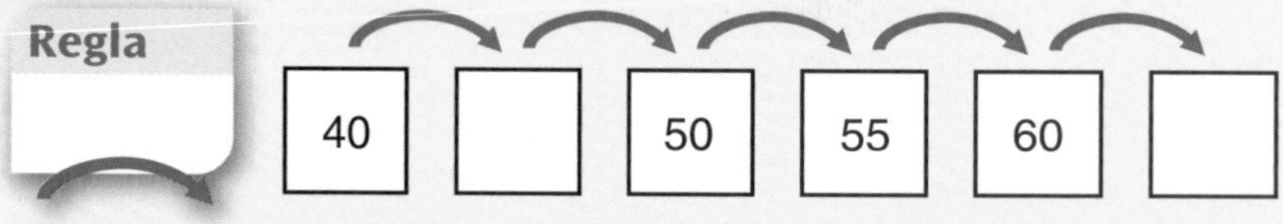

Los números 50, 55 y 60 pueden ayudarte a hallar la regla. Cada número es 5 más que el número del marco anterior.

Entonces, la regla es “Suma 5”.

Ahora usa la regla para completar los marcos vacíos. El segundo marco contiene el número 40 + 5, o sea, 45. El último marco contiene el número 60 + 5, o sea, 65. El diagrama completo se ve así.

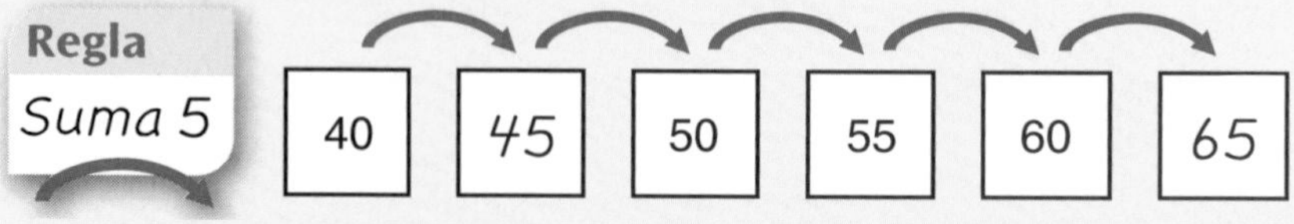

Máquinas de funciones

Una **máquina de funciones** es una máquina imaginaria. Se le da a la máquina una regla para cambiar números. Cuando pones un número en la máquina, ésta usa la regla para cambiar el número. El número cambiado sale de la máquina.

Aquí tienes un dibujo de una máquina de funciones. A la máquina se le ha dado la regla "+4". La máquina sumará 4 a cualquier número que se le ponga dentro.

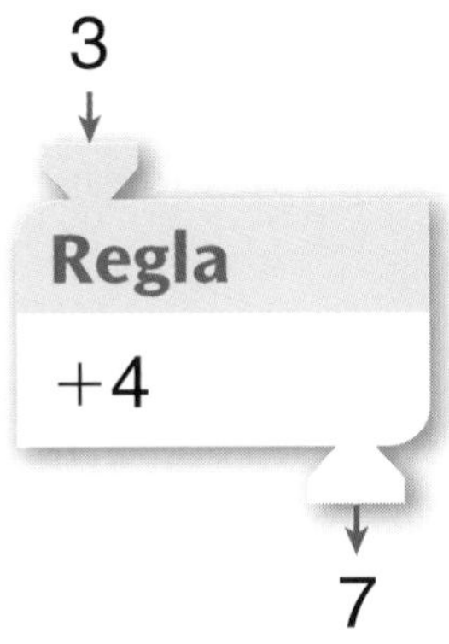

Ejemplo Si pones 3 dentro de la máquina de funciones de arriba, sumará 3 + 4. Saldrá el número 7.

Si pones 1 dentro de la máquina, sumará 1 + 4. Saldrá el número 5.

Si pones 0 dentro de la máquina, sumará 0 + 4. Saldrá el número 4.

Máquinas de funciones y "¿Cuál es mi regla?"

Puedes usar una tabla de números de **entrada** y **salida** para llevar un registro de cómo la máquina de funciones cambia los números.

Escribe los números que se ponen dentro de la máquina en la columna de **entra.**

entra	sale
0	4
1	5
2	6
3	7

Escribe los números que salen de la máquina en la columna de **sale.**

Ejemplo La regla es +10. Conoces los números que se ponen dentro de la máquina. Halla los números que salen de la máquina.

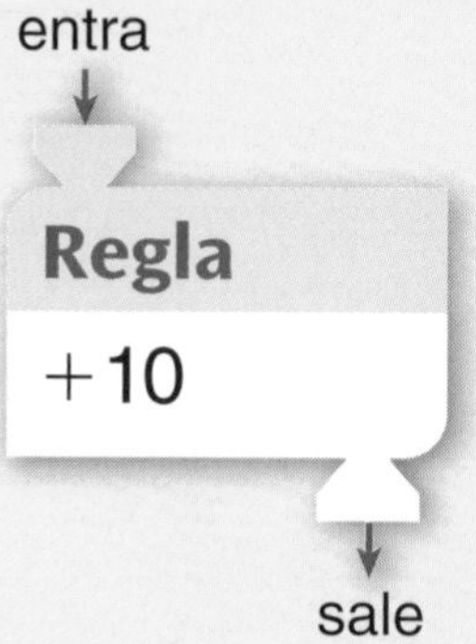

entra	sale
27	
61	
148	

Si entra 27, entonces sale 37.
Si entra 61, entonces sale 71.
Si entra 148, entonces sale 158.

Ejemplo La regla es -7. Conoces los números que salen de la máquina. Halla los números que se ponen dentro de la máquina.

entra	sale
	40
	0
	20

La máquina resta 7 de cualquier número que se ponga dentro.
El número que sale siempre es 7 menos que el número que entró.

Si sale 40, entonces 47 fue el número que entró.
Si sale 0, entonces 7 fue el número que entró.
Si sale 20, entonces 27 fue el número que entró.

Si tienes una tabla con algunos números de **entrada** y **salida** puedes hallar la regla.

Ejemplo La regla no se conoce. Usa la tabla para hallar la regla.

entra	sale
30	35
75	80
101	106

Cada número en la columna de **sale** es 5 más que el número en la columna de **entra.**

La regla es Suma 5, o sea, $+5$.

Matemáticas ... a diario

Patrones en la naturaleza

Los científicos estudian los patrones que hay a nuestro alrededor, entre ellos, los patrones de la vida de los animales salvajes.

Patrones migratorios

Los patrones migratorios son los ciclos de movimiento que muchos animales repiten año tras año en la naturaleza.

La ruta migratoria de la ballena gris es una de las más largas de los mamíferos, con un promedio de entre 10,000 y 14,000 millas. ➤

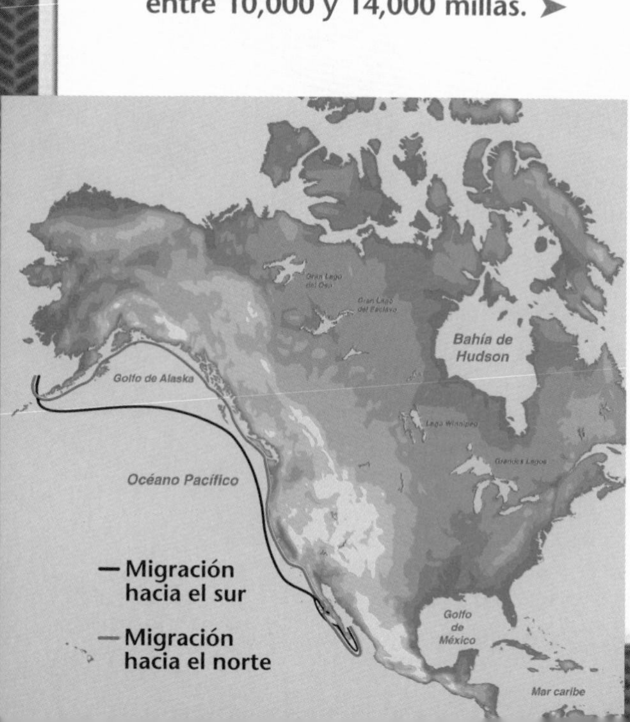

➤ En otoño, las ballenas abandonan las frías aguas del norte, donde se alimentan. Viajan en dirección sur durante 2 ó 3 meses hasta el mar de Cortés, donde se reproducen y tienen crías. Las ballenas vuelven al norte en primavera.

Patrones de crecimiento

Desde su nacimiento hasta que alcanzan la edad adulta, los animales aumentan de tamaño de manera bastante predecible. La tasa de crecimiento de algunos animales, como muchos peces y reptiles, es similar a un patrón de números de multiplicación (1, 2, 4, 8, 16...). Son muy pequeños al nacer y durante su madurez, alcanzan un tamaño miles de veces mayor.

◄ Un cocodrilo recién nacido pesa alrededor de 2 onzas.

◄ Una hembra de cocodrilo adulta puede fácilmente pesar 1,000 libras, o sea, 8,000 veces más de lo que pesa un cocodrilo recién nacido.

Una cría de salmón puede pesar sólo $\frac{1}{100}$ de onza. ►

Un salmón adulto puede pesar más de 50 libras, o sea, 90,000 veces más de lo pesa una cría. ►

Otros animales, como muchos mamíferos, tienen tasas de crecimiento similares a un patrón numérico de suma (1, 3, 5, 7, 9...). Su tamaño al nacer es mayor y no crecen con tanta rapidez.

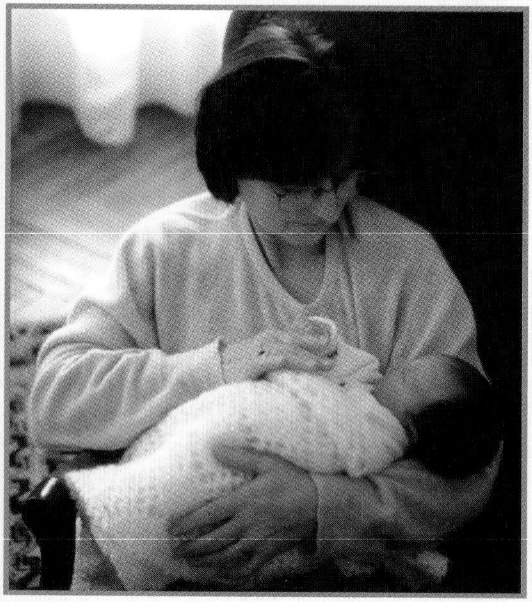

Un bebé recién nacido pesa alrededor de 8 libras. Su madre puede pesar aproximadamente 140 libras, o sea, sólo 18 veces más que su bebé.

Un caballo recién nacido, o potro, pesa aproximadamente 50 libras.

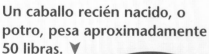

La madre del potro pesa unas 1,500 libras, o sea, sólo 30 veces más que el potro.

Patrones de supervivencia

Todos los animales aspiran a alcanzar la edad adulta, o madurez. El número de crías que tiene un animal se relaciona con las posibilidades que tienen las crías de sobrevivir. Algunos animales, como muchos mamíferos y aves, tienen buenas posibilidades de supervivencia.

Los mamíferos suelen dar a luz entre una y diez crías vivas. Las hembras de los mamíferos, como esta leona, protegen ferozmente a sus crías. Gracias a su protección, más de la mitad de las crías podrán alcanzar la madurez.

Los patos ponen entre 5 y 15 huevos y los calientan hasta que sus crías rompen el cascarón.

Esta pata hace todo lo posible para proteger a sus patitos. Si no surgen problemas graves, 1 de cada 4 podrá alcanzar la madurez.

Otros animales, como los reptiles, los anfibios y los peces, tienen pocas posibilidades de sobrevivir y alcanzar la madurez.

Un cocodrilo pone un máximo de unos 90 huevos. La mayoría de las crías nunca rompen el cascarón, porque los depredadores devoran los huevos. Menos de 1 de cada 10 crías de cocodrilo alcanza la etapa adulta. ➤

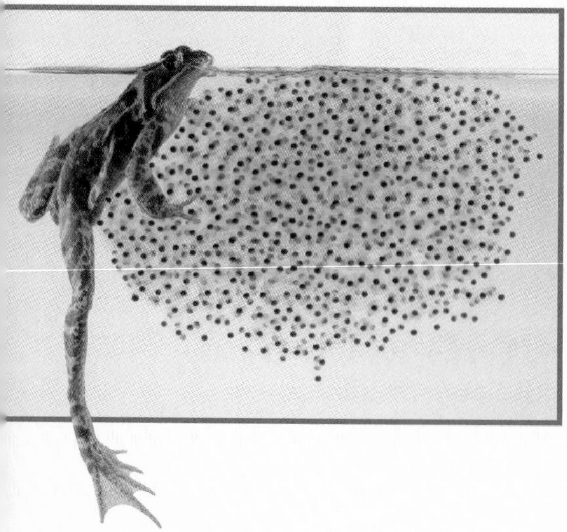

➤ Algunas ranas pueden poner 1,000 huevos o más. Menos de 1 de cada 100 renacuajos que rompen el cascarón alcanza la etapa adulta.

Las posibilidades de supervivencia de muchos peces son aun menores. Esta lucioperca pone más de 200,000 huevos. Generalmente, menos de 1 de cada 1,000 huevos llega a ser una luciperca adulta. ➤

Patrones de depredadores y presas

En 1995, veinticinco lobos grises fueron trasladados al parque nacional Yellowstone, donde hacía más de 70 años que no vivían lobos. Como los lobos se alimentan de alces, los científicos se preguntaban qué sucedería con la población de alces.

Cuando llegaron los lobos, en el parque había 170,000 alces.

Ya para el año 2004, el número de alces había disminuido a 80,000. El número de lobos se había multiplicado 10 veces hasta llegar a 250 lobos.

Los científicos quieren que aumente la población de lobos sin que se reduzca demasiado la población de alces. Están trabajando para lograr un equilibrio saludable entre la cantidad de lobos y de alces dentro del parque.

¿Qué otros patrones de la naturaleza crees que podrían estudiar los científicos?

Banco de datos

Cartel de la máquina expendedora de bebidas

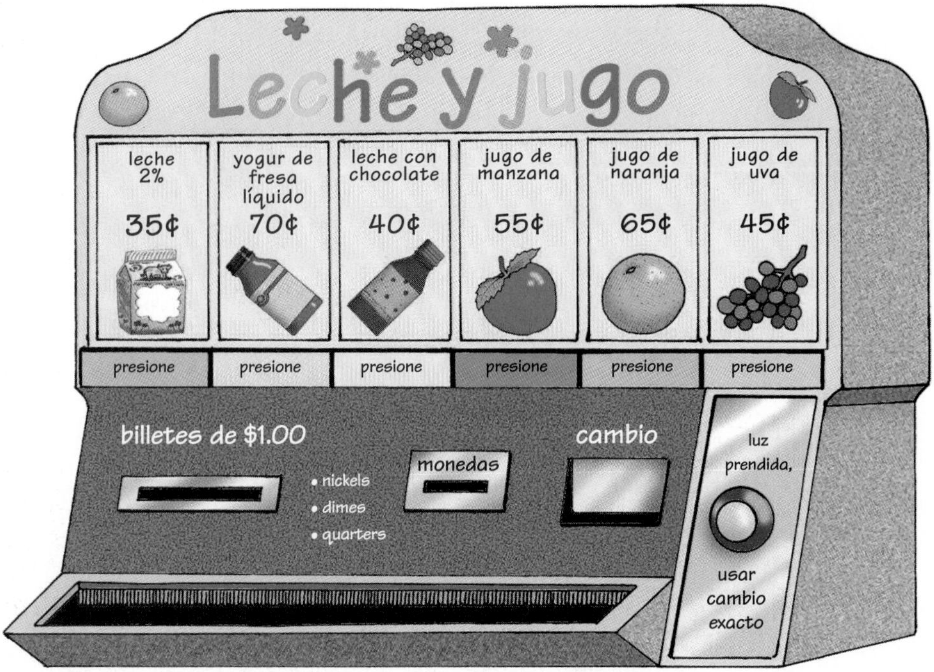

Ejemplo La luz de "Cambio exacto" está prendida y quieres comprar jugo de manzana.

- Usa cualquier combinación de monedas equivalente a 55 centavos.

La luz de "Cambio exacto" no está prendida y quieres comprar jugo de manzana.

- Si usas un billete de $1.00, la máquina te dará el jugo de manzana y 45 centavos de cambio.
- Si usas 3 *quarters*, la máquina te dará el jugo de manzana y 20 centavos de cambio.
- Si usas 2 *quarters* y 1 *dime*, la máquina te dará el jugo de manzana y 5 centavos de cambio.

Cartel de la máquina expendedora

Cartel de papelería

$1.79

¡OFERTA!
Precio normal $1.89

Líquido corrector

$2.99

¡OFERTA!
Precio normal $4.49

Plumas
Caja de 24

Álbum de fotos

rebaja de $3

99¢

¡OFERTA!
Precio normal $1.39

Clips
Caja de 100

$1.49

¡OFERTA!
Precio normal $1.89

Lápices
Caja de 24

$2.99

¡OFERTA!
Precio normal $5.19

Pilas
Paquete de 8

99¢

¡OFERTA!
Precio normal $1.89

Crayones
Caja de 16

CUPÓN DE COMPRA

49¢

Sin cupón 99¢

Libreta

Cartel de tienda

Juguetes

- **Carritos**
  10 por caja **$2.99** por caja
- **Canicas**
  45 por bolsa **$1.45** por bolsa
- **Bloques para armar**
  395 piezas **$19.99** por juego

Moda

- **Cordones brillantes**
  5 pares por paquete
  $2.99 por paquete
- **Lazos de pelo**
  12 por paquete
  $1.77 por paquete
- **“Cosas para el pelo”**
  6 por bolsa **$1.00** por bolsa

Artículos escolares

- **Papel para libretas**
  200 hojas por paquete
  $0.98 por paquete
- **Paquete económico de plumas**
  paquete de 10 **$1.27** por paquete
- **¡Plumas con olor a chocolate!**
  paquete de 6 **$1.29** por paquete
- **Plumas “a la moda”**
  paquete de 4 **$1.29** por paquete
- **Tarjetas**
  $1.69 *por paquete de 100*
- **Marcadores brillantes**
  paquete de 5 por **$1.99**
- **Marcadores con olor**
  paquete de 8 por **$2.69**
- **Lápices**
  paquete de 8 **$1.00**
  paquete de 6 **$0.69**

Artículos para fiestas

- **Calcomanías**
  7 por paquete **$1.00** por paquete
- **Globos de 9 pulg**
  25 por bolsa **$1.99** por bolsa

- **Gorritos** *6 por* **$1.49**
- **Silbatos** *8 por* **$2.99**
- **Globos gigantes de 14 pulg**
  paquete de 5 por **$1.79**

Cartel de ofertas Nº 1

Bombillas
paquete de 4 **$1.09**

OFERTAS DE 5 O MÁS *Pague $0.88 por paquete*

Extensión
$3.25

OFERTAS DE 5 O MÁS *Pague $2.79 por extensión*

Pañuelos
$0.73

OFERTAS DE 5 O MÁS *Pague $0.57 por caja*

Cinta adhesiva
$0.84

OFERTAS DE 5 O MÁS *Pague $0.65 por rollo*

Pilas
Paquete de 4 **$3.59**

OFERTAS DE 5 O MÁS *Pague $2.90 por paquete*

Pasta de dientes
$1.39

OFERTAS DE 5 O MÁS *Pague $1.14 por tubo*

Plumas
$0.39

OFERTAS DE 5 O MÁS *Pague $0.27 por cada una*

Pelotas de tenis
Lata de 3 **$2.59**

OFERTAS DE 5 O MÁS *Pague $1.86 por lata*

Libro de bolsillo
$2.99

OFERTAS DE 5 O MÁS *Pague $2.25 por libro*

Cartel de ofertas N° 2

Tarjetas
Caja de 12 **$3.29**

OFERTAS DE 5 O MÁS *Pague $2.63 por caja*

Jabón de tocador
$0.88

OFERTAS DE 5 O MÁS *Pague $0.65 por pastilla*

Papel para envolver
$2.35 por rollo

OFERTAS DE 5 O MÁS *Pague $1.86 por rollo*

Cepillo de dientes
$1.38

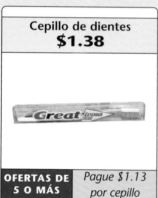

OFERTAS DE 5 O MÁS *Pague $1.13 por cepillo*

Bolsas de basura
$3.75

OFERTAS DE 5 O MÁS *Pague $3.18 por caja*

Bombillas pequeñas
Caja de 2 **$0.96**

OFERTAS DE 5 O MÁS *Pague $0.76 por caja*

Pegamento
$1.15

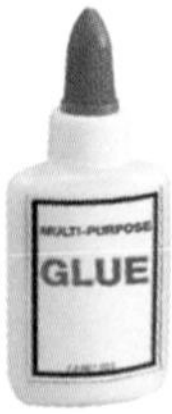

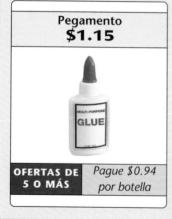

OFERTAS DE 5 O MÁS *Pague $0.94 por botella*

Cartulina
$0.67 por cuaderno

OFERTAS DE 5 O MÁS *Pague $0.54 por cuaderno*

Cordones
$1.27 por par

OFERTAS DE 5 O MÁS *Pague $1.08 por par*

Nidadas de animales

Todos los animales que se muestran abajo ponen huevos. El nido de huevos se llama *nidada.*

La mayoría de los pájaros, reptiles y anfibios ponen huevos una o dos veces al año. Los insectos lo suelen hacer diariamente durante una estación del año.

Tortuga verde
hasta 1.5 metros de largo
mediana de 104 huevos, hasta 184 huevos

Avestruz
más de 2 metros de altura
hasta 15 huevos

Sapo gigante
hasta 30 cm de largo
máximo de 35,000 huevos

Pitón

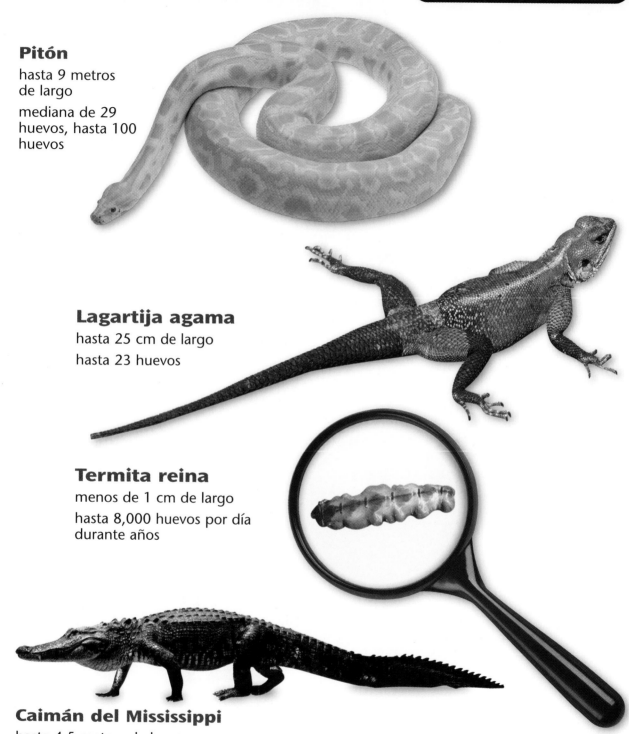

hasta 9 metros de largo

mediana de 29 huevos, hasta 100 huevos

Lagartija agama

hasta 25 cm de largo

hasta 23 huevos

Termita reina

menos de 1 cm de largo

hasta 8,000 huevos por día durante años

Caimán del Mississippi

hasta 4.5 metros de largo

se han registrado hasta 88 huevos

Temperaturas máximas y mínimas normales en primavera (en °F)

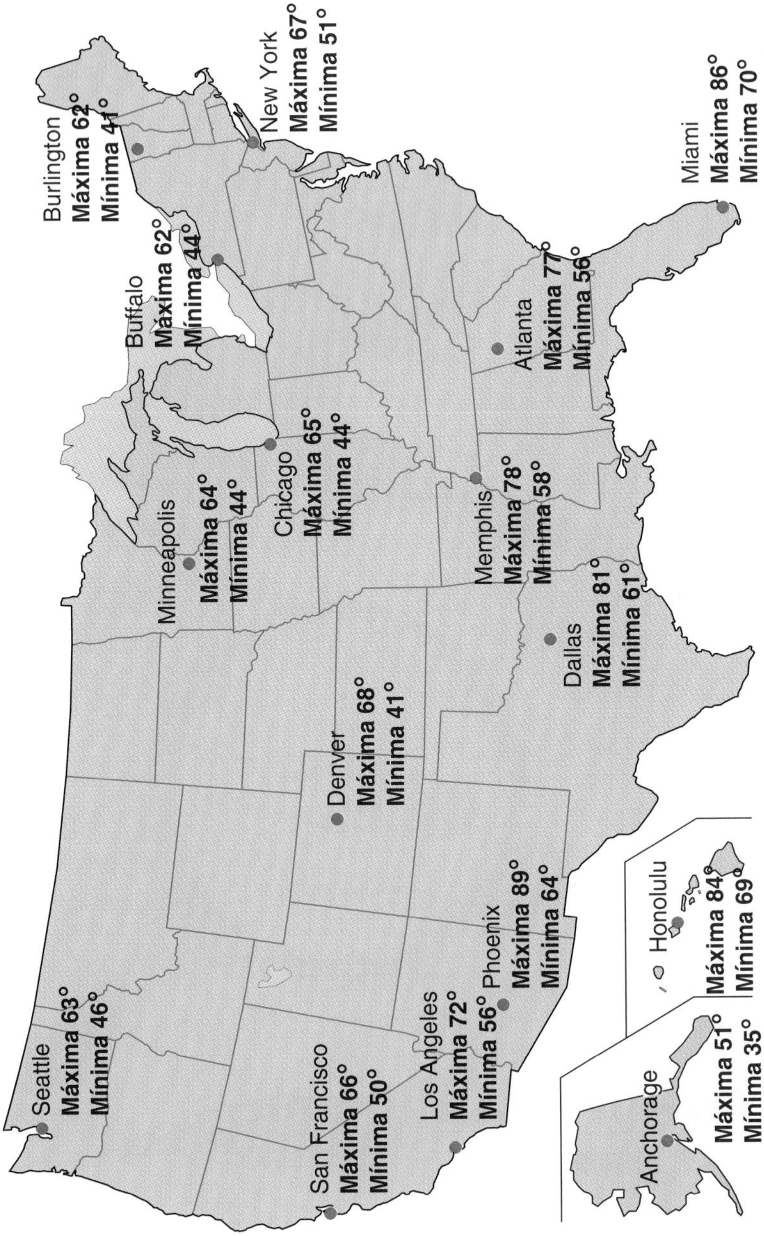

Las temperaturas dadas son promedios de datos de 30 años. 70°F es la temperatura ambiente normal.

Precipitación normal en septiembre (en centímetros)

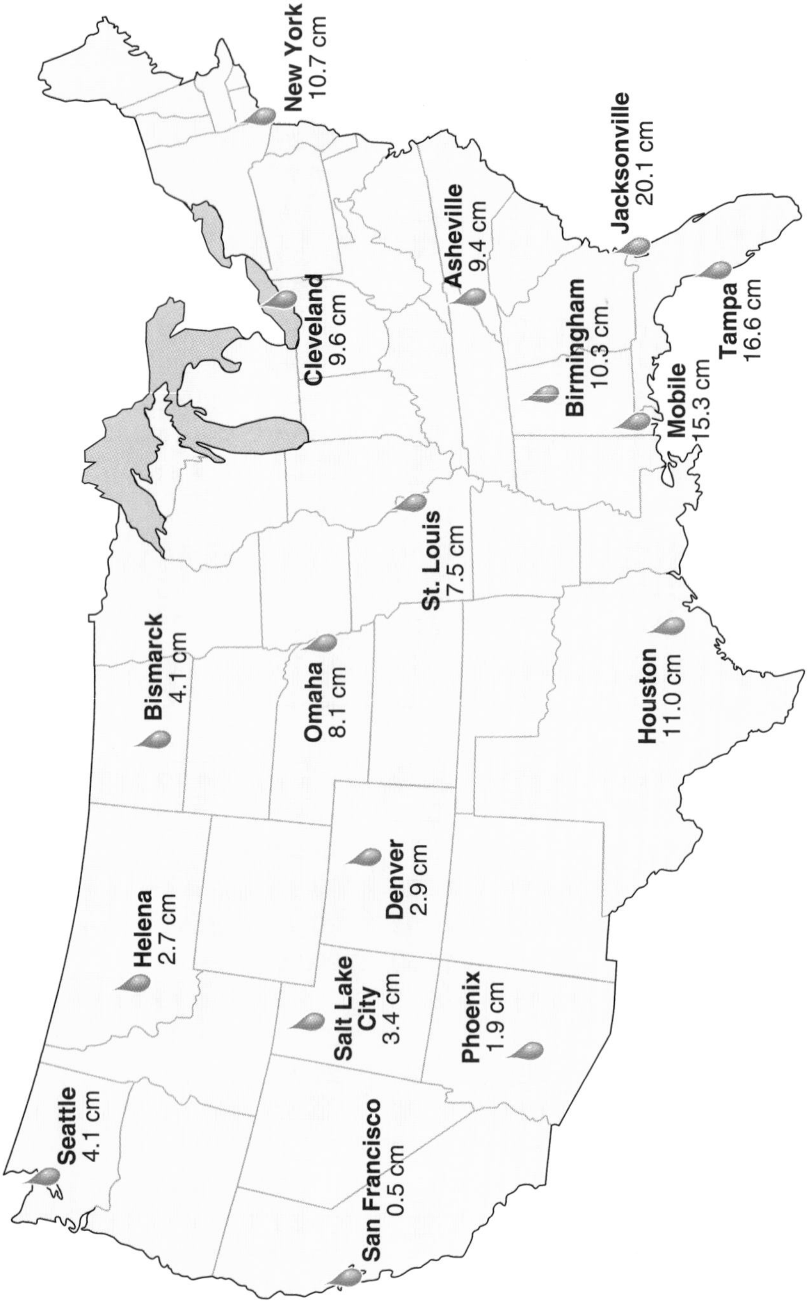

Las cantidades dadas son promedios de datos de 30 años.

Envío de paquetes: Tabla de tarifas

Servicio terrestre							
Entregas residenciales (Entrega a domicilio)							
PESO SIN EXCEDER	ZONAS						
	2	3	4	5	6	7	8
1 lb	$6.25	$6.40	$6.75	$6.85	$7.15	$7.20	$7.35
2	6.35	6.65	7.20	7.35	7.80	7.95	8.35
3	6.50	6.85	7.50	7.75	8.20	8.45	9.10
4	6.65	7.15	7.85	8.15	8.60	8.85	9.60
5	6.90	7.35	8.10	8.45	8.95	9.25	10.10
6	7.05	7.50	8.25	8.70	9.20	9.60	10.40
7	7.30	7.65	8.45	8.95	9.50	9.95	10.80
8	7.50	7.85	8.60	9.15	9.80	10.35	11.45
9	7.70	8.05	8.80	9.35	10.00	10.80	12.10
10	7.90	8.25	8.95	9.60	10.35	11.50	12.85
11	8.10	8.40	9.10	9.80	10.75	12.20	13.70
12	8.35	8.65	9.25	10.00	11.15	12.95	14.60
13	8.55	8.90	9.40	10.20	11.65	13.65	15.45
14	8.70	9.10	9.55	10.40	12.20	14.40	16.35
15	8.90	9.35	9.70	10.65	12.80	15.10	17.25
16	9.00	9.60	9.90	10.90	13.30	15.80	18.05
17	9.10	9.85	10.15	11.30	13.90	16.50	18.95
18	9.25	10.10	10.45	11.75	14.50	17.20	19.85
19	9.40	10.40	10.80	12.25	15.10	17.90	20.75
20	9.60	10.70	11.10	12.75	15.70	18.60	21.65
21	9.80	11.00	11.45	13.25	16.30	19.30	22.50
22	10.00	11.30	11.80	13.70	16.90	20.00	23.40
23	10.20	11.60	12.10	14.15	17.50	20.65	24.30
24	10.40	11.85	12.45	14.55	18.10	21.40	25.15
25	10.60	12.10	12.80	14.95	18.70	22.10	26.05
26	10.85	12.40	13.15	15.35	19.30	22.75	26.90
27	11.05	12.60	13.50	15.75	19.90	23.40	27.75
28	11.25	12.85	13.85	16.20	20.50	24.05	28.65
29	11.45	13.15	14.20	16.65	21.10	24.80	29.50
30	11.70	13.40	14.55	17.10	21.70	25.50	30.40

PARA CUALQUIER FRACCIÓN DE LIBRA QUE SOBREPASE EL PESO MOSTRADO, USAR LA TARIFA MAYOR SIGUIENTE.

Envío de paquetes: Mapa de zonas

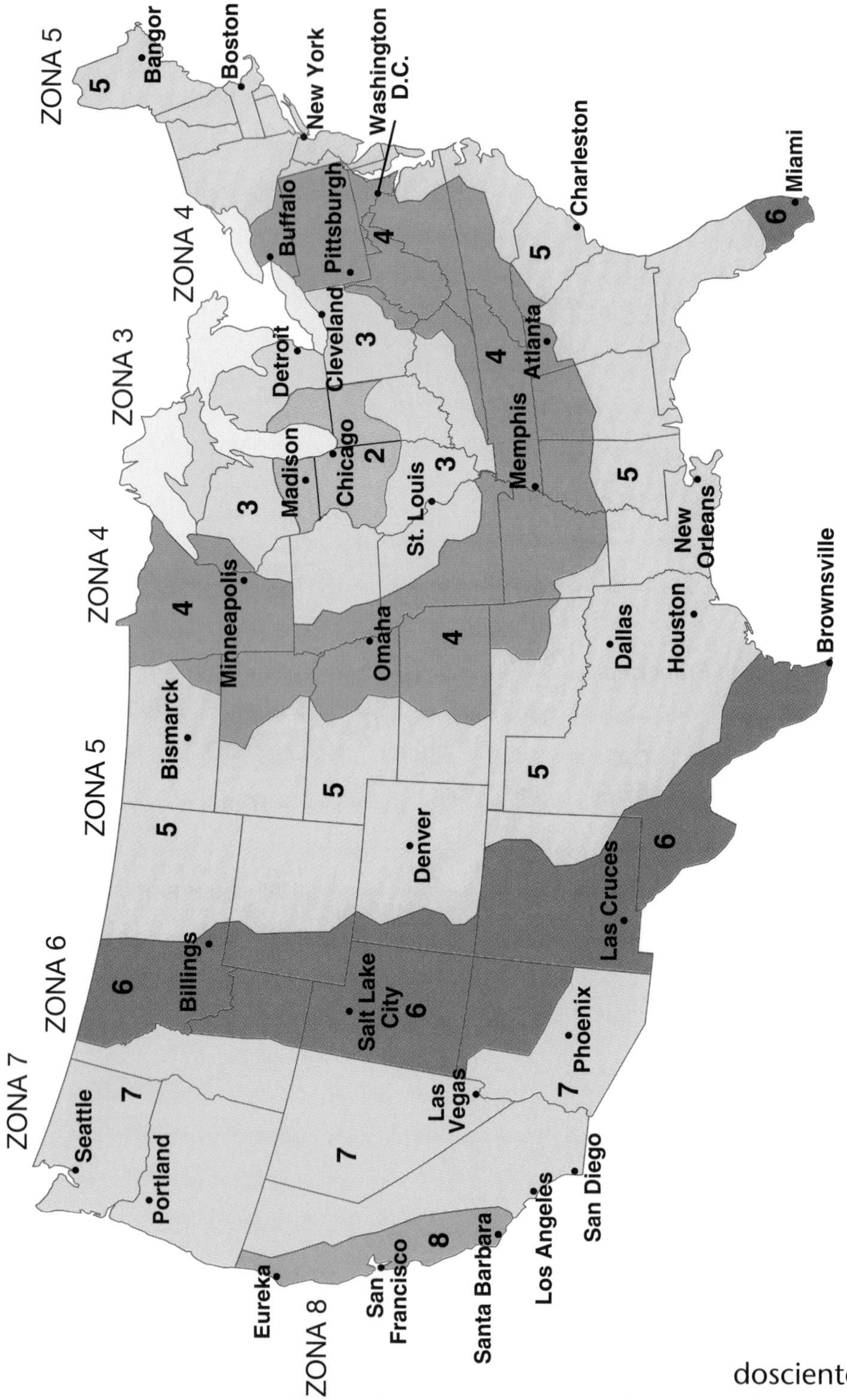

Mapa en millas de las carreteras de EE.UU.

Excepto en Hawaii y Alaska, todos los números son distancias en millas por autopista.

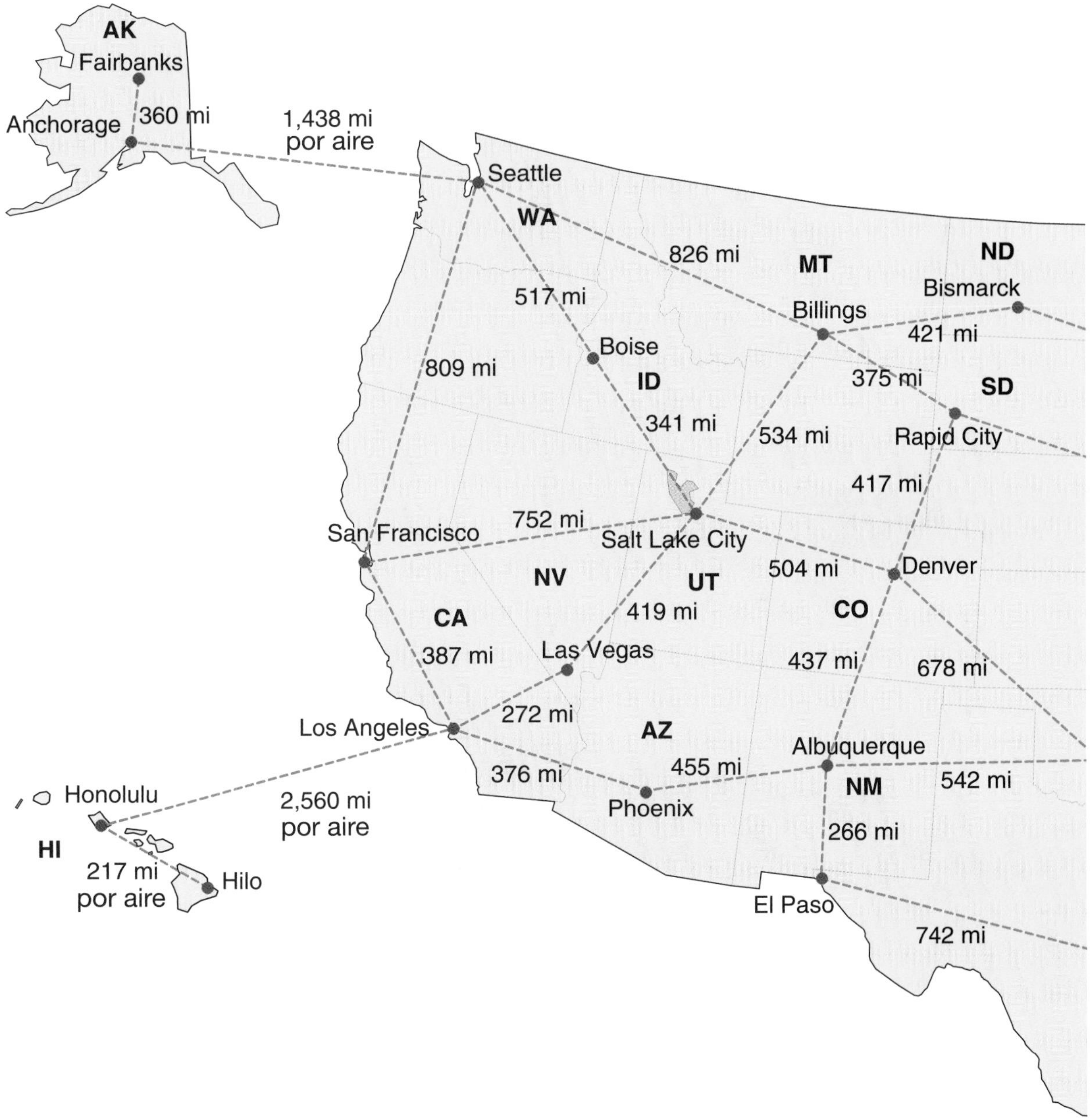

SOUTH
NORTH
61
61
TO
TO
INTERSTATE
65
BG
PARKWAY
SOUTH
NORTH
31W
31W

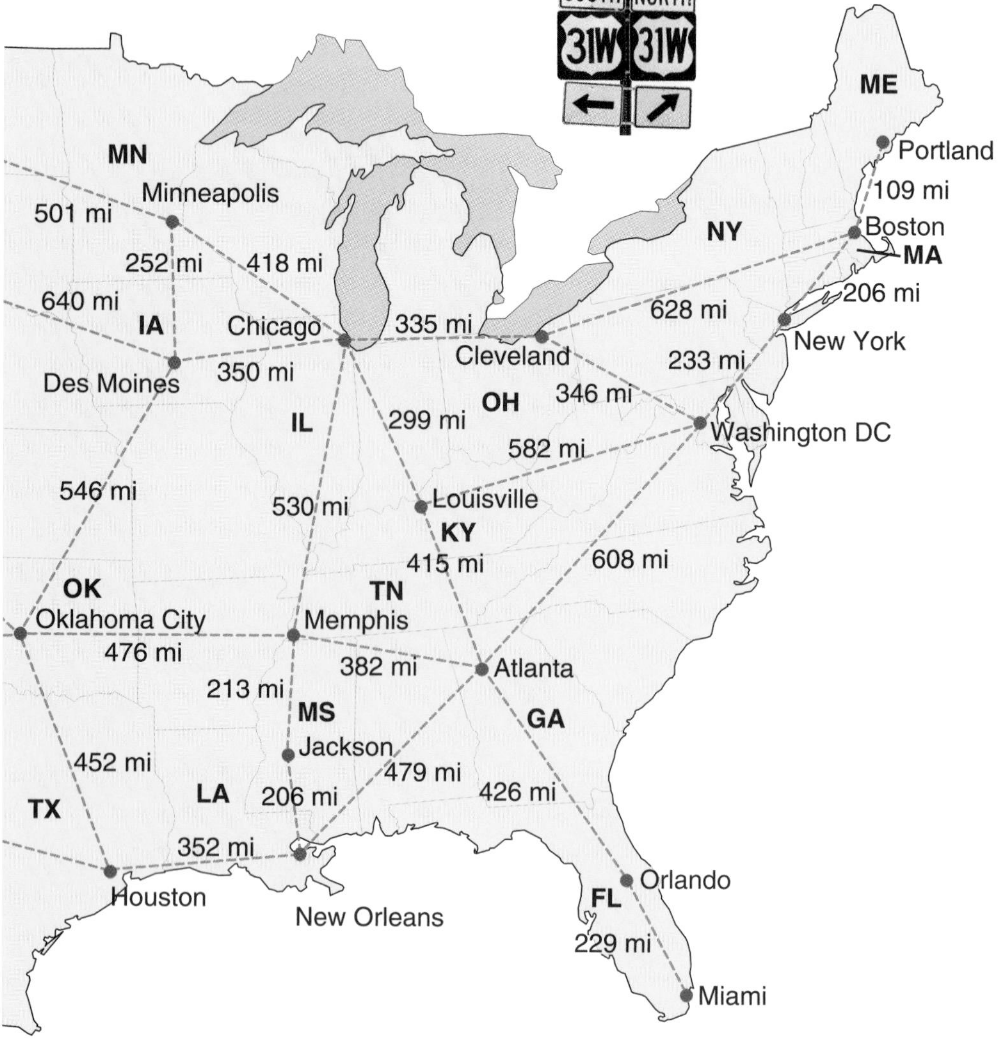
ME
Portland
109 mi
Boston
MA
206 mi
NY
628 mi
New York
233 mi
MN
Minneapolis
501 mi
252 mi
418 mi
640 mi
IA
Chicago
335 mi
Cleveland
Des Moines
350 mi
OH
346 mi
IL
299 mi
Washington DC
582 mi
546 mi
530 mi
Louisville
KY
415 mi
608 mi
OK
TN
Oklahoma City
Memphis
476 mi
382 mi
Atlanta
213 mi
MS
GA
Jackson
452 mi
479 mi
LA
206 mi
426 mi
TX
352 mi
Houston
New Orleans
Orlando
FL
229 mi
Miami

Ciudades de EE.UU. con mayor población

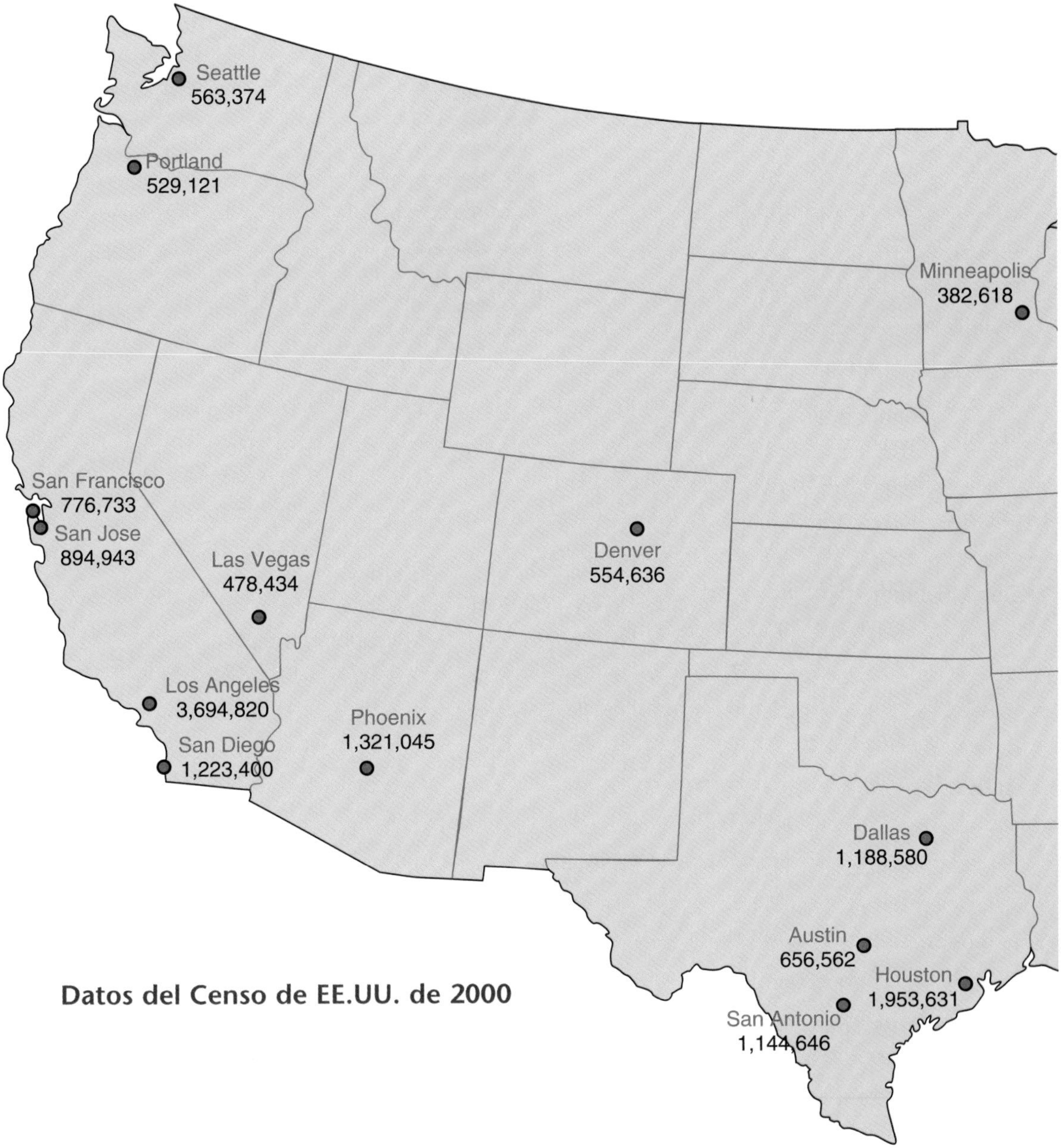

Datos del Censo de EE.UU. de 2000

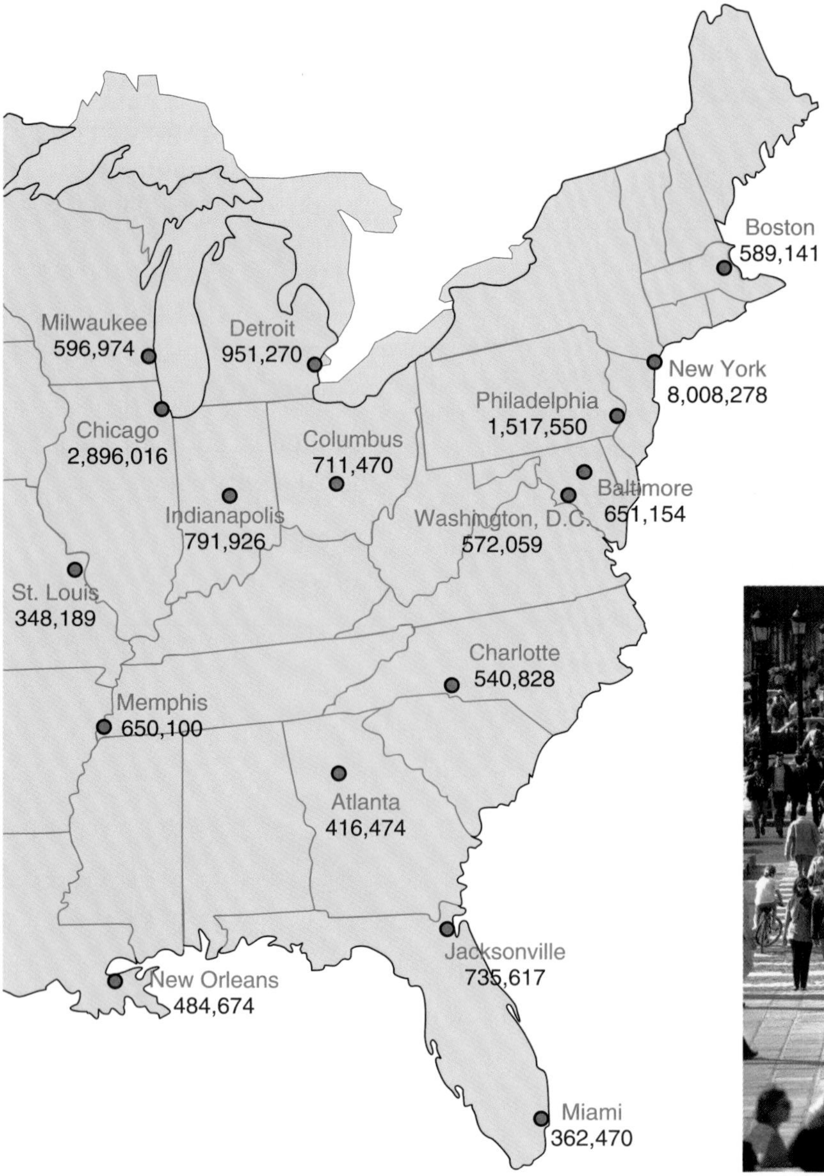
Boston
589,141
Milwaukee
596,974
Detroit
951,270
New York
8,008,278
Philadelphia
1,517,550
Chicago
2,896,016
Columbus
711,470
Baltimore
651,154
Indianapolis
791,926
Washington, D.C.
572,059
St. Louis
348,189
Charlotte
540,828
Memphis
650,100
Atlanta
416,474
Jacksonville
735,617
New Orleans
484,674
Miami
362,470

Tamaños de pelotas deportivas

La mayoría de las pelotas deportivas son esferas. El tamaño de una esfera es la distancia que atraviesa el centro de la esfera. Esta distancia se llama **diámetro de la esfera.**

La tabla enumera los diámetros de las pelotas deportivas que son esferas. Cada diámetro se da en pulgadas y en centímetros.

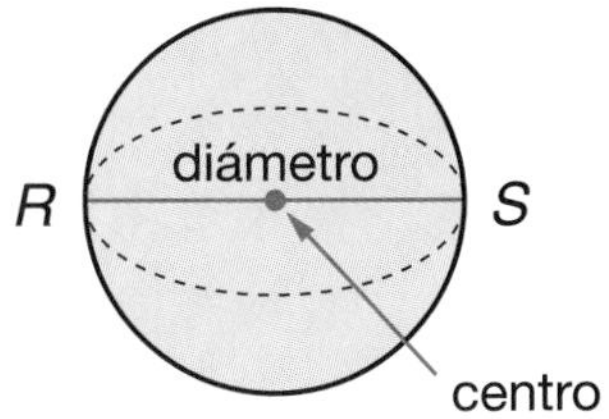

El segmento *RS* pasa a través del centro de la esfera. El largo de este segmento es el diámetro de la esfera.

Diámetros de pelotas deportivas

Pelota	Diámetro en pulgadas	Diámetro en centímetros
Tenis de mesa	$1\frac{1}{2}$ pulg	3.8 cm
Squash	$1\frac{5}{8}$ pulg	4.1 cm
Golf	$1\frac{11}{16}$ pulg	4.3 cm
Tenis	$2\frac{5}{8}$ pulg	6.7 cm
Béisbol	$2\frac{3}{4}$ pulg	7.0 cm
Cricket	$2\frac{13}{16}$ pulg	7.1 cm
Croquet	$3\frac{5}{8}$ pulg	9.2 cm
Softball	$3\frac{13}{16}$ pulg	9.7 cm
Voleibol	$8\frac{1}{4}$ pulg	21.0 cm
Boliche	$8\frac{1}{2}$ pulg	21.6 cm
Fútbol	$8\frac{3}{4}$ pulg	22.2 cm
Water polo	$8\frac{7}{8}$ pulg	22.5 cm
Baloncesto	$9\frac{1}{2}$ pulg	24.1 cm

Recordatorio:

1 pulgada mide alrededor de 2.5 centímetros

1 centímetro mide alrededor de 0.4 pulgadas

Pesos de pelotas deportivas

La tabla de abajo enumera los pesos de las pelotas deportivas. Cada peso se da en onzas y en gramos.

Pesos de pelotas deportivas

Pelota	Peso en onzas	Peso en gramos
Tenis de mesa	$\frac{1}{10}$ oz	2.5 g
Squash	$\frac{9}{10}$ oz	25 g
Golf	$1\frac{1}{2}$ oz	43 g
Tenis	2 oz	57 g
Béisbol	5 oz	142 g
Cricket	$5\frac{1}{2}$ oz	156 g
Softball	$6\frac{1}{2}$ oz	184 g
Voleibol	$9\frac{1}{2}$ oz	270 g
Fútbol	15 oz	425 g
Water polo	15 oz	425 g
Croquet	16 oz	454 g
Baloncesto	22 oz	625 g
Boliche	256 oz	7,260 g

Recordatorio:

16 onzas es igual a 1 libra

1,000 gramos es igual a 1 kilogramo

1 onza pesa alrededor de 28 gramos

1 kilogramo pesa alrededor de 2.2 libras

Comprueba si comprendiste

1. ¿Qué pelotas pesan 1 libra o más?
2. ¿Qué pelotas pesan 1 kilogramo o más?
3. ¿Las pelotas más pesadas son también las pelotas con el mayor diámetro?

Comprueba tus respuestas en la página 343.

Estándares de aptitud física

La tabla de la página opuesta muestra datos de tres pruebas de aptitud física.

Abdominales

Mientras un compañero sostiene tus pies, cruza los brazos y coloca las manos en los hombros opuestos. Levanta el cuerpo hasta tocar las piernas con los codos. Luego baja la espalda hasta el suelo. Esto es un abdominal. Haz todos los que puedas en un minuto.

Correr/Caminar una milla

Recorre 1 milla de distancia en el menor tiempo posible. Quizá no puedas correr durante todo el trayecto. Camina cuando no puedas correr.

Flexiones

Sostén la barra con las palmas hacia el frente. Tu barbilla debe quedar sobre la barra. (Observa el dibujo.) Mantén esta posición el tiempo que puedas.

¿Lo sabías?

Para estar en forma, los niños de entre 7 y 11 años de edad necesitan dormir al menos 9 horas cada noche.

Resultados de la prueba de aptitud física (mediana de los resultados por edad)				
	Edad	Abdominales (en 1 minuto)	Carrera de 1 milla (minutos:segundos)	Flexiones (segundos)
V	6	22	12:36	6
A	7	28	11:40	8
R	8	31	11:05	10
O	9	32	10:30	10
N	10	35	9:48	12
E	11	37	9:20	11
S	12	40	8:40	12
	6	23	13:12	5
N	7	25	12:56	6
I	8	29	12:30	8
Ñ	9	30	11:52	8
A	10	30	11:22	8
S	11	32	11:17	7
	12	35	11:05	7

Fuente: "The National Physical Fitness Award: Qualifying Standards"

Ejemplo La tabla muestra 31 abdominales para varones de 8 años de edad. La *mediana* para ellos es 31 abdominales. Cerca de la mitad de los varones de 8 años hará *31 abdominales o más* y cerca de la mitad hará *31 abdominales o menos.*

Ejemplo La tabla muestra un tiempo *mediano* de 12 minutos y 30 segundos para niñas de 8 años en la carrera de una milla. Cerca de la mitad de las niñas de 8 años tardará *12:30 o más* en correr una milla y cerca de la mitad de las niñas de 8 años tardará *12:30 o menos.*

Récords de temperatura

La tabla muestra las temperaturas máximas y mínimas registradas en cada estado.

Registro estatal de temperaturas (en grados Fahrenheit)

Estado	Mínima °F	Máxima °F	Estado	Mínima °F	Máxima °F
Alabama	−27	112	Missouri	−40	118
Alaska	−80	100	Montana	−70	117
Arizona	−40	128	Nebraska	−47	118
Arkansas	−29	120	Nevada	−50	125
California	−45	134	New Hampshire	−47	106
Colorado	−61	118	New Jersey	−34	110
Connecticut	−32	106	New Mexico	−50	122
Delaware	−17	110	New York	−52	108
			N. Carolina	−34	110
District of Columbia	−15	106	N. Dakota	−60	121
Florida	−2	109	Ohio	−39	113
Georgia	−17	112	Oklahoma	−27	120
Hawaii	12	100	Oregon	−54	119
Idaho	−60	118	Pennsylvania	−42	111
Illinois	−36	117	Rhode Island	−25	104
Indiana	−36	116	S. Carolina	−19	111
Iowa	−47	118	S. Dakota	−58	120
Kansas	−40	121	Tennessee	−32	113
Kentucky	−37	114	Texas	−23	120
Louisiana	−16	114	Utah	−50	117
Maine	−48	105	Vermont	−69	105
Maryland	−40	109	Virginia	−30	110
Massachusetts	−35	107	Washington	−48	118
Michigan	−51	112	W. Virginia	−37	112
Minnesota	−60	114	Wisconsin	−55	114
Mississippi	−19	115	Wyoming	−66	115

Datos sobre tornados

Los tornados son tormentas violentas. Un tornado parece una estrecha nube negra con forma de embudo. El embudo llega al suelo y al moverse, la punta del embudo va tocando el suelo.

Los vientos de un tornado pueden alcanzar velocidades de 500 millas por hora.

La mayoría de los tornados ocurren en Estados Unidos. Los tornados son muy comunes en algunos estados. Pero otros estados casi nunca los tienen.

Mapa de tornados de 1995–2000

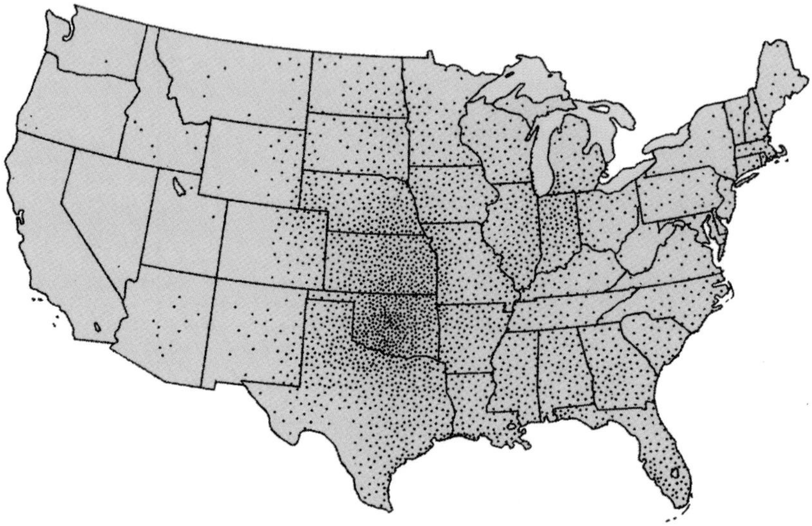

Cada tornado ocurrido entre 1995 y 2000 se muestra con un punto. El punto marca el lugar donde el tornado tocó el suelo.

Crecimiento de la población mundial

Hay más de 6 mil millones de personas en el mundo hoy en día. La tabla y la gráfica de abajo muestran cómo ha crecido la población mundial.

Para el año 2050, en el mundo habrá cerca de 10 mil millones de personas.

Tabla de población mundial

Fecha	Población	Fecha	Población
1000 a.C.	50,000,000	1927	2,000,000,000
1 d.C.	300,000,000	1960	3,000,000,000
1250	400,000,000	1974	4,000,000,000
1500	500,000,000	1987	5,000,000,000
1804	1,000,000,000	1999	6,000,000,000

Fuente: División de Población de las Naciones Unidas

Población mundial

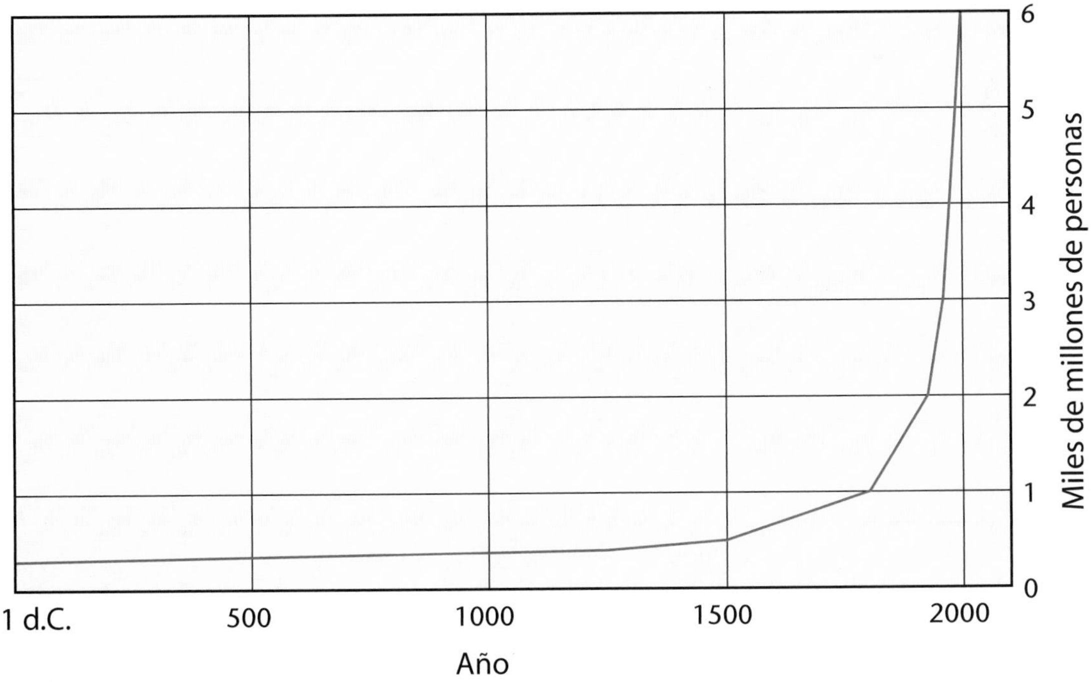

Estaturas de niños de 8 años

La tabla de abajo muestra las estaturas medidas al centímetro más cercano. Todos los varones y niñas tenían 8 años de edad.

Estaturas de estudiantes de tercer grado			
Varones		Niñas	
Varones	Estatura	Niña	Estatura
#1	136 cm	#1	123 cm
#2	129 cm	#2	141 cm
#3	110 cm	#3	115 cm
#4	122 cm	#4	126 cm
#5	126 cm	#5	122 cm
#6	148 cm	#6	144 cm
#7	127 cm	#7	127 cm
#8	126 cm	#8	133 cm
#9	124 cm	#9	120 cm
#10	142 cm	#10	125 cm
#11	118 cm	#11	126 cm
#12	130 cm	#12	107 cm

El varón típico de 8 años es un poco más alto que la niña típica de 8 años. ¿Cómo puedes usar los datos de la tabla para demostrar esto?

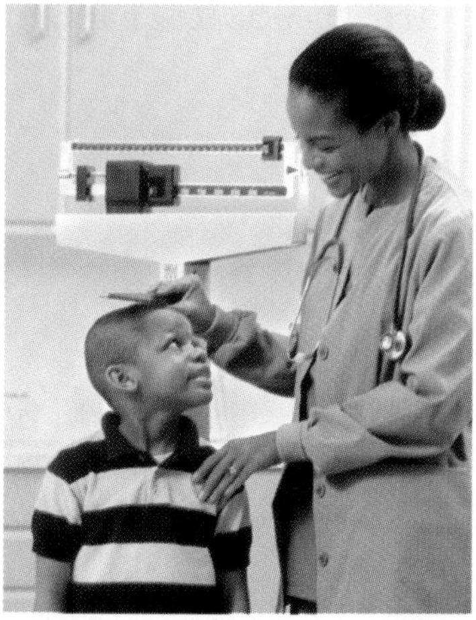

Tamaño de la cabeza

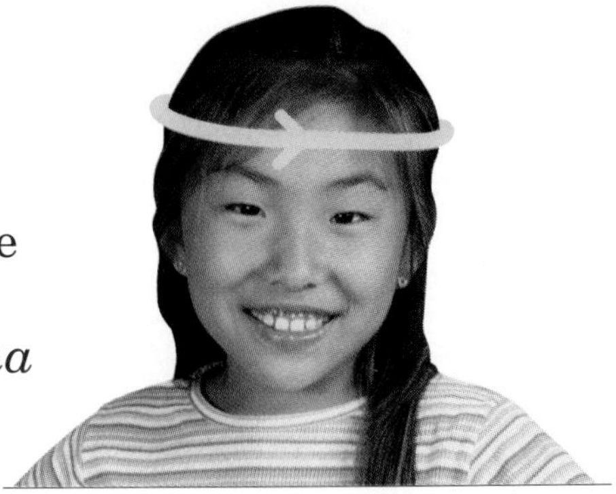

El tamaño de tu cabeza es la distancia que la rodea. Puedes usar una cinta de medir para medirla. La gráfica lineal de la página siguiente muestra cómo aumenta el tamaño de la cabeza conforme creces. La gráfica muestra la *mediana* del tamaño de la cabeza para cada edad.

Ejemplo La gráfica muestra que la *mediana* del tamaño de la cabeza para un niño de 8 años de edad es de 52 centímetros. Cerca de la mitad de los niños de 8 años tiene un tamaño de cabeza *mayor que* 52 cm. Cerca de la mitad tiene un tamaño de cabeza *menor que* 52 cm.

Describe qué pasa con el tamaño de la cabeza de un bebé durante el primer año de su vida. ¿Crece tu cabeza tan rápido como la cabeza de un bebé?

Pídele a alguien que mida tu cabeza. Usa la escala de centímetros de la cinta de medir. Compara el tamaño de tu cabeza con la mediana del tamaño de la cabeza para tu edad. ¿Es tu cabeza mayor o menor que la mediana?

Mediana del tamaño de la cabeza

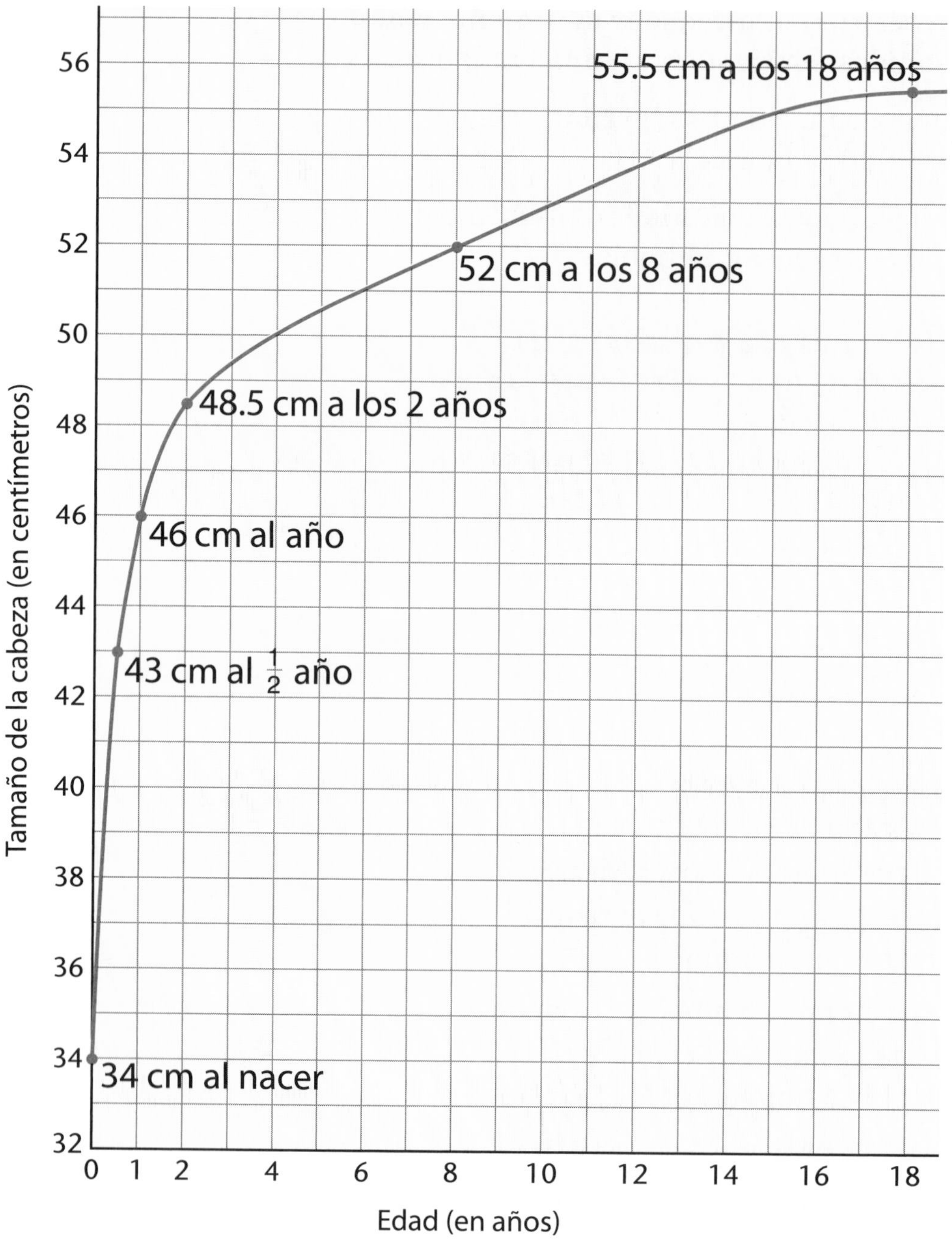

Cuántas palabras saben los niños

Cuando los bebés tienen alrededor de un año, empiezan a imitar los sonidos. Entienden algunas palabras.

Cuando un niño alcanza 6 años de edad, comprende y usa entre 2,000 y 3,000 palabras.

La tabla de abajo muestra el número promedio de palabras que los niños usan al hablar.

Número de palabras que los niños comprenden y usan

Edad en años	Número de palabras	Edad en años	Número de palabras
1	3	$3\frac{1}{2}$	1,222
$1\frac{1}{2}$	22	4	1,540
2	272	$4\frac{1}{2}$	1,870
$2\frac{1}{2}$	446	5	2,072
3	896	6	2,562

Comprueba si comprendiste

1. Hoy Judy cumple 5 años. ¿Alrededor de cuántas palabras *nuevas* usará durante el próximo año?
2. Hoy Isaac cumple 2 años. ¿Alrededor de cuántas palabras *nuevas* usará durante el próximo año?

Comprueba tus respuestas en la página 343.

¿Lo sabías?

El diccionario más grande de la lengua inglesa incluye alrededor de 300,000 palabras diferentes.

Frecuencia de letras

Hay 26 letras en el alfabeto en inglés. Algunas letras (como la E y la T) se usan muy a menudo. Otras (como la Q y la Z) no se usan tanto.

La tabla de abajo muestra con qué frecuencia se usan las letras al escribir palabras en inglés. Si observaras 1,000 letras deberías ver aproximadamente este número de cada letra.

Frecuencia de letras	
82 **A**	70 **N**
14 **B**	80 **O**
28 **C**	20 **P**
38 **D**	1 **Q**
130 **E**	68 **R**
30 **F**	60 **S**
20 **G**	105 **T**
53 **H**	25 **U**
65 **I**	9 **V**
1 **J**	15 **W**
4 **K**	2 **X**
34 **L**	20 **Y**
25 **M**	1 **Z**

¿Lo sabías?

Scrabble es un juego de palabras que usa 100 piezas. Cada pieza lleva una letra, y se usan las piezas para formar palabras. 42 de estas piezas llevan vocales (A, E, I, O y U).

Comprueba si comprendiste

1. ¿Cuáles son las 5 letras que más se usan?
2. ¿Cuáles son las 5 letras que menos se usan?
3. Las letras A, E, I, O y U se llaman *vocales*. ¿Cuántas vocales deberías ver si observaras 1,000 letras?

Comprueba tus respuestas en la página 343.

Alturas y profundidades

La tabla de abajo muestra el punto más alto en cada continente. Cada altura es la distancia (en pies) por encima del nivel del mar.

Continente	Punto más alto	Altura (pies)
Asia	Monte Everest, Nepal-Tibet	29,028
América del Sur	Monte Aconcagua, Argentina	22,834
América del Norte	Monte McKinley, EE.UU.	20,320
África	Monte Kilimanjaro, Tanzania	19,340
Antártida	Macizo Vinson, sierra Centinela	16,864
Europa	Monte Blanc, Francia-Italia	15,771
Australia	Monte Kosciusko, Nueva Gales del Sur	7,310

La tabla de la derecha muestra las mayores profundidades de los océanos. Un signo negativo (–) se usa para mostrar que cada profundidad es una distancia bajo el nivel del mar.

Océano	Mayores profundidades (pies)
Pacífico	−36,200
Atlántico	−30,246
Índico	−24,442
Ártico	−17,881

La tabla de abajo muestra otras distancias en EE.UU. sobre o bajo el nivel del mar. Las alturas negativas (–) están bajo el nivel del mar.

Ubicación	Pies
Mt. Whitney, California	14,494
Death Valley, California	−282
Mauna Kea, Hawaii	13,796
Punto más alto de Louisiana	535
New Orleans, Louisiana	−8
Monte Katahdin, Maine	5,267
Monte Hood, Oregon	11,239
Punto más alto de S. Dakota	7,242

¿Cuánto pesarías en la Luna?

Todos los objetos se atraen unos a otros por una fuerza conocida como "gravedad". La gravedad jala tu cuerpo hacia el centro de la Tierra.

Cuando te pesas, te paras sobre una báscula. La lectura en la báscula mide la fuerza de gravedad de la Tierra que jala tu cuerpo.

La fuerza de la gravedad en la Luna es mucho menor que en la Tierra. Pesarías mucho menos en la Luna. La tabla de abajo muestra cuánto cambiaría el peso de una persona si la gente pudiera viajar a los planetas, al Sol y a la Luna. Los pesos son los de un viajero espacial que pesa 100 libras en la Tierra.

Cambios en el peso de un viajero espacial

Ubicación	Peso de la persona
Tierra	100 libras
Luna	17 libras
Sol	2,800 libras
Mercurio	38 libras
Venus	90 libras
Marte	38 libras
Júpiter	236 libras
Saturno	92 libras
Urano	89 libras
Neptuno	112 libras
Plutón	6 libras

Edades de los presidentes de EE.UU.

La tabla de abajo muestra la edad de cada hombre al convertirse en presidente.

Presidente	Edad	Presidente	Edad
1. George Washington	57	23. Benjamin Harrison	55
2. John Adams	61	24. Grover Cleveland	55
3. Thomas Jefferson	57	25. William McKinley	54
4. James Madison	57	26. Theodore Roosevelt	42
5. James Monroe	58	27. William Taft	51
6. John Quincy Adams	57	28. Woodrow Wilson	56
7. Andrew Jackson	61	29. Warren G. Harding	55
8. Martin Van Buren	54	30. Calvin Coolidge	51
9. William Harrison	68	31. Herbert Hoover	54
10. John Tyler	51	32. Franklin D. Roosevelt	51
11. James Polk	49	33. Harry S. Truman	60
12. Zachary Taylor	64	34. Dwight D. Eisenhower	62
13. Millard Fillmore	50	35. John F. Kennedy	43
14. Franklin Pierce	48	36. Lyndon B. Johnson	55
15. James Buchanan	65	37. Richard Nixon	56
16. Abraham Lincoln	52	38. Gerald Ford	61
17. Andrew Johnson	56	39. James Carter	52
18. Ulysses S. Grant	46	40. Ronald Reagan	69
19. Rutherford B. Hayes	54	41. George H. W. Bush	64
20. James Garfield	49	42. William Clinton	46
21. Chester Arthur	51*	43. George W. Bush	54
22. Grover Cleveland	47		

*Algunas fuentes mencionan que Chester Arthur nació el 5 de octubre de 1829; otras dicen que en 1830. Fue nombrado presidente (después de la muerte de Garfield) el 20 de septiembre de 1881. Entonces tenía 50 ó 51 años.

¿Lo sabías?

A menos que el presidente anterior muera o renuncie, un nuevo presidente toma el cargo el 20 de enero, varios meses después de las elecciones presidenciales. Antes de 1937, el presidente tomaba el cargo el 4 de marzo.

Theodore Roosevelt en un carruaje de camino a su juramento como presidente el 4 de marzo de 1905.

Comprueba si comprendiste

1. ¿Quién fue la persona más joven en convertirse en presidente?
2. ¿Quién fue la persona más mayor?

Comprueba tus respuestas en la página 343.

Horarios de trenes y vuelos

Horario de una línea de tren de Chicago

Estación	Hora
South Chicago	11:46 a.m.
83rd Street	11:49
Cheltenham	11:51
South Shore	11:55
Bryn Mawr	11:57
59th Street	**12:04 p.m.**
Hyde Park	**12:08**
Kenwood	**12:09**
McCormick Place	**12:14**
18th Street	**12:15**
Van Buren Street	**12:19**
Randolph Street	**12:22**

Horario de vuelo de Chicago a New York

Salida	Llegada
6:00 a.m.	8:59 a.m.
6:20 a.m.	1:12 p.m.*
7:00 a.m.	9:56 a.m.
7:00 a.m.	10:04 a.m.
8:00 a.m.	11:00 a.m.
8:45 a.m.	2:00 p.m.*
9:00 a.m.	12:00 p.m.
10:00 a.m.	12:58 p.m.
10:20 a.m.	3:19 p.m.*
11:00 a.m.	1:55 p.m.
12:00 p.m.	3:00 p.m.
1:00 p.m.	3:55 p.m.
1:20 p.m.	4:21 p.m.
1:20 p.m.	6:45 p.m.*
1:30 p.m.	4:39 p.m.
2:00 p.m.	5:09 p.m.
3:00 p.m.	6:04 p.m.
4:00 p.m.	7:00 p.m.
4:14 p.m.	9:19 p.m.*
4:40 p.m.	7:30 p.m.
5:00 p.m.	8:01 p.m.
6:00 p.m.	9:02 p.m.
7:00 p.m.	10:00 p.m.

* Vuelo con escalas.

Las horas son horas locales.

En New York es 1 hora más tarde que en Chicago.

Más información sobre animales de Norteamérica

Norteamérica es el 3er continente en tamaño.

- Asia y África son más grandes.
- América del Sur, Antártida, Europa y Australia son más pequeños.

El área de Norteamérica es de alrededor de 9,400,000 millas cuadradas.

- Contiene $\frac{1}{6}$ del área *terrestre* mundial.
- Contiene $\frac{1}{20}$ del área *total* mundial. El área total es igual al área terrestre más el área acuática.

Norteamérica es $2\frac{1}{2}$ veces más grande que Estados Unidos.

Aunque los animales de las páginas 204 y 205 del diario están sobre o cerca de las áreas donde habitan, sus hábitats naturales pueden abarcar mucho más allá de las áreas que se muestran. Abajo hay más información sobre las áreas donde habitan estos animales.

Ballena beluga
Costas árticas y subárticas de Norteamérica, Asia y Europa

Ballena gris
Costa del Pacífico de Alaska a México

Ballena delfínida
En todo el mundo, excepto aguas polares

Ballena franca (en peligro de extinción)
Norte del océano Atlántico de Groenlandia a Florida

Cabra de montaña
Regiones montañosas de Canadá, el sur de Alaska y el noroeste de EE.UU.

Caimán de Norteamérica
Área costera de North Carolina a Florida, y a lo largo de los estados del golfo de Florida a Texas

Castor
Canadá y Alaska, excepto regiones árticas; EE.UU., excepto los estados del sudoeste; noreste de México

Delfín nariz de botella
Aguas templadas y tropicales de los océanos del mundo

Ciervo de Virginia
Del sur de Canadá al norte de América del Sur

Delfín común
Aguas costeras templadas y tropicales del mundo; costa del Atlántico de Terranova a Florida; costa del Pacífico y aguas abiertas del estado de Washington a Chile

Foca groenlándica
Aguas árticas del océano Atlántico hasta el sur de Maine

Liebre ártica
Canadá y Alaska, excepto regiones árticas; los Apalaches y las Montañas Rocosas en EE.UU.

Manatí de las Antillas (en peligro de extinción)
Costa del Atlántico de Florida a Virginia; aguas costeras en el golfo de México y el mar Caribe

Mapache
Del sur de Canadá a Panamá

Monstruo de Gila
Arizona y áreas pequeñas de los estados limítrofes; norte de México

Morsa
Áreas costeras y mares árticos

Nutria marina
Costa del Pacífico en California, Canadá, Alaska y Rusia

Oso marino nórdico
Océano Pacífico del mar de Bering a California

Oso negro
Canadá y Alaska, excepto regiones árticas; norte de EE.UU., y de Florida a Louisiana; Montes Apalaches y Montañas Rocosas hasta el norte de México

Oso polar
Aguas árticas costeras y témpanos de hielo

Puercoespín de Norteamérica
Canadá y Alaska, excepto regiones árticas; EE.UU., excepto los estados del sudeste y del golfo

Puma
Regiones al oeste de EE.UU., excepto Alaska; América del Sur, excepto Chile y parte de Brasil

Tortuga verde del Atlántico (en peligro de extinción)
Aguas templadas y tropicales del océano Atlántico, golfo de México y mar Caribe; de Texas a Massachusetts a lo largo de la costa estadounidense

Zorra del Ártico
Regiones árticas y norte de Canadá

Zorro gris
EE.UU., excepto los estados del noroeste y el norte central; de México al norte de América del Sur

Tablas de medidas

Sistema métrico

Unidades de longitud		Unidades de área	
1 kilómetro (km)	= 1,000 metros (m)	1 metro cuadrado	= 10,000 centímetros cuadrados
1 metro (m)	= 10 decímetros (dm)	1 m^2	= 10,000 cm^2
	= 100 centímetros (cm)		
	= 1,000 milímetros (mm)	1 centímetro cuadrado	= 100 milímetros cuadrados
1 decímetro (dm)	= 10 centímetros (cm)	1 cm^2	= 100 mm^2
1 centímetro (cm)	= 10 milímetros (mm)		

Unidades de peso		Unidades de volumen	
1 tonelada (t)	= 1,000 kilogramos (kg)	1 metro cúbico	= 1,000,000 centímetros cúbicos
1 kilogramo (kg)	= 1,000 gramos (g)	1 m^3	= 1,000,000 cm^3
1 gramo (g)	= 1,000 miligramos (mg)	1 centímetro cúbico	= 1,000 milímetros cúbicos
		1 cm^3	= 1,000 mm^3

Unidades de capacidad			
1 kilolitro (kL)	= 1,000 litros (L)	1 litro (L)	= 1,000 mililitros (mL)

Sistema tradicional de EE.UU.

Unidades de longitud		Unidades de área	
1 milla (mi)	= 1,760 yardas (yd)	1 yarda (yd^2)	= 9 pies cuadrados (pie^2)
	= 5,280 pies		= 1,296 pulgadas cuadradas ($pulg^2$)
1 yarda (yd)	= 3 pies	1 pie cuadrado (pie^2)	= 144 pulgadas cuadradas ($pulg^2$)
	= 36 pulgadas (pulg)		
1 pie	= 12 pulgadas (pulg)		

Unidades de peso		Unidades de volumen	
1 libra (lb)	= 16 onzas (oz)	1 yarda cúbica (yd^3)	= 27 pies cúbicos (pie^3)
1 tonelada (T)	= 2,000 libras (lb)	1 pie cúbico (pie^3)	= 1,728 pulgadas cúbicas ($pulg^3$)

Unidades de capacidad			
1 galón (gal)	= 4 cuartos (ct)	1 taza (tz)	= 8 onzas líquidas (oz líq)
1 cuarto (ct)	= 2 pintas (pt)	1 onza líq (oz líq)	= 2 cucharadas (cda)
1 pinta (pt)	= 2 tazas (tz)	1 cucharada (cda)	= 3 cucharaditas (cdta)

Unidades de tiempo

1 milenio = 10 siglos = 100 décadas = 1,000 años	1 mes = 28, 29, 30 ó 31 días
1 siglo = 10 décadas = 100 años	1 semana = 7 días
1 año = 12 meses = 52 semanas más 1 ó 2 días = 365 ó 366 días	1 día = 24 horas (h) 1 hora (h) = 60 minutos (min) 1 minuto (min) = 60 segundos (seg)

Unidades de medida del cuerpo

1 **dedo** es el ancho de un dedo.

1 **mano** es el ancho de la palma de la mano y el pulgar.

1 **cuarta** es la distancia desde la punta del pulgar a la punta del dedo índice con la mano extendida.

1 **codo** es la distancia del codo a la punta del dedo medio extendido.

1 **yarda** es la distancia del medio del pecho a la punta del dedo medio con el brazo extendido formando un ángulo recto con el cuerpo. 1 yarda = $\frac{1}{2}$ braza

1 **braza** es la longitud de la punta del dedo medio de una mano a la punta del dedo medio de la otra con los brazos extendidos. 1 braza = 2 yardas

Equivalencias entre los sistemas

1 pulgada es cerca de 2.5 centímetros.

1 centímetro es cerca de 0.4 pulgada.

1 kilómetro es cerca de 0.6 millas.

1 milla es cerca de 1.6 kilómetros.

1 metro es cerca de 39 pulgadas.

1 litro es cerca de 1.1 cuartos.

1 onza es cerca de 28 gramos.

1 kilogramo es cerca de 2.2 libras.

Números romanos

Los **números romanos,** creados en el año 500 a.C. aproximadamente, usan letras para representar números.

En los números romanos se usan siete letras distintas. Cada letra representa un número distinto.

Número romano	Número
I	1
V	5
X	10
L	50
C	100
D	500
M	1,000

Cuando las letras están en una serie, se debe sumar sus valores. Por ejemplo,
CCC = 100 + 100 + 100 = 300,
y CLXII = 100 + 50 + 10 + 1 + 1 = 162.

Si hay un valor menor *delante* de un valor mayor, el valor menor se debe restar del mayor. Por ejemplo, IV = 5 − 1 = 4, y CDX = 500 − 100 + 10 = 410.

Las letras I (1), X (10), C (100) y M (1,000) son las únicas que se pueden restar. Las letras V (5), L (50) y D (500) no se pueden restar. Por ejemplo, el número 95 se escribe XCV en números romanos. VC no es una forma correcta de representar 95, porque la letra V no se puede restar.

El número romano de mayor valor, M, representa 1,000. Una forma de expresar números grandes es escribir una serie de letras M. Por ejemplo, MMMM representa 4,000. También puedes dibujar una barra sobre las letras para expresar números grandes. La barra significa que el número escrito debajo de ella se debe multiplicar por 1,000. Entonces, $\overline{\text{IV}}$ también representa 4,000. Y $\overline{\text{M}}$ representa
1,000 * 1,000 = 1 millón.

Resolver problemas

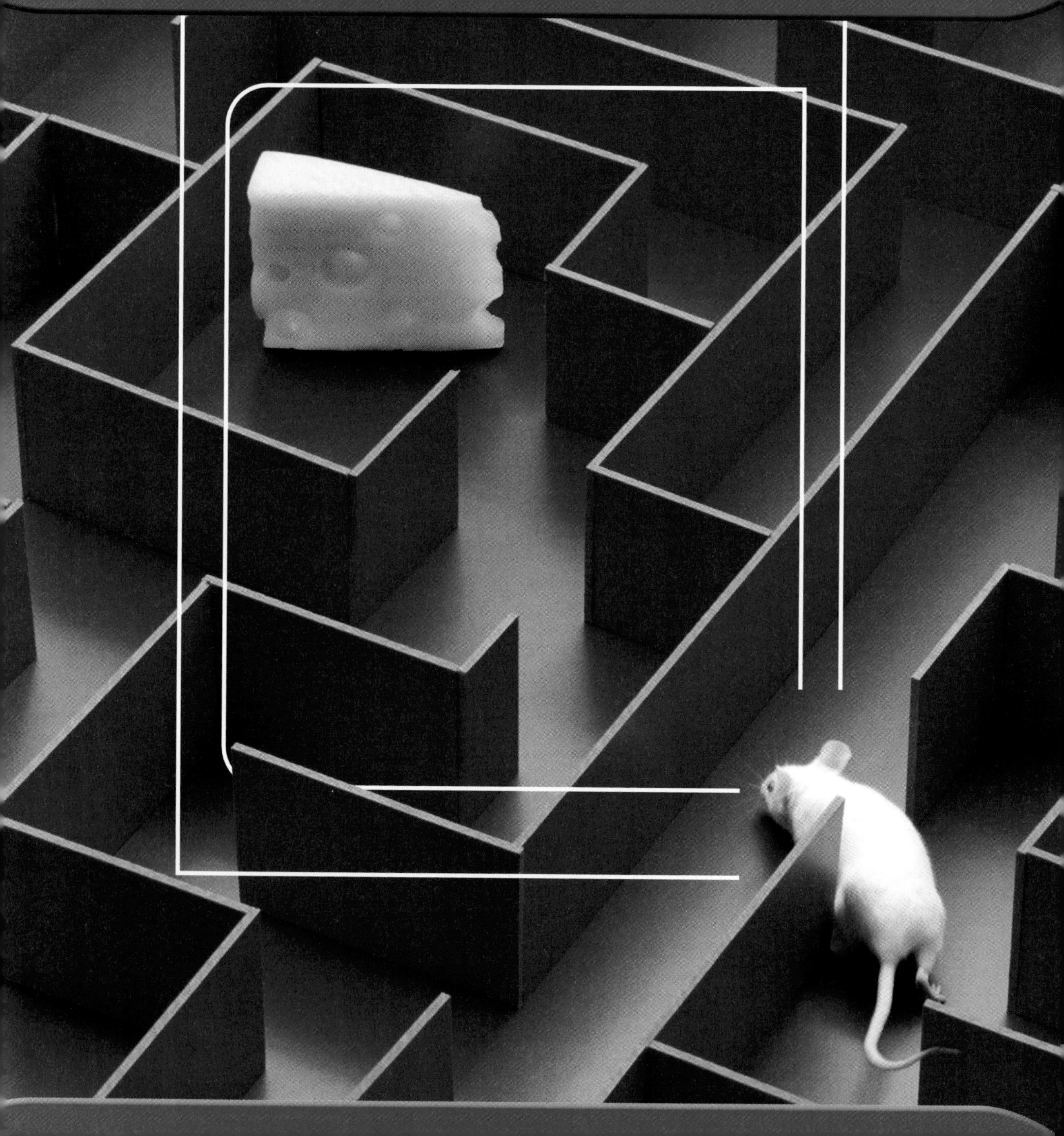

Resolver historias de números

Resolver historias de números es una gran parte de las matemáticas. Quienes saben resolver problemas a menudo siguen algunos pasos sencillos cada vez que resuelven una historia de números. Puedes seguir los mismos pasos al tratar de resolver una historia de números.

Una guía para resolver historias de números

1. ¿Qué entendiste al leer la historia?
2. ¿Qué harás? Hazlo. Anota lo que hiciste.
3. Responde a la pregunta. Si puedes, escribe un modelo numérico para demostrarlo.
4. Comprueba. Pregúntate: "¿Tiene sentido mi respuesta? ¿Cómo lo sé?"

Estos pasos pueden tomar mucho trabajo.

1. ¿Qué entendiste al leer la historia?

- Lee la historia y cuéntala con tus propias palabras.
- ¿Qué quieres averiguar? Haz la pregunta con tus propias palabras.
- ¿La respuesta es un número? ¿La respuesta es una longitud u otra medida?
- ¿Qué sabes? ¿Puedes hacer un dibujo o diagrama para demostrar lo que sabes?

2. ¿Qué harás?

- A veces es fácil saber cómo resolver un problema.
- Otras veces necesitas ser creativo.
- ¿Se parece el problema a alguno que hayas resuelto antes?
- ¿Puedes usar algún patrón?
- ¿Puedes calcular para hallar la respuesta?
- ¿Puedes usar fichas, bloques de base 10 u otra herramienta?
- ¿Puedes hacer una tabla?
- ¿Puedes adivinar la respuesta y comprobar si estás en lo correcto?

Hazlo. Anota lo que hiciste.

- Trata de demostrar cómo resolviste el problema.
- Haz un dibujo.
- Escribe lo que hiciste.

3. Responde a la pregunta.

- ¿Cuáles son las unidades?
- Escribe una oración que responda a la pregunta del problema.
- Si puedes, escribe un modelo numérico que se ajuste al problema.

4. Comprueba.

- Pregúntate: "¿Tiene sentido mi respuesta? ¿Cómo lo sé?"
- ¿Coincide tu respuesta con las respuestas de los demás?
- Estima la respuesta. ¿Tu respuesta se acerca a tu estimación?

Comprueba si comprendiste

1. Jennifer tenía 40 *pennies*. Puso 25 en su alcancía y dio lo demás a tres amigos. ¿Cuántos *pennies* recibió cada amigo si todos recibieron la misma cantidad?
2. Un lado de un rectángulo mide 20 cm. Otro lado mide 5 cm. ¿Cuál es el perímetro del rectángulo?
3. Rashid compró 4 marcadores por 56¢. ¿Cuánto costó cada marcador?
4. El producto de dos números es 12. La suma de los números es 7. ¿Cuáles son los números?
5. En la clase de tercer grado del Sr. Cohen hay más varones que niñas. Si hubiera 2 varones más, habría el doble de varones que de niñas. Hay 8 niñas en la clase. ¿Cuántos varones hay?

Comprueba tus respuestas en la página 343.

Guía para resolver historias de números

1 **¿Qué entendiste al leer la historia?**

- Lee la historia.
- ¿Qué quieres averiguar?
- ¿Qué sabes?

2 **¿Qué harás?**

- ¿Un dibujo?
- ¿Un diagrama?
- ¿Un conteo?
- ¿Sumarás?
- ¿Restarás?
- ¿Multiplicarás?
- ¿Dividirás?

Hazlo. Anota lo que hiciste.

3 **Responde a la pregunta.**

¿Puedes escribir un modelo numérico para mostrar lo que hiciste?

4 **Comprueba.**

Pregúntate: "¿Tiene sentido mi respuesta? ¿Cómo lo sé?"

Historias de cambio

Una historia de números es una **historia de cambio** si la cantidad aumenta o disminuye.

- Si la cantidad aumenta, la llamamos historia de **cambio a más.**
- Si la cantidad disminuye, la llamamos historia de **cambio a menos.**

Ejemplo 25 niños van en un autobús. Luego suben otros 5. ¿Cuántos niños hay en el autobús ahora?

El número de niños en el autobús ha aumentado.
Es una historia de cambio a más.

Un **diagrama de cambio** tiene espacios para mostrar los números del **Inicio, Cambio** y **Fin** en una historia de números. Puede ayudarte a resolver una historia de cambio.

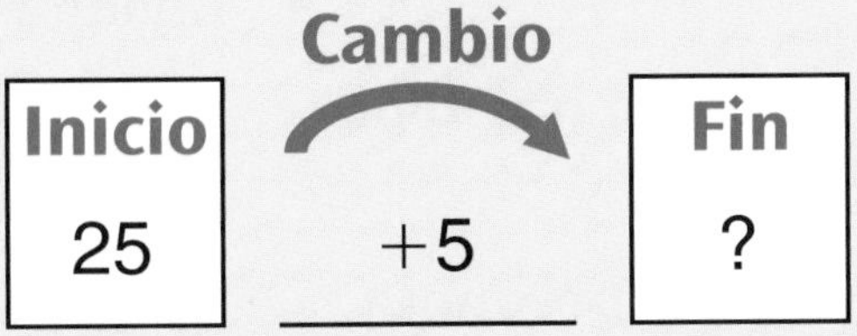

El diagrama de cambio muestra los números que conoces y el número que necesitas hallar. Suma 25 + 5 para resolver el problema.

Hay 30 niños en el autobús.

25 + 5 = 30 es un **modelo numérico** para esta historia de números. El modelo numérico muestra cómo se conectan las partes de la historia.

Ejemplo Un autobús sale de la escuela con 42 niños. En la primera parada se bajan 5 niños. ¿Cuántos niños quedan en el autobús?

Cambio

Inicio		Fin
42	−5	?

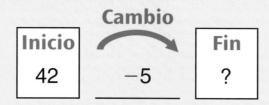

El diagrama de cambio muestra los números que conoces y el número que necesitas hallar. Puedes restar 42 − 5 para resolver el problema.

Quedan 37 niños en el autobús.

$42 - 5 = 37$ es un modelo numérico para esta historia de números.

Ejemplo A las 7:00 a.m., la temperatura era de 40 grados. A mediodía, era de 54 grados. ¿Cuál fue el cambio de temperatura?

Cambio

Inicio		Fin
40	?	54

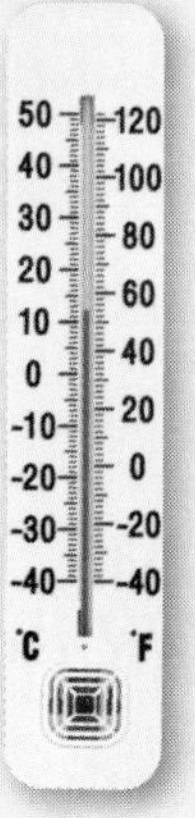

En algunas historias de cambio conoces el Inicio y el Fin. Necesitas hallar el Cambio. Pregúntate: "¿Cuánto necesito sumar a 40 para obtener 54?". La respuesta es 14.

La temperatura aumentó 14 grados.

$40 + 14 = 54$ es un modelo numérico para esta historia de números.

Historias de las partes y el total

Una historia de números es una **historia de las partes y el total** si dos o más partes se combinan para formar un total. Aquí hay algunos ejemplos sencillos de estas historias.

- Richard ganó $6. Daniel ganó $15. Juntos ganaron $21. Las dos partes son $6 y $15. El total que ganaron es $21.
- Una prueba de matemáticas tenía 25 problemas. Samantha tuvo 21 respuestas correctas y 4 incorrectas. El total de respuestas es 25. Las dos partes son 21 respuestas y 4 respuestas.

Ejemplo En la clase de la Sra. Wilson hay 14 varones y 11 niñas. ¿Cuántos estudiantes hay en su clase?

Un **diagrama de las partes y el total** tiene espacios que muestran cada **Parte** y el **Total** en una historia de números. Puede ayudarte a resolver una historia de las partes y el total.

Total	
?	
Parte	Parte
14	11

Se conocen las Partes.

Estás buscando el Total.

Suma 14 + 11 para resolver el problema.

Hay 25 estudiantes en la clase de la Sra. Wilson.

14 + 11 = 25 es un **modelo numérico** para esta historia de números.

El modelo numérico muestra cómo están conectadas las partes de la historia.

En algunas historias de las partes y el total, conoces el total, pero no todas las partes. Necesitas hallar una de las partes.

Ejemplo Hay 35 estudiantes en un autobús. 20 son varones. ¿Cuántas niñas hay en el autobús?

Se conoce el Total.

Y se conoce una Parte del Total.

Estás buscando la otra Parte.

Una manera de resolver el problema es preguntándote: "¿Cuánto necesito sumarle a 20 para obtener 35?" La respuesta es 15.

Total	
35	
Parte	**Parte**
20	?

Hay 15 niñas en el autobús.
$20 + 15 = 35$ es un modelo numérico para esta historia de números.

Otra manera de resolver el problema es restar el número de varones del número total de estudiantes.

$35 - 20 = 15$, entonces hay 15 niñas en el autobús.
$35 - 20 = 15$ es otro modelo numérico para esta historia de números.

Comprueba si comprendiste

Ulla estuvo 80 minutos leyendo un libro y haciendo un dibujo. Dibujó durante 36 minutos. ¿Durante cuánto tiempo leyó?

Dibuja un diagrama de las partes y el total para ayudarte a resolver el problema.

Comprueba tus respuestas en la página 343.

Historias de comparación

En una **historia de comparación,** se comparan dos cantidades. La **diferencia** entre estas cantidades nos dice cuánto mayor o menor es una cantidad que la otra.

Ejemplo Hay 12 estudiantes de tercer grado y 8 de segundo grado. ¿Cuántos estudiantes más de tercer grado hay que de segundo?

Un **diagrama de comparación** tiene espacios que muestran cada **Cantidad** y la **Diferencia** en una historia de números. Puede ayudarte a resolver una historia de comparación.

El diagrama muestra que se conocen dos Cantidades.

Estás buscando la Diferencia.

Una manera de resolver el problema es preguntándote: "¿Cuánto tengo que sumar a 8 para obtener 12?"

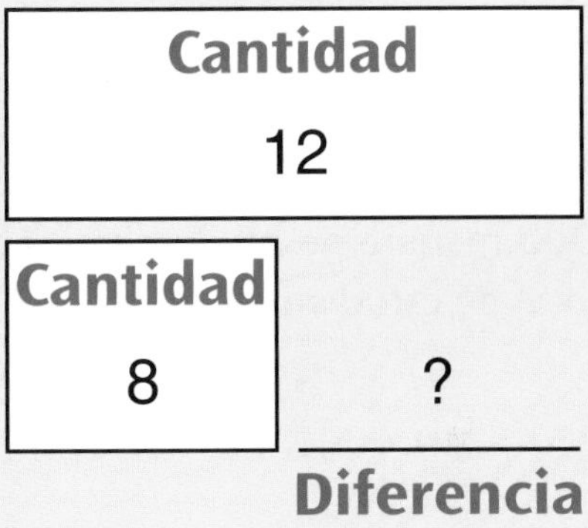

Hay 4 estudiantes más de tercer grado.
$8 + 4 = 12$ es un **modelo numérico** para esta historia de números.

Otra manera de resolver el problema es restar el número menor del mayor. La diferencia es $12 - 8$.

La respuesta es 4 estudiantes.
Otro modelo numérico para esta historia de números es $12 - 8 = 4$.

Diagramas de problemas de grupos iguales

Completar un diagrama a menudo te ayuda a resolver un problema de grupos iguales. El diagrama tiene espacios para registrar tres cosas:

- el número de grupos
- el número de objetos en cada grupo
- el número total de objetos

Completa el diagrama con los números que conoces. Luego, escribe un signo de interrogación (?) para el número que quieres hallar.

¿Cuándo multiplicas? Si se desconoce el número total de objetos, entonces multiplicas para hallarlo.

Ejemplo Hay 3 filas con 5 sillas en cada una. ¿Cuántas sillas hay en total?

Hay 3 grupos de 5.

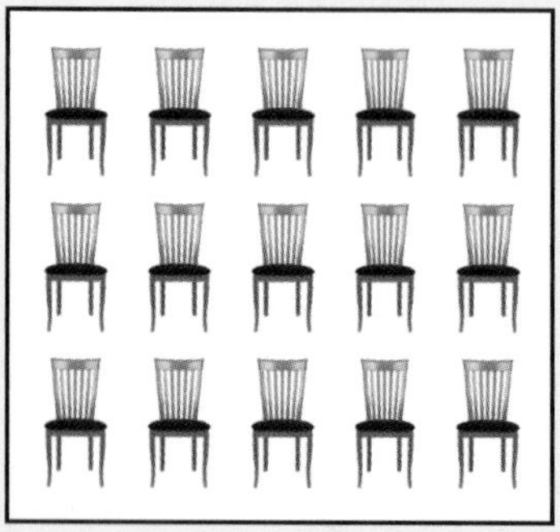

Grupos	Objetos por grupo	Total de objetos
filas	sillas por fila	sillas
3	5	?

Para hallar el número total de sillas multiplica 3 por 5.

Hay 15 sillas en total.
$3 \times 5 = 15$ es un modelo numérico para este problema.

¿Cuándo divides? Si se conoce el número total de objetos, entonces divides para hallar el número que falta.

Ejemplo Se colocan 24 tarjetas en 4 montones iguales. ¿Cuántas tarjetas tiene cada montón?

Conoces el número total de objetos y el número de montones (grupos). Necesitas hallar el número de objetos en cada montón.

Divide el número total de tarjetas entre el número de montones. Divide 24 entre 4.

Grupos	Objetos por grupo	Total de objetos
montones	tarjetas por montón	tarjetas
4	?	24

Hay 6 tarjetas en cada montón.

$24 \div 4 = 6$ es un modelo numérico para este problema.

Ejemplo Cada mesa debe tener 6 sillas. Hay 33 sillas. ¿Cuántas mesas pueden tener 6 sillas?

Conoces el número total de objetos y el número de objetos por grupo. Necesitas hallar el número de grupos.

Divide el número total de sillas entre el número de sillas en 1 grupo. Divide 33 entre 6.

Grupos	Objetos por grupo	Total de objetos
mesas	sillas por mesa	sillas
?	6	33

Cinco mesas pueden tener 6 sillas.
Sobran 3 sillas.

$33 \div 6 = 5$ (residuo 3) es un modelo numérico para este problema.

Calculadoras

Acerca de las calculadoras

Desde el jardín de infantes, has usado calculadoras para hacer operaciones matemáticas. Las has usado para aprender a contar y para hacer operaciones con números.

Las calculadoras no son todas iguales. Tal vez tu calculadora es de este tipo.

Tal vez tu calculadora es de este otro tipo.

Cuida tu calculadora. No la dejes caer al suelo ni la pongas encima de un calefactor ni al sol.

Operaciones básicas

Cuando oprimes las teclas de una calculadora, se dice que **marcas** instrucciones. En este libro y en tu diario, la mayoría de las teclas aparecen en casillas como [AC], [ON/C] y [=].

Nota

Las calculadoras A y B se apagan solas después de unos minutos. Por eso, ninguna de las dos tiene tecla de apagado.

La marca más sencilla es encender la calculadora. Otra marca sencilla es borrar números de la pantalla y la memoria. Cuando la calculadora está en blanco, aparece un 0. en la pantalla.

Calculadora A

Tecla	Propósito
[ON/C]	Enciende la pantalla.
[ON/C] [ON/C]	Borra la pantalla y la memoria.
[ON/C]	Borra sólo la pantalla.

Calculadora B

Tecla	Propósito
(AC)	Enciende la pantalla.
(AC)	Borra la pantalla y la memoria.
(C)	Borra sólo la pantalla.

El conjunto de teclas que oprimes para hacer un cálculo se llama **secuencia de teclas.** Abajo se muestran las secuencias de teclas para sumar, restar, multiplicar y dividir. Las secuencias sirven con las dos calculadoras que aparecen aquí. Recuerda que debes poner la calculadora en blanco antes de comenzar un problema nuevo.

Operación	Problema	Secuencia de teclas	Pantalla
Suma [+]	23 + 19	23 [+] 19 [=]	42.
Resta [−]	42 − 19	42 [−] 19 [=]	23.
Multiplicación [×]	6 × 14	6 [×] 14 [=]	84.
División [÷]	84 ÷ 14	84 [÷] 14 [=]	6.

Cuando uses una calculadora, pregúntate si el número que aparece en la pantalla tiene sentido. Eso te ayudará a ver si cometiste algún error al marcar un número o una operación.

Contar salteado con una calculadora

Puedes programar tu calculadora para que **cuente salteado** hacia adelante o hacia atrás. El programa que marques debe indicarle cuatro cosas a la calculadora:

- de qué número en qué número contar
- si debe contar hacia adelante o hacia atrás
- en qué número debe comenzar
- cuándo contar

El orden de los pasos del programa depende de cada calculadora. Aquí se explica cómo programar la calculadora A.

Ejemplos Comienza en 1 y cuenta hacia adelante de 2 en 2.

Calculadora A

Propósito	Secuencia de teclas	Pantalla
Borrar la memoria y la pantalla.	ON/C ON/C	0.
Indicarle a la calculadora que empiece a contar hacia adelante desde 1.	1 +	1.
Indicarle a la calculadora que cuente de 2 en 2 y que haga el primer conteo.	2 =	3.
Indicarle a la calculadora que vuelva a contar.	=	5.
Seguir contando al oprimir = .	=	7.

Para contar hacia atrás de 2 en 2, debes marcar el número inicial y luego oprimir − .

Aquí se explica cómo programar la calculadora B.

Ejemplos Comienza en 1 y cuenta hacia adelante de 2 en 2.

Calculadora B

	Propósito	Secuencia de teclas	Pantalla
	Borrar la memoria y la pantalla.	(AC)	0.
	Indicarle a la calculadora que cuente hacia adelante de 2 en 2.	2 (+) (+)	K 2.
	Indicarle a la calculadora que empiece en 1 y que haga al primer conteo.	1 (=)	K 3.
	Indicarle a la calculadora que vuelva a contar.	(=)	K 5.
	Seguir contando al oprimir (=).	(=)	K 7.

Para contar hacia atrás de 2 en 2, debes marcar 2 (−) (−).

Nota

La letra "K" que aparece en la pantalla de la calculadora B significa "constante". Indica que la calculadora sabe el número y la dirección del conteo.

Comprueba si comprendiste

Usa tu calculadora para hallar la respuesta.

1. $3 + 4 = ?$ **2.** $31 - 19 = ?$

3. $6 \times 5 = ?$ **4.** $56 \div 7 = ?$

Usa tu calculadora para contar salteado.

5. Comienza en 5 y cuenta hacia adelante de 3 en 3 hasta 20.

6. Comienza en 10 y cuenta hacia atrás de 2 en 2 hasta 0.

Comprueba tus respuestas en la página 343.

Juegos

Juegos

A lo largo del año, jugarás a juegos que te ayudarán a practicar importantes destrezas de matemáticas. Los juegos matemáticos te permiten practicar tus destrezas de matemáticas de una manera diferente y divertida. En esta sección del *Libro de consulta del estudiante,* encontrarás las instrucciones de muchos juegos.

Materiales

Para muchos de los juegos, necesitarás una baraja de tarjetas con números. Puedes usar una baraja de Todo matemáticas, una baraja de cartas comunes o crear tu propia baraja a partir de tarjetas en blanco.

La baraja de Todo matemáticas contiene 54 tarjetas. Hay 4 tarjetas para cada número del 0 al 10 y 1 tarjeta para cada número del 11 al 20.

También puedes usar una baraja de cartas comunes si haces algunos cambios. Esas barajas contienen 54 cartas (52 cartas comunes y 2 comodines). Para crear una baraja de tarjetas con números, marca las tarjetas con un marcador indeleble de la siguiente manera:

- Marca los 4 ases con el número 1.
- Marca las 4 reinas con el número 0.
- Marca las 4 sotas y los 4 reyes con los números 11 a 18.
- Marca los 2 comodines con los números 19 y 20.

Para algunos juegos, deberás crear un tablero de juego, una hoja de puntaje o un juego de cartas que no tengan números. Las indicaciones para hacerlo se encuentran en las instrucciones del juego. Tu maestro te dará los tableros y las barajas más complejos.

Juego	Destreza	Página
Supera la suma	Operaciones de suma del 0 al 10	270
Competencia de ángulos	Reconocer las medidas de los ángulos	271–272
Bingo de matrices	Multiplicación con matrices y grupos iguales	273
Béisbol de multiplicaciones	Operaciones de multiplicación del 1 al 6	274–275
Béisbol de multiplicaciones (Versión avanzada)	Operaciones de multiplicación hasta el 12	276–277
Gánale a la calculadora (Suma)	Destreza de sumar mentalmente	278
Gánale a la calculadora (Multiplicación)	Destreza de multiplicar mentalmente	279
El juego de los bloques de colores	Usar posibilidades para realizar estimaciones	280–281
Matrices de división	División (con residuo) en grupos iguales	282
Juego de fracciones equivalentes	Reconocer fracciones equivalentes	283
Juego de fracciones equivalentes (Versión avanzada)	Reconocer fracciones equivalentes	284
Bingo de factores	Hallar los factores de un número	285–286
Supera la fracción	Comparar fracciones	287
Supera la fracción (Versión avanzada)	Comparar fracciones	288
¡Menos que tú!	Destreza de sumar mentalmente; pensar una estrategia para ganar el juego	289
Suma y resta de memoria	Destreza de sumar y restar mentalmente; usar las teclas de memoria de una calculadora	290–291
Términos que faltan	Destreza de sumar y restar mentalmente	292
Bingo de multiplicaciones (Operaciones sencillas)	Destreza de multiplicar mentalmente	293–294
Bingo de multiplicaciones (Todas las operaciones)	Destreza de multiplicar mentalmente	295
Sorteo de multiplicaciones	Operaciones de multiplicación	296
Supera la multiplicación	Operaciones de multiplicación del 0 al 10	297–298
Dale nombre a ese número	Dar nombre a números con expresiones	299–300
Resta con la cuadrícula de números	Restar mentalmente números de dos dígitos	301
Supera el número (Números de 5 dígitos)	Valor posicional de los números enteros	302–303
Supera el número (Números de 7 dígitos)	Valor posicional de los números enteros	304
Supera el número (Decimales)	Valor posicional de los decimales	305
Elige una moneda	Valor posicional de los decimales	306
Suma 100 con los dados	Destreza de sumar mentalmente; pensar una estrategia para ganar el juego	307–308
Gira y gana	Usar posibilidades para pensar una estrategia para ganar el juego	309
Supera la resta	Operaciones de resta	310–311
Objetivo: 50	Valor posicional de los números enteros	312–313
Tres sumandos	Suma de tres números de 1 y 2 dígitos	314

Supera la suma

Materiales ☐ tarjetas de números del 0 al 10 (4 de cada una)

Jugadores de 2 a 4

Destreza Operaciones de suma del 0 al 10

Objetivo del juego Juntar más tarjetas.

Instrucciones

1. Revuelve las tarjetas. Colócalas boca abajo en la mesa.
2. Cada jugador voltea 2 tarjetas y dice en voz alta la suma de los números.
3. El jugador con la suma mayor gana la partida y se lleva todas las tarjetas.
4. En caso de empate, cada jugador que empató voltea otras dos tarjetas y dice la suma. El jugador con la suma mayor se lleva todas las tarjetas de ambas jugadas.
5. El juego termina cuando no quedan suficientes tarjetas para que cada jugador tenga otro turno.
6. Gana el jugador que tenga más tarjetas.

Ejemplo Ann voltea un 6 y un 7. Ella dice 13. Joe voltea un 10 y un 4. Él dice 14. Joe tiene la suma mayor. Él se lleva las 4 tarjetas.

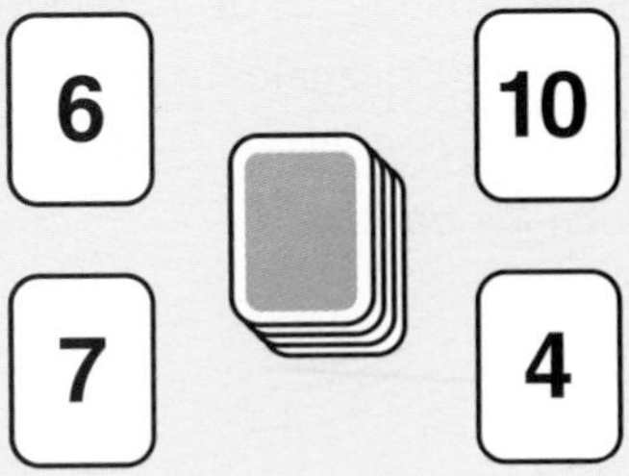

Competencia de ángulos

Materiales
- ☐ geoplano circular de 24 clavijas o Papel de geoplano circular (*Originales para reproducción,* pág. 430)
- ☐ 15 ligas, o reglón y lápiz
- ☐ baraja de Tarjetas de medidas en grados de *Competencia de ángulos* (*Originales para reproducción,* pág. 441)

Jugadores 2

Destreza Reconocer medidas de ángulos

Objetivo del juego Completar un ángulo en los 360° exactos en un geoplano circular.

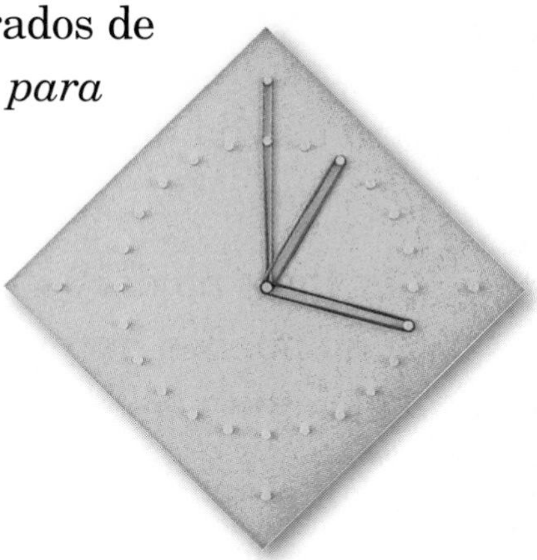

geoplano circular

Instrucciones

1. Revuelve las tarjetas. Colócalas boca abajo en la mesa.
2. Si tienes un geoplano circular, estira una liga desde la clavija del centro hasta la de 0°.

   Si no tienes un geoplano circular, usa un Papel de geoplano circular. Traza un segmento de recta desde el punto del centro hasta el de 0°. En lugar de estirar ligas, traza segmentos de recta.

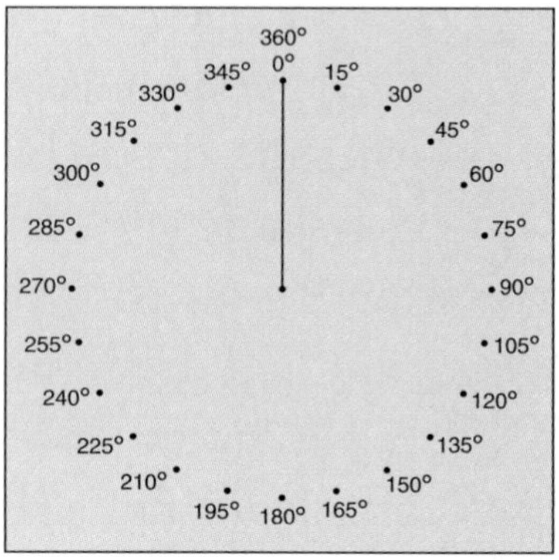

Papel de geoplano circular

3. Túrnense. Ambos jugadores usan el mismo geoplano (o Papel de geoplano circular).

4. Cuando sea tu turno, selecciona la tarjeta de arriba de medidas de ángulos. En el geoplano haz un ángulo que mida lo que muestra la tarjeta. Usa la última liga que pusiste en el geoplano como un lado de tu ángulo. Haz el segundo lado con otra liga estirada desde el centro hasta otra clavija del círculo, en la dirección *de las manecillas del reloj.*

5. Las ligas no deben pasar de la clavija de los 360° (ó 0°). Si no puedes hacer un ángulo sin pasarte de la clavija de los 360°, pierdes tu turno.

6. Gana el primer jugador que complete un ángulo exactamente en la clavija de los 360°.

Ejemplo El primer jugador saca una tarjeta de 30°. El jugador hace un ángulo de 30° con una liga estirada desde la clavija del centro hasta la clavija de 30°. El segundo jugador saca una tarjeta de 75° y hace un ángulo de 75° con una liga desde la clavija del centro hasta la clavija de 105° y así sucesivamente alrededor del círculo hasta que un jugador llegue exactamente a la clavija de los 360°.

Bingo de matrices

Materiales ☐ 1 baraja de tarjetas de *Bingo de matrices* para cada jugador (*Originales para reproducción,* pág. 442)

☐ tarjetas de números del 1 al 20 (1 de cada una)

Jugadores 2 ó 3

Destreza Multiplicación en matrices y grupos iguales

Objetivo del juego Formar una fila, columna o diagonal con las tarjetas boca abajo.

Instrucciones

1. Cada jugador acomoda sus tarjetas de matrices boca arriba en una matriz de 4 por 4.
2. Revuelve las tarjetas de números. Colócalas boca abajo.
3. Los jugadores se turnan. Cuando sea tu turno, saca una tarjeta de números. Busca una tarjeta en la matriz que tenga ese número de puntos y voltéala boca abajo. Si no hay una tarjeta igual en la matriz, tu turno termina. Deja la tarjeta de números a un lado.
4. El primer jugador que voltee una tarjeta boca abajo y forme una fila, columna o diagonal con las tarjetas boca abajo, dice "¡Bingo!".
5. Si se terminan las tarjetas de números antes de que alguien gane, revuélvanlas y continúen jugando.

Ejemplo Mary saca la tarjeta con el número 4.

Voltea la tarjeta con la matriz de 2×2 y dice "Bingo".

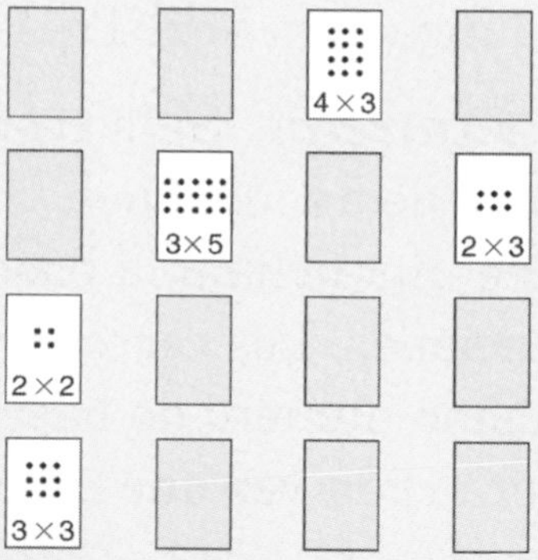

Béisbol de multiplicaciones

Materiales ☐ 1 tablero de juego de *Béisbol de multiplicaciones* (*Originales para reproducción,* pág. 443)
☐ 2 dados de seis lados
☐ 4 fichas

Jugadores 2 equipos de uno o más jugadores

Destreza Operaciones de multiplicación del 1 al 6

Objetivo del juego Meter más carreras en un juego de 3 entradas.

Instrucciones

Las reglas son similares a las reglas del béisbol, pero este juego sólo dura 3 entradas. En cada entrada, cada equipo batea hasta registrar 3 *outs*. Los equipos lanzan una moneda para decidir quién batea primero. Gana el equipo con más carreras.

Lanzar y batear: Los miembros del equipo que no batea se turnan para "lanzar" los dos dados y obtener 2 factores. Los jugadores del equipo que "batea" se turnan para multiplicarlos y decir el producto.

El equipo que lanza comprueba el producto. (Usa una calculadora o la Tabla de operaciones básicas de multiplicación y división de la pág. 52.) Una respuesta incorrecta es un *strike*, y se lanza otra vez. Tres *strikes* hacen un *out*.

Hits y carreras: Si la respuesta es correcta, el bateador revisa el Cuadro de anotaciones. Si el cuadro muestra un *hit*, el bateador mueve una ficha a la base, según indique el Cuadro de anotaciones. Los corredores que ya están en las bases se mueven el mismo número de bases por delante del bateador. Se hace una carrera cada vez que un corredor cruza el cojín de *home*.

Anotar: Para cada entrada, lleva un conteo de las carreras y los *outs*. Usa el Conteo de carreras y *outs* del tablero de juego. Al final de la entrada, anota el número de carreras en el Tablero de anotaciones.

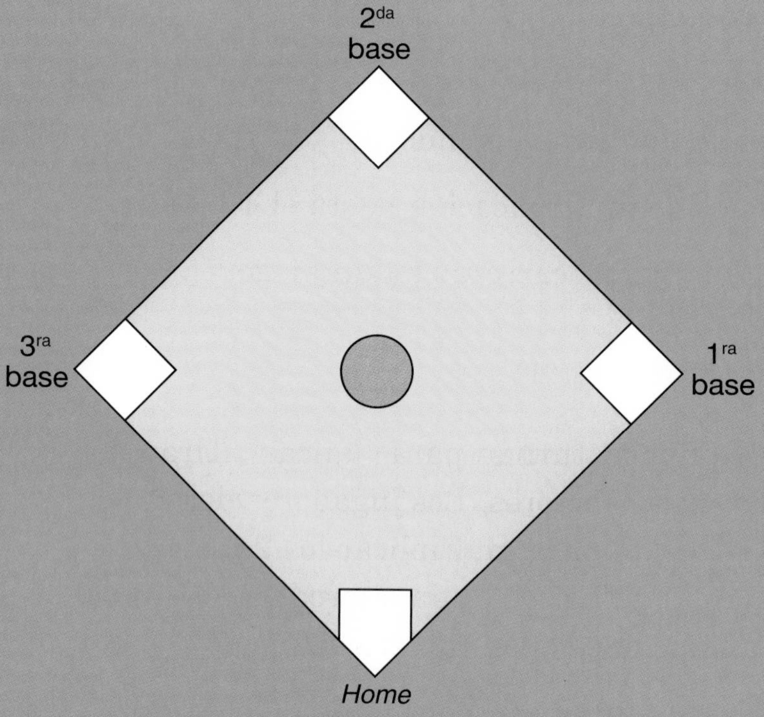

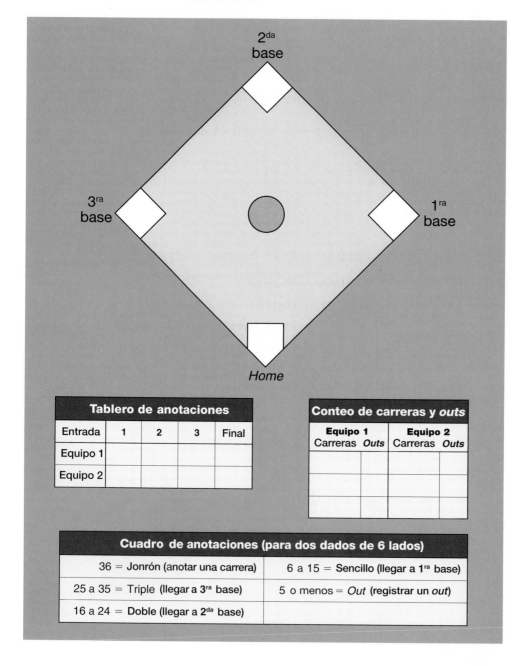

Tablero de anotaciones				
Entrada	1	2	3	Final
Equipo 1				
Equipo 2				

Conteo de carreras y *outs*			
Equipo 1		**Equipo 2**	
Carreras	*Outs*	Carreras	*Outs*

Cuadro de anotaciones (para dos dados de 6 lados)	
36 = Jonrón (anotar una carrera)	6 a 15 = Sencillo (llegar a 1ra base)
25 a 35 = Triple (llegar a 3ra base)	5 o menos = *Out* (registrar un *out*)
16 a 24 = Doble (llegar a 2da base)	

Béisbol de multiplicaciones (Versión avanzada)

Materiales
- ☐ 1 tablero de juego de *Béisbol de multiplicaciones* (Versión avanzada) (*Originales para reproducción,* pág. 444)
- ☐ 1 dado de doce lados
- ☐ 4 fichas

Jugadores 2 equipos de uno o más jugadores

Destreza Operaciones de multiplicación hasta el 12

Objetivo del juego Hacer más carreras en un juego de 3 entradas.

Instrucciones

Los miembros de un equipo se turnan para "lanzar". Tiran dos veces el dado para obtener 2 factores. Los jugadores del equipo que "batea" se turnan para multiplicar los 2 factores y dar el producto. Cuando un bateador da el producto correcto, revisa el Cuadro de anotaciones en el tablero de juego.

El resto del juego es igual a un juego normal de *Béisbol de multiplicaciones.*

Puedes simplificar la Versión avanzada de este juego con esta regla:

Si el dado cae en "11" ó "12" en cualquiera de los lanzamientos, haz como si hubiera caído en "10".

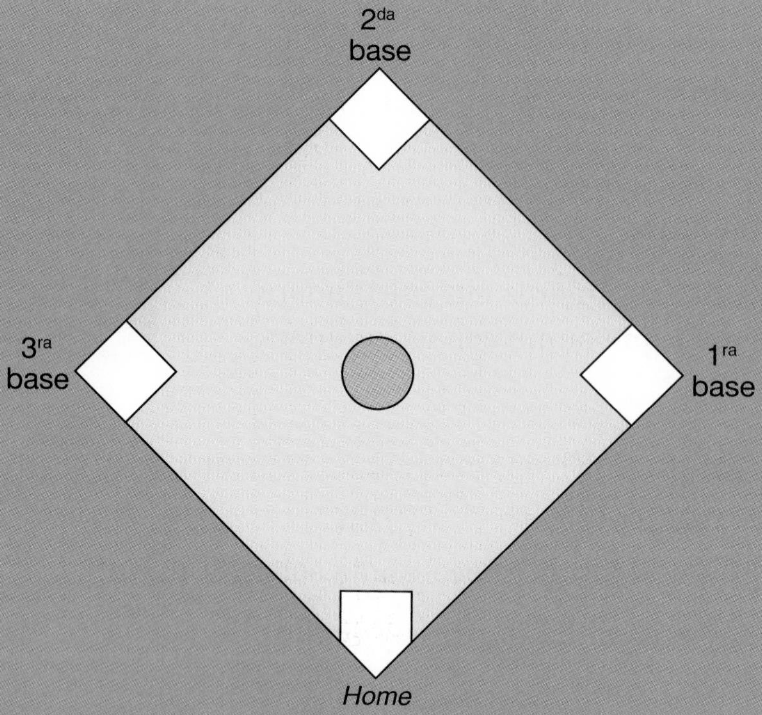

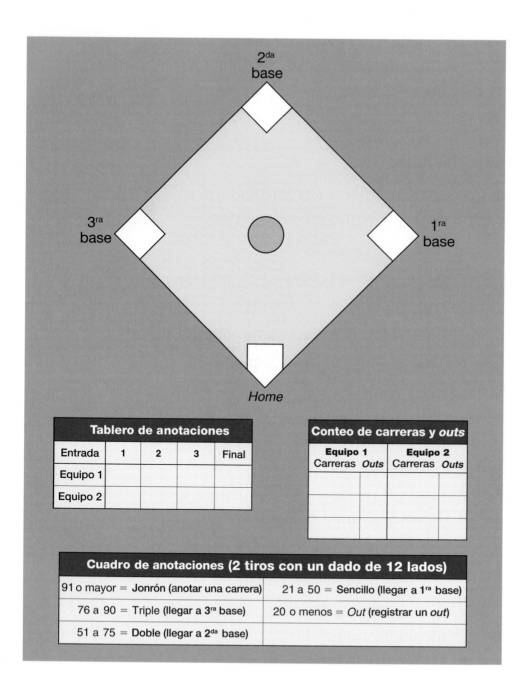

Tablero de anotaciones				
Entrada	1	2	3	Final
Equipo 1				
Equipo 2				

Conteo de carreras y *outs*			
Equipo 1		**Equipo 2**	
Carreras	*Outs*	Carreras	*Outs*

Cuadro de anotaciones (2 tiros con un dado de 12 lados)	
91 o mayor = Jonrón (anotar una carrera)	21 a 50 = Sencillo (llegar a 1ra base)
76 a 90 = Triple (llegar a 3ra base)	20 o menos = *Out* (registrar un *out*)
51 a 75 = Doble (llegar a 2da base)	

Gánale a la calculadora (Suma)

Materiales ☐ tarjetas de números del 0 al 9 (4 de cada una)

☐ 1 calculadora

Jugadores 3

Destreza Sumar mentalmente

Objetivo del juego Sumar números sin calculadora más rápido que el jugador que suma con calculadora.

Instrucciones

1. Un jugador es el "árbitro". El segundo jugador es el "calculador". El tercer jugador es el "cerebro".
2. Revuelve las tarjetas y colócalas boca abajo sobre la mesa.
3. El árbitro saca 2 tarjetas de la baraja y pregunta la suma de los números.
4. El calculador resuelve el problema *con* la calculadora. El cerebro lo resuelve *sin* calculadora. El árbitro decide quién dijo la respuesta primero.
5. El árbitro continúa sacando 2 tarjetas de la baraja al mismo tiempo y pregunta la suma de los números.
6. Los jugadores intercambian papeles cada 10 turnos.

Ejemplo El árbitro saca un 7 y un 9 y dice "7 más 9". El cerebro y el calculador resuelven cada uno el problema. El árbitro decide quién dijo la respuesta primero.

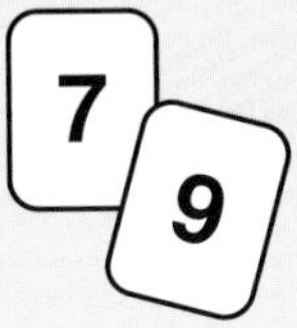

Gánale a la calculadora (Multiplicación)

Materiales ☐ tarjetas de números del 1 al 10 (4 de cada una)
☐ 1 calculadora

Jugadores 3

Destreza Multiplicar mentalmente

Objetivo del juego Multiplicar números sin calculadora más rápido que el jugador que multiplica con calculadora.

Instrucciones

1. Un jugador es el "árbitro". El segundo jugador es el "calculador". El tercer jugador es el "cerebro".
2. Revuelve las tarjetas y colócalas boca abajo sobre la mesa.
3. El árbitro saca 2 tarjetas y pregunta el producto de los números.
4. El calculador resuelve el problema con la calculadora. El cerebro lo resuelve sin calculadora. El árbitro decide quién dijo la respuesta primero.
5. El árbitro continúa sacando 2 tarjetas de la baraja al mismo tiempo y pregunta el producto de los números.
6. Los jugadores intercambian papeles cada 10 turnos.

Ejemplo El árbitro saca un 10 y un 7 y dice "10 por 7". El cerebro y el calculador resuelven cada uno el problema. El árbitro decide quién dijo la respuesta primero.

El juego de los bloques de colores

Materiales ☐ 1 bolsa de papel

☐ 7 bloques (del mismo tamaño y forma) de 2 ó 3 colores diferentes

Jugadores 3 o más

Destreza Usar datos de posibilidad para estimar

Objetivo del juego Adivinar cuántos bloques de cada color hay en la bolsa.

Instrucciones

1. Elijan un jugador que sea el "director".
2. El director secretamente pone 3, 4 ó 5 bloques (no todos del mismo color) dentro de la bolsa. El director dice a los otros jugadores *cuántos bloques* hay en la bolsa, *pero no los colores.*
3. Los jugadores se turnan para sacar 1 bloque de la bolsa, mostrarlo y devolverlo.
4. Luego de cada jugada, el director anota el color y lleva la cuenta en una pizarra o papel.
5. En cualquier momento un jugador puede tratar de adivinar los colores de los bloques y el número de bloques de cada color.
6. Si un jugador se equivoca al adivinar, queda eliminado del juego.
7. El primer jugador que adivine correctamente gana el juego.

Ejemplo El director dice a los otros cuatro jugadores que hay 5 bloques en la bolsa.

verde //

rojo //

azul /

marcas después de 5 jugadas

Después de 5 jugadas, el jugador 1 adivina 2 verdes, 2 rojos y 1 azul. La respuesta es incorrecta. El jugador 1 queda eliminado del juego.

verde ///

rojo //

azul //

marcas después de 7 jugadas

Después de 7 jugadas, el jugador 2 adivina 2 verdes, 1 rojo y 2 azules. La respuesta es incorrecta. El jugador 2 queda eliminado del juego.

El jugador 3 adivina 3 verdes, 1 rojo y 1 azul. La respuesta es correcta. Gana el jugador 3.

Matrices de división

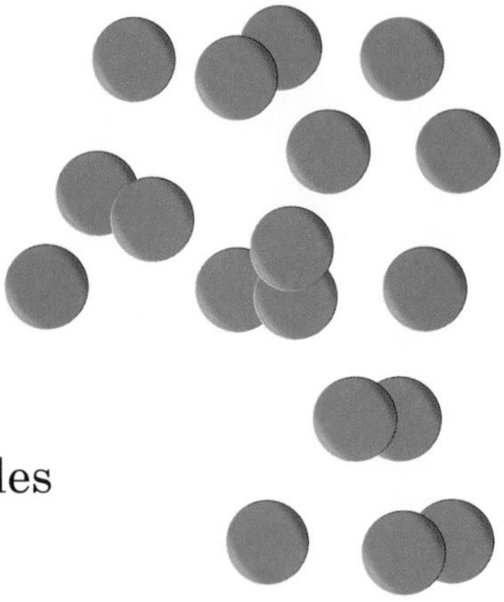

Materiales
- ☐ tarjetas de números del 6 al 18 (1 de cada una)
- ☐ 1 dado de seis lados
- ☐ 18 fichas

Jugadores de 2 a 4

Destreza División (con residuo) para grupos iguales

Objetivo del juego Tener el puntaje total más alto.

Instrucciones

1. Revuelve las tarjetas. Coloca la baraja boca abajo en la mesa.

2. Túrnense. Cuando sea tu turno, saca una tarjeta y toma el número de fichas que aparece en la tarjeta. Tendrás que hacer una matriz con las fichas.

- ◆ Lanza el dado. El número en el dado es el número de filas iguales que debes tener en la matriz.
- ◆ Haz la matriz con las fichas.
- ◆ Tu puntaje es el número de fichas en una fila. Si no sobran fichas, tu puntaje es el doble del número de fichas en una fila.

3. Anota los puntajes. Gana el jugador que tenga el total más alto después de 5 rondas.

Ejemplo

Tarjeta de números	Dado	Matriz formada	¿Sobra?	Puntaje
10	2	● ● ● ● ● ● ● ● ● ●	no	10
9	2	● ● ● ● ● ● ● ●	● sí	4
14	3	● ● ● ● ● ● ● ● ● ● ● ●	● ● sí	4

Juego de fracciones equivalentes

Materiales ☐ 1 baraja de 32 Tarjetas de fracciones (*Diario del estudiante* 2, Hojas de actividades 5 *a* 8)

Jugadores 2

Destreza Reconocer fracciones equivalentes

Objetivo del juego Juntar más Tarjetas de fracciones.

Instrucciones

1. Revuelve las Tarjetas de fracciones. Ponlas con la fracción boca abajo en un montón.

2. Toma la tarjeta de arriba y déjala boca arriba.

3. Túrnense. Cuando sea tu turno, toma la tarjeta de arriba del montón. Trata de hallar una pareja entre las tarjetas que están con el dibujo boca arriba sobre la mesa.

- Si hallas una pareja, toma las dos tarjetas. Si no hay tarjetas boca arriba, voltea la de arriba y ponla cerca del montón.
- Si no puedes hallar una pareja, coloca tu tarjeta con el dibujo hacia arriba junto a las demás. Tu turno ha terminado.

4. El juego termina cuando todas las tarjetas están en pares. Gana el jugador que tenga más tarjetas.

Ejemplo Se voltea la tarjeta de arriba y se pone sobre la mesa. El dibujo muestra $\frac{4}{6}$.

El jugador 1 voltea la tarjeta de $\frac{2}{3}$. Esta tarjeta forma pareja con $\frac{4}{6}$. El jugador 1 toma ambas tarjetas. No quedan más tarjetas boca arriba, así que voltea la de arriba y la pone cerca del montón. Ésta muestra $\frac{6}{8}$.

El jugador 2 voltea la tarjeta $\frac{0}{4}$. Como no forman pareja, la coloca junto a la de $\frac{6}{8}$. Es el turno del jugador 1.

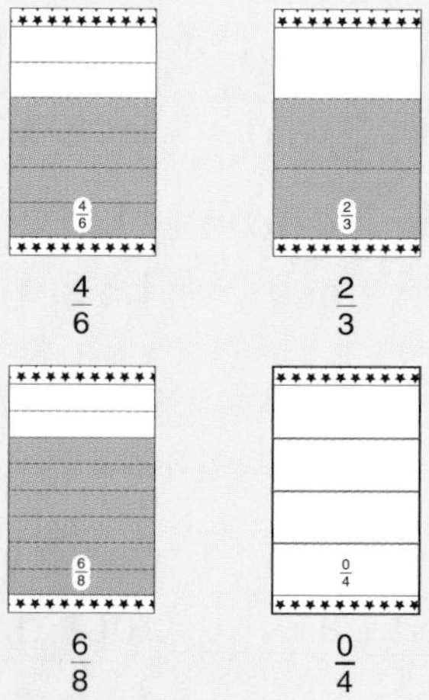

Juego de fracciones equivalentes

(Versión avanzada)

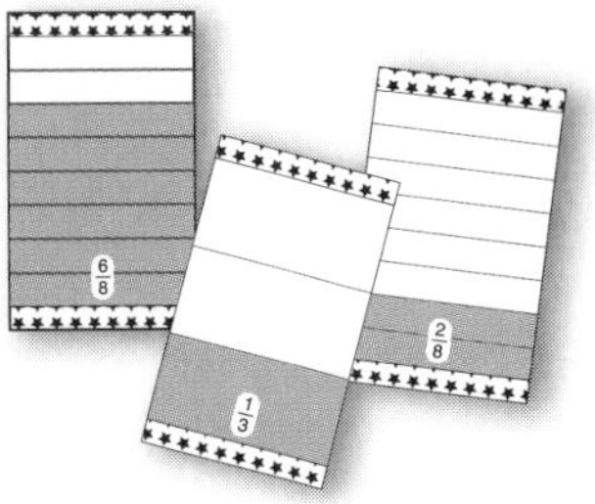

Materiales □ 1 baraja de 32 Tarjetas de fracciones (*Diario del estudiante 2,* Hojas de actividades 5 a 8)

Jugadores 2

Destreza Reconocer fracciones equivalentes

Objetivo del juego Juntar más Tarjetas de fracciones.

Instrucciones

1. Revuelve las Tarjetas de fracciones. Ponlas con el dibujo boca abajo en un montón.
2. Voltea la tarjeta de arriba del montón. Ponla cerca del montón.
3. Túrnense. Cuando sea tu turno, toma la tarjeta de arriba del montón, **pero no la voltees** (el dibujo debe estar boca abajo). Trata de hallar una pareja para la fracción entre las tarjetas que están boca arriba sobre la mesa.
   - Si hallas una pareja, voltea la tarjeta para ver si el par es correcto. Si es así, toma ambas tarjetas. Si no quedan más tarjetas boca arriba, voltea la tarjeta siguiente.
   - Si no hay una pareja, coloca tu tarjeta con el dibujo boca arriba junto a las otras. Tu turno ha terminado.
   - Si hay una pareja, pero no la hallaste, el otro jugador puede tomar las dos tarjetas.
4. El juego termina cuando todas las tarjetas están en pares. Gana el jugador que tenga más tarjetas.

Bingo de factores

Materiales
- ☐ tarjetas de números del 2 al 9 (4 de cada una)
- ☐ 1 tablero de *Bingo de factores* para cada jugador (*Originales para reproducción,* pág. 448)
- ☐ 12 fichas para cada jugador

Jugadores de 2 a 4

Destreza Hallar factores de un número

Objetivo del juego Tener 5 fichas en una fila, columna o diagonal; o tener 12 fichas en cualquier lugar del tablero de juego.

Instrucciones

1. Completa tu propio tablero de juego. Elige 25 números distintos del 2 al 90.
2. Escribe un número en cada recuadro. Usa cada número sólo una vez. Desordénalos; no deben estar en orden. Para llevar un registro de los números que ya usaste, enciérralos en un círculo en la lista debajo del tablero.
3. Revuelve las tarjetas de números y colócalas boca abajo sobre la mesa. Cualquier jugador puede voltear la tarjeta de arriba. Esta tarjeta es el "factor".
4. Los jugadores buscan en sus cuadrículas un número que tenga como factor el número de la tarjeta. Quienes encuentren ese número lo tapan con una ficha. Un jugador sólo puede poner 1 ficha en la cuadrícula por cada tarjeta que se voltea.
5. Volteen la siguiente tarjeta y continúen. Dices "¡Bingo!" y ganas el juego si eres el primer jugador con 5 fichas en una fila, columna o diagonal. También ganas si tienes 12 fichas en cualquier lugar del tablero de juego.
6. Si todas las tarjetas se usan antes de que alguien gane, revuélvanlas y continúen jugando.

Ejemplo Se voltea una tarjeta con el número 5, que entonces es el "factor". Cualquier jugador puede colocar una ficha en un número que tenga como factor el 5, como 5, 10, 15, 20 ó 25. Un jugador sólo puede poner una ficha sobre el tablero de juego por cada tarjeta que se voltea.

Ejemplo de un tablero de *Bingo de factores*

Elige 25 números *distintos* del 2 al 90. Escribe cada número que elijas en exactamente 1 recuadro de la página del tablero de juego. Lleva la cuenta de los números que usas encerrándolos en un círculo en la lista de la página del tablero de juego.

	2	3	4	5	6	7	8	9	10
11	12	13	14	15	16	17	18	19	20
21	22	23	24	25	26	27	28	29	30
31	32	33	34	35	36	37	38	39	40
41	42	43	44	45	46	47	48	49	50
51	52	53	54	55	56	57	58	59	60
61	62	63	64	65	66	67	68	69	70
71	72	73	74	75	76	77	78	79	80
81	82	83	84	85	86	87	88	89	90

Tablero de *Bingo de factores*

Supera la fracción

Materiales ☐ 1 baraja de Tarjetas de fracciones (*Diario del estudiante 2,* Hojas de actividades 5 a 8)

Jugadores 2

Destreza Comparar fracciones

Objetivo del juego Juntar más tarjetas.

Instrucciones

1. Revuelve las Tarjetas de fracciones y colócalas con el dibujo boca abajo en un montón en la mesa.
2. Cada jugador voltea una tarjeta y compara las partes sombreadas de las tarjetas. El jugador que tenga la fracción mayor sombreada toma ambas tarjetas.
3. Si las partes sombreadas son iguales, las fracciones son equivalentes y cada jugador voltea otra tarjeta. El jugador que tenga la fracción mayor sombreada toma todas las tarjetas de ambas jugadas.
4. El juego termina cuando se acaban todas las tarjetas del montón. Gana el jugador que tenga más tarjetas.

Ejemplos Los jugadores voltean una tarjeta de $\frac{3}{4}$ y una de $\frac{4}{6}$.

La tarjeta de $\frac{3}{4}$ tiene un área sombreada mayor. El jugador que la tenga toma ambas tarjetas.

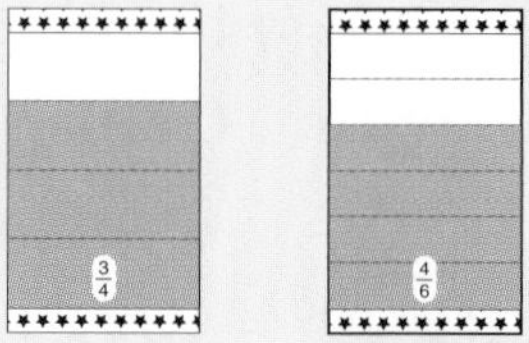

$\frac{3}{4}$ $\frac{4}{6}$

Los jugadores voltean una tarjeta de $\frac{1}{2}$ y una de $\frac{4}{8}$.

Las partes sombreadas son iguales. Cada jugador voltea otra tarjeta. El jugador con la Tarjeta de fracción mayor toma todas las tarjetas.

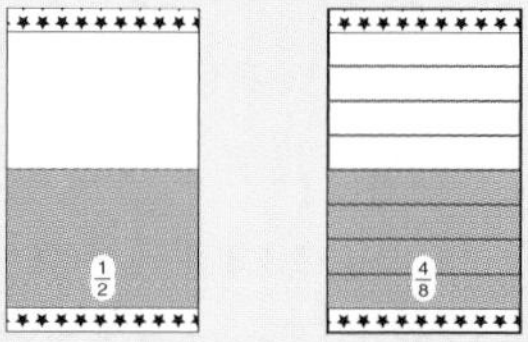

$\frac{1}{2}$ $\frac{4}{8}$

Supera la fracción (Versión avanzada)

Materiales ☐ 1 baraja de Tarjetas de fracciones (*Diario del estudiante 2,* Hojas de actividades 5 a 8)

Jugadores 2

Destreza Comparar fracciones

Objetivo del juego Juntar más tarjetas.

Instrucciones

1. Revuelve las Tarjetas de fracciones y colócalas con el dibujo boca abajo en un montón en la mesa.
2. Cada jugador toma una tarjeta **sin voltearla.** La parte con el dibujo de las tarjetas permanece hacia abajo.
3. Túrnense. Cuando sea tu turno:
   - Di si tu fracción es mayor, menor o equivalente a la del otro jugador.
   - Volteen las tarjetas y comparen las partes sombreadas. Si estabas en lo correcto, toma ambas tarjetas. Si te equivocaste, el otro jugador las toma.
4. El juego termina cuando se han tomado todas las tarjetas del montón. Gana el jugador con más tarjetas.

Ejemplo Joel saca una tarjeta de $\frac{2}{8}$. Sue saca una de $\frac{1}{4}$. Es el turno de Sue y ella dice que su fracción es menor que la de Joel. Voltean las tarjetas y ven que las áreas sombreadas son iguales. Las fracciones son equivalentes. Sue estaba equivocada, entonces Joel se lleva ambas tarjetas.

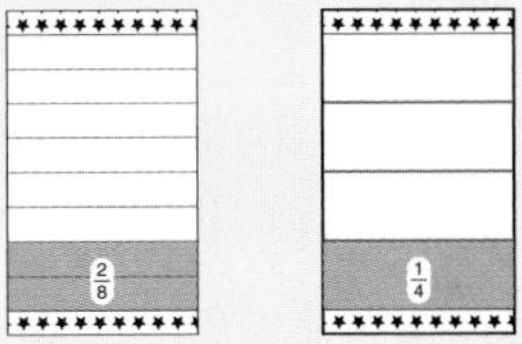

$\frac{2}{8}$ $\frac{1}{4}$

¡Menos que tú!

Materiales ☐ tarjetas de números del 0 al 10 (4 de cada una)

Jugadores 2

Destreza Sumar mentalmente; desarrollar una estrategia para ganar el juego

Objetivo del juego Decir "¡Menos que tú!" y tener una suma menor que la del otro jugador.

Instrucciones

Revuelve las tarjetas. Reparte 2 tarjetas a cada jugador boca abajo. Pon el resto del montón boca abajo en la mesa. Túrnense. Cuando sea tu turno, haz lo siguiente:

1. Toma la tarjeta de arriba del montón. Ahora tienes 3 tarjetas en la mano.
2. Descarta la tarjeta con el número mayor. Coloca esa tarjeta *boca arriba* en otro montón de descarte. ("Descartar" significa quitar tarjetas de tu mano y ponerlas a un lado.)
3. Suma los 2 números de las tarjetas que quedan en tu mano.
4. Si piensas que tu suma es menor que la del otro jugador, di "¡Menos que tú!". Si tu suma *es* menor, tú ganas. Si tu suma *no* es menor, tú pierdes. El juego ha terminado.
5. Si no dices "¡Menos que tú!", tu turno termina. El juego no termina hasta que uno de los jugadores dice "¡Menos que tú!".

Versión avanzada

Reparte 3 tarjetas a cada jugador en lugar de 2.

Suma y resta de memoria

Materiales ☐ 1 calculadora

Jugadores 2

Destreza Sumar y restar mentalmente; usar las teclas de memoria de la calculadora

Objetivo del juego Hacer que el número en la memoria de la calculadora coincida con el número objetivo.

Instrucciones

1. Los jugadores se ponen de acuerdo en un número objetivo menor que 50.
2. Uno de los jugadores borra la memoria de la calculadora. (Ver **Usar las teclas de memoria** en la siguiente página). Ambos jugadores deben poder ver la calculadora en todo momento.
3. Los jugadores se turnan para sumar 1, 2, 3, 4 ó 5 a la memoria de la calculadora usando la tecia (M+), o restar 1, 2, 3, 4 ó 5 de la memoria usando la tecla (M-). Registran los resultados en su mente. Un jugador no puede usar el número que acaba de usar otro jugador.
4. La meta es hacer que el número en la memoria coincida con el número objetivo. Cuando es el turno de un jugador éste piensa que el número en la memoria es el mismo que el número objetivo, el jugador dice "El mismo"; entonces oprime (MR) o [MRC] para mostrar el número en la memoria.

   Un jugador puede decir "El mismo" y oprimir (MR) o [MRC] antes o después de sumar o restar un número.
5. Si el número que se muestra coincide con el número objetivo, el jugador que dijo "El mismo" gana. Si el número no coincide con el número objetivo, el otro jugador gana.

Usar las teclas de memoria

- Oprime (AC) o [MRC] [MRC] para borrar la memoria.
- Oprime (M+) para sumar el número en la pantalla a la memoria.
- Oprime (M−) para restar el número en la pantalla a la memoria.
- Oprime (MR) o [MRC] una vez para mostrar el número en la memoria.
- Cambia las instrucciones si tu calculadora funciona de manera diferente.

Ejemplo Número objetivo: 19

Winnie oprime	La pantalla muestra	María oprime	La pantalla muestra
4 (M+)	M 4	5 (M+)	M 5
3 (M+)	M 3	1 (M+)	M 1
2 (M−)	M 2	3 (M+)	M 3
5 (M+) (MR) o 5 (M+) [MRC]	M 19		

Winnie dice "El mismo" luego de oprimir 5 (M+). Luego oprime (MR) o [MRC] y la pantalla muestra el número objetivo 19. Winnie gana. Cualquier jugador oprime (AC) o [MRC] [MRC] para borrar la memoria antes de empezar un juego nuevo. Luego, si la pantalla muestra un número que no es 0, oprime [ON/C] para borrar el número en pantalla.

Términos que faltan

Materiales □ 1 calculadora para cada jugador

Jugadores 2

Destreza Sumar y restar mentalmente

Objetivo del juego Decir cómo se cambió un número para obtener otro.

Instrucciones

1. Los jugadores ponen el mismo número en sus calculadoras.
2. Uno de ellos lo cambia secretamente sumando o restando un número.
3. Ese jugador muestra al otro el nuevo número que aparece en la pantalla. Él o ella adivinan qué le hizo al número original para obtener el nuevo número.

Ejemplo Ambas calculadoras están en 7.

Joyce cambia secretamente el número oprimiendo (+) 9 (=). La pantalla muestra ahora el número 16.

Joyce muestra a Al el número 16 en la pantalla. Al dice "Sumaste 9". Él está en lo correcto.

Bingo de multiplicaciones

(Operaciones sencillas)

Materiales
- ☐ tarjetas de números del 1 al 6 y 10 (4 de cada una)
- ☐ 1 tablero de juego de *Bingo de multiplicaciones* para cada jugador (*Originales para reproducción,* pág. 449)
- ☐ 8 fichas para cada jugador

Jugadores 2 ó 3

Destreza Multiplicar mentalmente

Objetivo del juego Tener 4 fichas en una fila, columna o diagonal; u 8 fichas en cualquier lugar sobre el tablero de juego.

Instrucciones

1. Abajo se muestra el tablero de juego. Puedes hacer tu propio tablero en papel. Escribe cada uno de los números de la lista en los recuadros de la cuadrícula. No los escribas en orden. Mézclalos.

Lista de números

1	18
4	20
6	24
8	25
9	30
12	36
15	50
16	100

Tablero de juego de *Bingo de multiplicaciones*

2. Revuelve las tarjetas de números. Colócalas boca abajo sobre la mesa.

3. Túrnense. Cuando sea tu turno, toma las 2 tarjetas de arriba y di el producto de los 2 números. Si alguien no está de acuerdo con tu respuesta, verifícala usando la tabla de operaciones básicas de multiplicación/división de la página 52 de tu *Libro de consulta del estudiante* o en la portada interior de tu diario.

    - Si tu respuesta es incorrecta, pierdes tu turno.
    - Si tu respuesta es correcta y el producto es un número del tablero de juego, coloca una ficha sobre ese número. Sólo puedes colocar una ficha en el tablero de juego cuando sea tu turno.

4. Si eres el primer jugador en conseguir 4 fichas en una fila, columna o diagonal di "¡Bingo!" y ganas la partida. También puedes decir "¡Bingo!" y ganar si tienes 8 fichas en cualquier lugar sobre el tablero de juego.

Si se terminan las tarjetas antes de que alguien gane, revuélvanlas y sigan jugando.

Ejemplo Un jugador puede gritar "¡Bingo!" con cualquiera de estos tableros de juego:

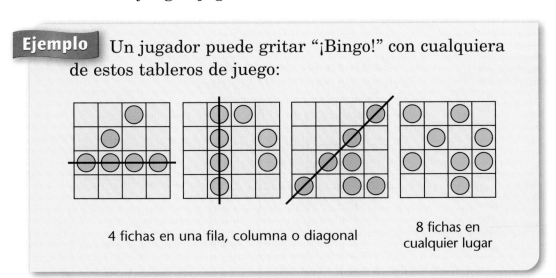

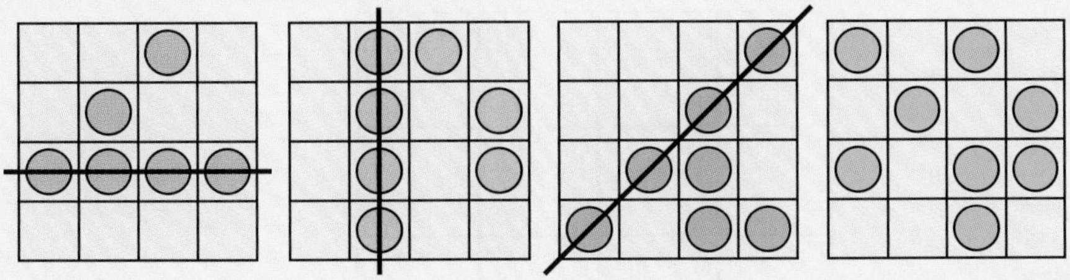

4 fichas en una fila, columna o diagonal

8 fichas en cualquier lugar

Bingo de multiplicaciones

(Todas las operaciones)

Materiales
- ☐ tarjetas de números del 2 al 9 (4 de cada una)
- ☐ 1 tablero de juego de *Bingo de multiplicaciones* para cada jugador (*Originales para reproducción,* pág. 449)
- ☐ 8 fichas para cada jugador

Jugadores 2 ó 3

Destreza Multiplicar mentalmente

Objetivo del juego Tener 4 fichas en una fila, columna o diagonal; u 8 fichas en cualquier lugar sobre el tablero de juego.

Instrucciones

1. El tablero de juego se muestra abajo. Puedes hacer tu propio tablero de juego en papel. Escribe los números de la lista en los recuadros de la cuadrícula. No los escribas en orden. Mézclalos.

Lista de números	
24	48
27	49
28	54
32	56
35	63
36	64
42	72
45	81

Tablero de juego de
Bingo de multiplicaciones

2. Luego sigue las instrucciones para jugar a *Bingo de multiplicaciones* (Operaciones sencillas).

Sorteo de multiplicaciones

Materiales ☐ tarjetas de números del 1 al 5 y 10 (4 de cada una)
☐ 1 hoja de registro de *Sorteo de multiplicaciones* (*Originales para reproducción,* pág. 450)

Jugadores 2 ó 3

Destreza Operaciones de multiplicación

Objetivo del juego Tener la suma mayor.

Instrucciones

1. Revuelve las tarjetas. Colócalas con los números hacia abajo.
2. Túrnense. Cuando sea tu turno saca 2 tarjetas de la baraja para obtener 2 factores de multiplicación. Anota ambos factores y su producto en la Hoja de registro.
3. Luego de 5 turnos, todos los jugadores suman sus 5 productos.
4. Gana el jugador que obtenga la suma mayor.

Versión avanzada

Incluye tarjetas con números del 6 al 9 en la baraja de números.

Ejemplo Alex saca un 3 y un 10. Anota $3 \times 10 = 30$ en la Hoja de registro.

Alex	**Ronda 1**	**Ronda 2**	**Ronda 3**
1er turno:	$\underline{3} \times \underline{10} = \underline{30}$	__ × __ = __	__ × __ = __
2do turno:	__ × __ = __	__ × __ = __	__ × __ = __
3er turno:	__ × __ = __	__ × __ = __	__ × __ = __
4to turno:	__ × __ = __	__ × __ = __	__ × __ = __
5to turno:	__ × __ = __	__ × __ = __	__ × __ = __
Suma de productos:	____	____	____

Supera la multiplicación

Materiales ☐ tarjetas de números del 0 al 10 (4 de cada una)

Jugadores de 2 a 4

Destreza Operaciones de multiplicación del 0 al 10

Objetivo del juego Reunir más tarjetas.

Instrucciones

1. Revuelve las tarjetas. Colócalas boca abajo en la mesa.
2. Cada jugador voltea 2 tarjetas y dice el producto de los números.
3. El jugador con el producto mayor gana la ronda y se lleva todas las tarjetas.
4. En caso de empate en el producto mayor, cada jugador que empató voltea 2 tarjetas más y dice su producto. El jugador con el producto mayor se lleva todas las tarjetas de ambas jugadas.
5. El juego termina cuando no quedan suficientes tarjetas para que cada jugador tenga otro turno.
6. Gana el jugador que tenga más tarjetas.

Ejemplo Ann voltea un 2 y un 6. Ella dice 12.

Beth voltea un 6 y un 0. Ella dice 0.

Joe voltea un 10 y un 4. Él dice 40.

Joe tiene el producto mayor. Él se lleva las 6 tarjetas.

Ejemplo Ann voltea un 3 y un 8.

3 8

Ella multiplica 3×8 y dice 24.

Beth voltea un 4 y un 6.

4 6

Ella multiplica 4×6 y dice 24.

Joe voltea un 9 y un 2.

9 2

Él multiplica 9×2 y dice 18.

Hay un empate de 24 entre Ann y Beth. Ellas voltean 2 tarjetas más.

Ann voltea un 3 y un 7.

3 7

Ella multiplica 3×7 y dice 21.

Beth voltea un 8 y un 4.

8 4

Ella multiplica 8×4 y dice 32.

Beth gana y se lleva las 10 tarjetas.

Dale nombre a ese número

Materiales ☐ tarjetas de números del 0 al 10 (4 de cada una) y del 11 al 20 (1 de cada una)

Jugadores de 2 a 4 (el juego es más interesante con 3 ó 4 jugadores)

Destreza Dar nombres a números con expresiones

Objetivo del juego Reunir más tarjetas.

Instrucciones

1. Revuelve la baraja y coloca 5 tarjetas boca arriba en la mesa. Deja el resto de la baraja boca abajo. Voltea la tarjeta de arriba de la baraja y colócala junto a la baraja. El número de esta tarjeta es el número al que se debe dar nombre. Llámalo **número objetivo.**

2. Los jugadores se turnan. Cuando sea tu turno:

    - Trata de darle un nombre al número objetivo. Puedes hacerlo sumando, restando, multiplicando o dividiendo los números que aparecen en 2 ó más de las 5 tarjetas que están boca arriba. Sólo puedes usar cada tarjeta una vez por turno.

    - Si puedes darle un nombre, toma las tarjetas que usaste para dar el nombre. También toma la tarjeta del número objetivo. Luego, repón todas esas tarjetas tomándolas de la parte de arriba de la baraja.

    - Si no puedes dar nombre al número objetivo, tu turno termina. Voltea la tarjeta de arriba de la baraja y colócala en el montón de los números objetivo. El número de esta tarjeta se convierte en el nuevo número objetivo.

3. El juego continúa hasta que todas las tarjetas de la baraja se hayan volteado. Gana el jugador con el mayor número de tarjetas.

Ejemplo Mae y Mike se turnan.

$\boxed{4}$ $\boxed{10}$ $\boxed{8}$ $\boxed{12}$ $\boxed{2}$ $\boxed{6}$

Es el turno de Mae. El número objetivo es 6. Mae da nombre al número con 4 + 2. También pudo haber dicho 8 − 2 ó 10 − 4.

Mae toma el 4, el 2 y el 6. Luego las repone tomando tarjetas de la baraja.

$\boxed{7}$ $\boxed{10}$ $\boxed{8}$ $\boxed{12}$ $\boxed{1}$ $\boxed{16}$

Es el turno de Mike. El nuevo número objetivo es 16. Mike ve dos maneras de dar nombre al número objetivo.

- Puede usar 3 tarjetas y dar nombre al número objetivo así:

$$\boxed{7} + \boxed{8} + \boxed{1} = 16$$

- Puede usar 4 tarjetas y dar nombre al número objetivo así:

$$\boxed{12} - \boxed{10} = 2$$
$$2 \times \boxed{8} = 16$$
$$16 \div \boxed{1} = 16$$

Mike elige la solución con 4 tarjetas, porque así se lleva más tarjetas. Toma el 12, el 10, el 8 y el 1. También toma la tarjeta del número objetivo, 16. Luego repone las 5 tarjetas tomándolas de la baraja.

Resta con la cuadrícula de números

Materiales ☐ tarjetas de números del 0 al 9 (4 de cada una)

☐ 1 Cuadrícula de números completa (*Originales para reproducción,* págs. 396)

☐ 1 Hoja de registro de *Restar con la cuadrícula de números* (*Originales para reproducción,* pág. 452)

☐ 2 fichas

☐ 1 calculadora

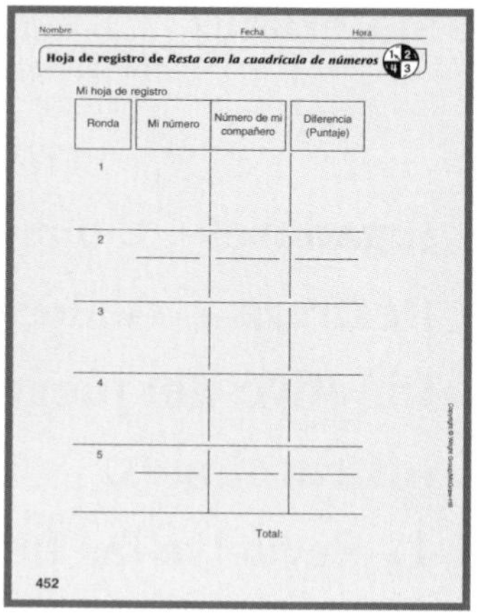
Nombre Fecha Hora

Hoja de registro de *Resta con la cuadrícula de números*

Mi hoja de registro

Ronda	Mi número	Número de mi compañero	Diferencia (Puntaje)
1			
2			
3			
4			
5			

Total:

452

Jugadores 2

Destreza Restar mentalmente números de 2 dígitos

Objetivo del juego Obtener la suma más baja.

Instrucciones

1. Revuelve las tarjetas. Coloca la baraja en la mesa con los números hacia abajo.
2. Los jugadores deben turnarse. Cuando sea tu turno:
   - Cada jugador debe tomar 2 tarjetas de la baraja y formar con ellas un número de 2 dígitos. Los jugadores deben colocar fichas sobre la cuadrícula para marcar sus números.
   - Halla la diferencia entre los 2 números marcados.
   - Esta diferencia será tu puntaje en ese turno. Anota ambos números y tu puntaje en la hoja de registro.
3. Sigue jugando hasta que los dos jugadores hayan completado 5 turnos y anotado 5 puntajes.
4. Los jugadores deben sumar los puntajes que obtuvieron en los 5 turnos. Se puede usar una calculadora para sumar.
5. Gana el jugador que obtenga la suma más baja.

Supera el número (Números de 5 dígitos)

Materiales ☐ tarjetas de números del 0 al 9 (4 de cada una)
☐ 1 tablero de valor posicional (*Originales para reproducción,* págs. 423 y 424)

Jugadores 2 o más

Destreza Valor posicional de números enteros

Objetivo del juego Formar el número de 5 dígitos mayor.

Instrucciones

1. Revuelve las tarjetas. Colócalas boca abajo en la mesa.
2. Cada jugador usa 1 fila de casillas del tablero de valor posicional. No usen la casilla de los millones ni la de las centenas de millar.
3. En cada ronda, los jugadores se turnan para voltear la tarjeta de arriba de la baraja y colocarla en cualquiera de las casillas vacías. Cada jugador tiene 5 turnos y coloca 5 tarjetas en su fila del Tablero de valor posicional.
4. Al final de cada ronda, los jugadores leen sus números en voz alta y los comparan. El jugador que tenga el número mayor se anota 1 punto; el jugador con el siguiente número mayor se anota 2 puntos y así sucesivamente. Todas las tarjetas se quitan del Tablero de valor posicional y se colocan en un montón de descarte antes de la próxima ronda.
5. Todos juegan 5 rondas por juego. Cuando se terminan las tarjetas de la baraja, un jugador las revuelve para hacer una nueva baraja y terminar el juego. Gana el jugador con menos puntos en total al final de las 5 rondas.

Ejemplo El Tablero de valor posicional de abajo muestra los resultados de una ronda completa con 4 jugadores.

Tablero de valor posicional

	Millones	Centenas de millar	Decenas de millar	Millares	Centenas	Decenas	Unidades
John			4	8	6	2	1
Doug			9	3	5	2	0
Sara			4	7	2	0	4
Anju			7	6	6	3	4

Aquí están los números de mayor a menor:

Doug	93,520	mayor
Anju	76,634	
John	48,621	
Sara	47,204	menor

Doug anota 1 punto en esta ronda. Anju anota 2 puntos. John anota 3 puntos. Y Sara anota 4 puntos.

Supera el número (Números de 7 dígitos)

Materiales ☐ tarjetas de números del 0 al 9 (4 de cada una)
☐ 1 Tablero de valor posicional (*Originales para reproducción,* págs. 423 y 424)

Jugadores 2 o más

Destreza Valor posicional de números enteros

Objetivo del juego Formar el número de 7 dígitos mayor.

Instrucciones

Se juega igual que *Supera el número* (Números de 5 dígitos). La única diferencia es que cada jugador usa las 7 casillas de una fila del Tablero de valor posicional.

En cada ronda, los jugadores se turnan para voltear la tarjeta de arriba de la baraja y colocarla en una de las casillas vacías. Cada jugador tiene 7 turnos y coloca 7 tarjetas en su fila del tablero de juego.

Ejemplo Andy y Barb jugaron *Supera el número* de 7 dígitos. Aquí está el resultado de una ronda completa.

Tablero de valor posicional de 7 dígitos

	Millones	Centenas de millar	Decenas de millar	Millares	Centenas	Decenas	Unidades
Andy	7	6	4	5	2	0	1
Barb	4	9	7	3	5	2	4

El número de Andy es mayor que el número de Barb. Andy se anota 1 punto en esta ronda. Barb se anota 2 puntos.

Supera el número (Decimales)

Materiales ☐ tarjetas de números del 0 al 9 (4 de cada una)
☐ 1 Tablero de *Supera el número* para decimales (*Originales para reproducción,* págs. 453 ó 454)

Jugadores 2 o más

Destreza Valor posicional para decimales

Objetivo del juego Formar el número decimal de 2 dígitos mayor.

Instrucciones

Se juega de la misma manera que *Supera el número* (Números de 5 dígitos). La única diferencia es que los jugadores usan el Tablero de *Supera el número* para decimales.

En cada ronda, los jugadores se turnan para voltear la tarjeta de arriba de la baraja y colocarla en una de sus casillas vacías. Cada jugador tiene 2 turnos y coloca 2 tarjetas en su fila del tablero de juego.

Ejemplo Andy y Barb jugaron a *Supera el número* usando el Tablero de *Supera el número* para decimales. Aquí está el resultado:

El número de Barb es mayor que el de Andy. Barb se anota 1 punto en esta ronda. Andy se anota 2 puntos.

Tablero de *Supera el número* (2 lugares decimales)

	Unidades	.	Décimas	Centésimas
Andy	0	.	3	5
Barb	0	.	6	4

También se puede usar un Tablero de *Supera el número* con casillas para las décimas, centésimas y milésimas. Cada jugador tiene 3 turnos y coloca 3 tarjetas.

Elige una moneda

Materiales ☐ 1 dado de seis lados
☐ 1 calculadora para cada jugador
☐ 1 Tabla de registro de *Elige una moneda* (*Originales para reproducción,* pág. 455) para cada jugador

Jugadores 2 ó 3

Destreza Valor posicional para decimales

Objetivo del juego Formar las cantidades mayores de dólares y centavos.

Instrucciones

Cada jugador usa una Tabla de registro distinta. Túrnense.
Cuando sea tu turno:

1. Tira el dado 5 veces. Después de cada tiro, anota el número del dado en cualquiera de las casillas vacías en una fila de tu Tabla de registro.
2. Luego usa una calculadora para hallar la cantidad total de ese turno.
3. Anota el total del turno en la Tabla de registro.
4. Luego de 4 turnos, suma los 4 totales con la calculadora. Gana el jugador con la suma mayor.

Ejemplo En su primer turno, Brian sacó 4, 2, 4, 6 y 1.
Él completó su Tabla de registro de la siguiente manera.

Tabla de registro de *Elige una moneda*

Brian	Ⓟ	Ⓝ	Ⓓ	Ⓠ	$1	Total
1er turno	2	1	4	4	6	$ 7.47
2do turno						$ ___.___
3er turno						$ ___.___
4to turno						$ ___.___
					Total	$ ___.___

Suma 100 con los dados

Materiales ☐ 1 Hoja de registro de *Suma 100 con los dados (Originales para reproducción,* pág. 456)
☐ 2 dados de seis lados

Jugadores de 2 a 4

Destreza Destrezas de sumar mentalmente; pensar una estrategia para ganar el juego

Objetivo del juego Obtener un puntaje mínimo de 100.

Instrucciones

Los jugadores deben turnarse.

1. Cuando te toque tu primer turno, lanza los dados las veces que quieras.

- Suma mentalmente los números que obtuviste en cada tiro. El resultado será tu puntaje para el Turno 1. Anótalo.

- Si obtienes un 1 en alguno de los tiros, termina tu turno. Tu puntaje para el Turno 1 será 0.

2. Cuando sea otra vez tu turno, lanza los dados las veces que quieras.

- Parte del puntaje obtenido en el turno anterior y sigue sumando mentalmente los números que obtengas hasta que dejes de lanzar los dados. Anota la suma final, que será tu puntaje de este turno.

- Si obtienes un 1 en alguno de los tiros, termina tu turno. Tu puntaje para el turno será igual al que obtuviste en el turno anterior.

3. Gana el primer jugador que obtenga 100 puntos o más.

Otras formas de jugar este juego

Duplicar los dobles: Cuando un jugador obtiene el mismo número en ambos dados, los valores se suman dos veces.

Duplicar los unos: Si un jugador obtiene dos números 1, el puntaje de ese turno será 0. Al comenzar el turno siguiente, empezará con un puntaje de 0.

Volver a cero: El jugador que obtiene 100 puntos o más sigue participando, pero debe restar los números que obtenga en lugar de sumarlos. Gana el primer jugador que obtenga un puntaje de 100 ó más y vuelva a 0 ó menos.

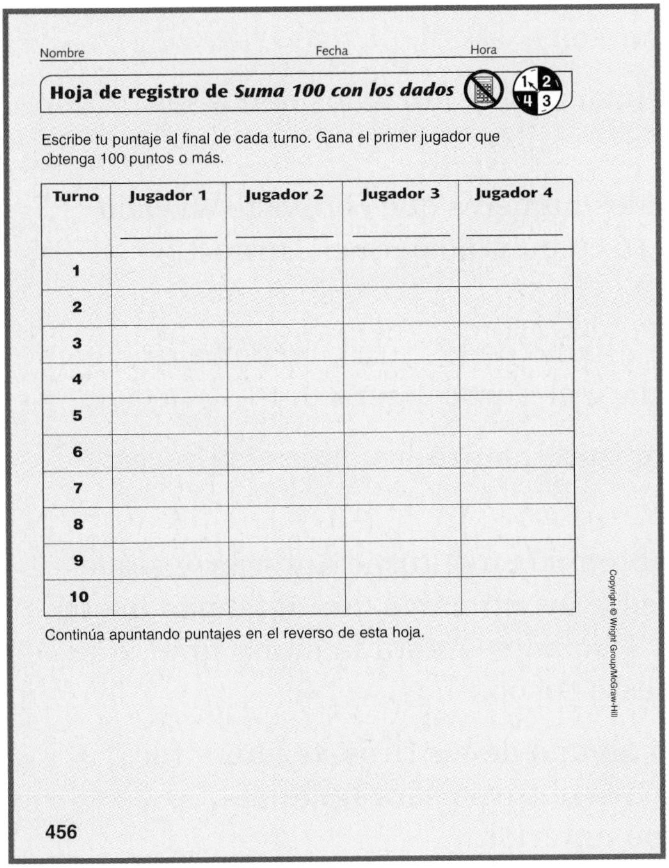

Nombre Fecha Hora

Hoja de registro de *Suma 100 con los dados*

Escribe tu puntaje al final de cada turno. Gana el primer jugador que obtenga 100 puntos o más.

Turno	Jugador 1	Jugador 2	Jugador 3	Jugador 4
1				
2				
3				
4				
5				
6				
7				
8				
9				
10				

Continúa apuntando puntajes en el reverso de esta hoja.

456

Gira y gana

Materiales
- ☐ 1 clip, de preferencia grande (2 pulg)
- ☐ 50 fichas
- ☐ 1 rueda giratoria (*Originales para reproducción,* pág. 377)

Jugadores de 2 a 4

Destreza Usar datos de posibilidad para desarrollar una estrategia para ganar el juego

Objetivo del juego Juntar más fichas en 12 giros.

Instrucciones

Ganas 1	Ganas 2	Ganas 5	Ganas 10

1. Coloca las fichas en un montón en la mesa, entre los jugadores.
2. Para cada juego, dibuja una tabla de conteo como la de la derecha.
3. Cada jugador elige una sección de el clip giratoria (1, 2, 5 ó 10). Las secciones deben ser diferentes.
4. Los jugadores se turnan para hacer girar el clip hasta completar 12 giros.
5. Para cada giro: si la rueda cae en la sección de un jugador, el jugador toma el número de fichas indicado en esa sección. Haz una marca de conteo en la tabla para indicar el número ganador de ese giro. Haz esto para llevar un registro de los giros.
6. Gana el jugador con el mayor número de fichas después de 12 giros.

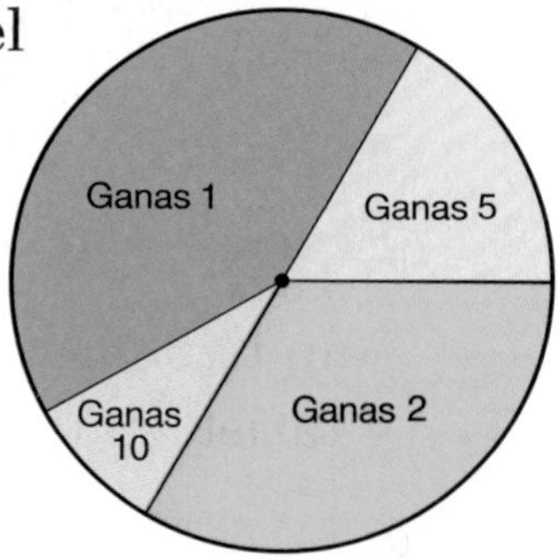

Supera la resta

Materiales ☐ tarjetas de números del 0 al 10 (4 de cada una) y del 11–20 (1 de cada una)

Jugadores de 2 a 4

Destreza Operaciones de resta

Objetivo del juego Juntar más tarjetas.

Instrucciones

1. Revuelve las tarjetas. Coloca la baraja boca abajo en la mesa.
2. Cada jugador voltea 2 tarjetas y resta el número menor del número mayor.
3. El jugador con la mayor diferencia gana la ronda y se lleva todas las tarjetas.
4. En caso de empate por la mayor diferencia, cada jugador que empató voltea 2 tarjetas más y dice su diferencia. El jugador con la mayor diferencia toma las tarjetas de ambas jugadas.
5. El juego termina cuando no hay suficientes tarjetas para que cada jugador tenga otro turno.
6. Gana el jugador que tenga más tarjetas.

Ejemplo Ann voltea un 2 y un 14.
Ella resta 2 de 14 y dice 12.

Joe voltea un 10 y un 4.
Él resta 4 de 10 y dice 6.

Ann tiene la mayor diferencia. Se lleva las 4 tarjetas.

2	14
10	4

Ejemplo Ann voltea un 12 y un 6.

12 6

Ella resta 12 – 6 y dice 6.

Joe voltea un 9 y un 3.

9 3

Él resta 9 – 3 y dice 6.

Hay un empate. Ambos jugadores voltean 2 tarjetas más.

Ann voltea un 10 y un 8.

10 8

Ella resta 10 – 8 y dice 2.

Joe voltea un 7 y un 3.

7 3

Él resta 7 – 3 y dice 4.
Joe se lleva las 8 tarjetas.

Objetivo: 50

Materiales
- ☐ tarjetas de números del 0 al 9 (4 de cada una)
- ☐ bloques de base 10 (30 largos y 30 cubos)
- ☐ 1 Tablero de valor posicional para cada jugador (*Originales para reproducción,* pág. 411)
- ☐ 1 Hoja de registro de *Objetivo: 50* (*Originales para reproducción,* pág. 464)

Jugadores 2

Destreza Valor posicional de los números enteros

Objetivo del juego Tener 5 largos sobre el Tablero de valor posicional.

Instrucciones

1. Revuelve las tarjetas de números. Coloca la baraja sobre la mesa con los números hacia abajo.
2. Los jugadores deben turnarse. Cuando sea tu turno:
   - Voltea 2 tarjetas. Puedes usar cualquiera de las dos para formar un número de 1 dígito o ambas para formar un número de 2 dígitos.
   - Usa los bloques de base 10 para hacer un modelo de tu número. Coloca los bloques debajo del Tablero de valor posicional, no sobre él.
   - Ahora tienes 2 opciones:

     Sumar: Puedes sumar todos los bloques de base 10 que están debajo del tablero con los que están sobre él.

     Restar: Puedes restar de los bloques que están sobre el tablero aquellos bloques de base 10 de igual valor que están debajo del tablero. Si eliges restar, es posible que primero tengas que hacer algunos cambios sobre el tablero.

3. Los jugadores pueden hacer cambios en sus Tableros de valor posicional en cualquier momento.
4. El juego continúa hasta que los bloques del tablero de un jugador sumen 50 y muestren 5 largos. Ese jugador gana.

Ejemplo Alex alcanzó el objetivo de sumar 50 en tres turnos:

Turno	Tarjetas	Número formado	Suma o resta sobre el Tablero de valor posicional	Valor sobre el tablero
1	6, 5	56	**Suma** 5 largos y 6 cubos.	56
2	8, 9	8	Cambia 1 largo por 10 cubos. **Resta** 8 cubos.	48
3	5, 2	2	**Suma** 2 cubos. Cambia 10 cubos por 1 largo.	50

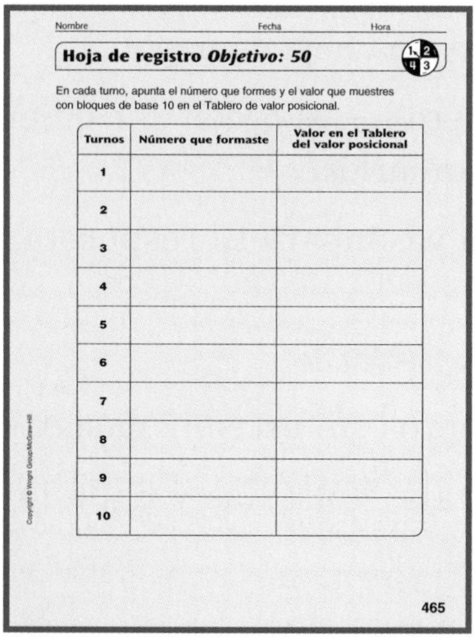

Nombre Fecha Hora

Hoja de registro *Objetivo: 50*

En cada turno, apunta el número que formes y el valor que muestres con bloques de base 10 en el Tablero de valor posicional.

Turnos	Número que formaste	Valor en el Tablero del valor posicional
1		
2		
3		
4		
5		
6		
7		
8		
9		
10		

465

Tres sumandos

Materiales ☐ tarjetas de números del 0 al 10 (4 de cada una) y del 11 al 20 (1 de cada una)

☐ 1 Hoja de registro de *Tres sumandos* para cada jugador (*Originales para reproducción,* pág. 465, opcional)

Jugadores 2

Destreza Sumar tres números de 1 y 2 dígitos

Objetivo del juego Hallar combinaciones sencillas al sumar tres números.

Instrucciones

1. Revuelve las tarjetas y colócalas boca abajo en la mesa.
2. Un jugador saca 3 tarjetas de arriba de la baraja y las voltea.
3. Cada jugador escribe modelos de suma con los 3 números.
4. Puedes escribir tu modelo numérico de suma en la Hoja de registro o en una hoja de papel.
5. Haz una lista de los números en el orden que quieras, de manera que te sea fácil sumarlos.
6. Luego suma los números y compara tu respuesta con la de otro jugador.

2 **7** **8**

$\underline{2} + \underline{8} + \underline{7} = \underline{17}$

Otras formas de jugar este juego

- Di la suma de los 3 números sin escribir modelos numéricos.
- Saca 4 tarjetas de la baraja. Voltéalas y halla la suma de los 4 números.

A

a.m. Una abreviatura que significa "antes del mediodía". Se refiere al período entre la medianoche (12 a.m.) y el mediodía (12 p.m.).

Ángulo Una figura formada por dos semirrectas o dos segmentos de recta que comparten el mismo extremo.

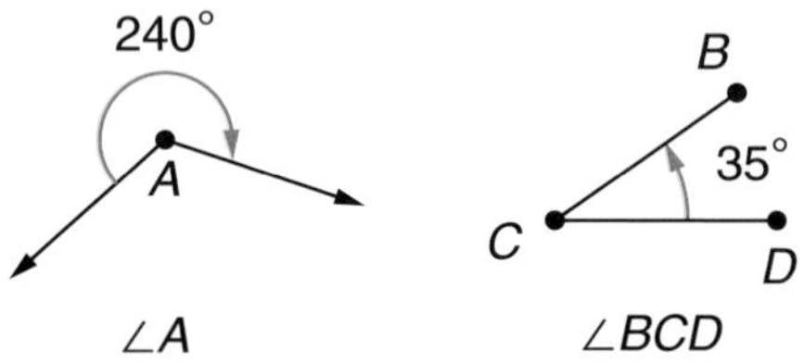

ángulos

Ángulo recto Un ángulo de 90°. Los lados de un ángulo recto forman una esquina cuadrada.

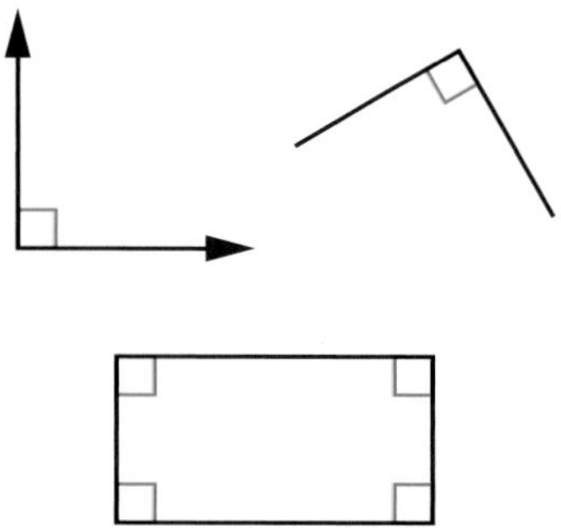

ángulos rectos

Ápice En un cono o pirámide, el vértice opuesto a la *base*. En una pirámide, todas las caras excepto la base se unen en el ápice.

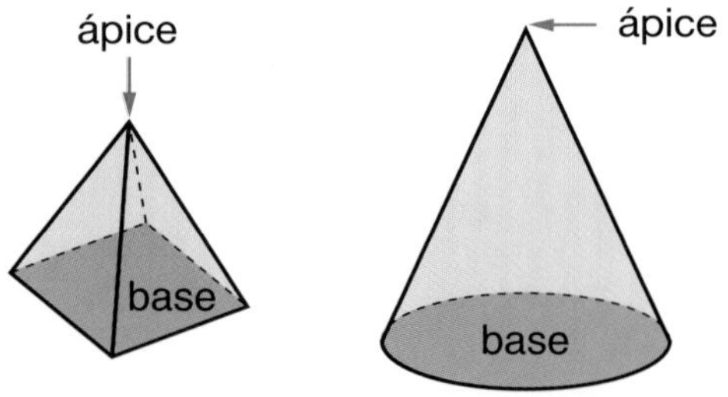

Área La cantidad de superficie dentro de una figura. El área se mide en unidades cuadradas, como pulgadas cuadradas o centímetros cuadrados.

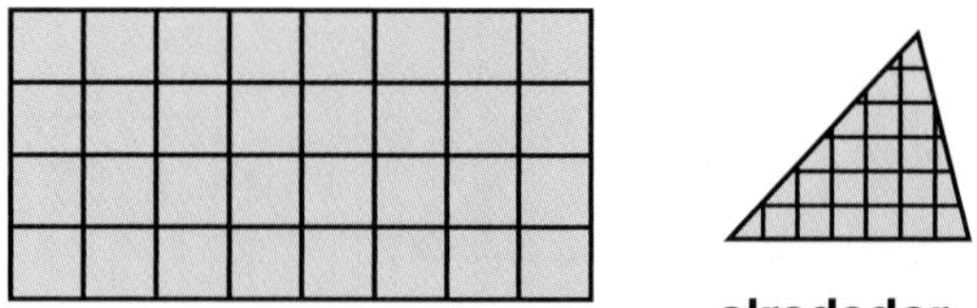

32 unidades cuadradas

alrededor de 21 unidades cuadradas

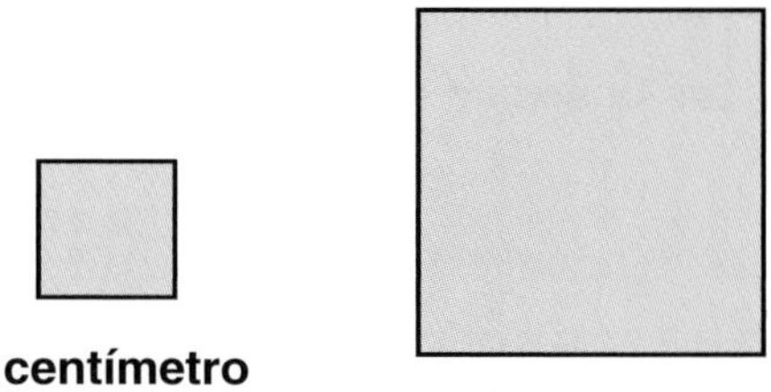

1 centímetro cuadrado

1 pulgada cuadrada

Arista Un segmento de recta o una curva donde se unen las superficies de un cuerpo geométrico.

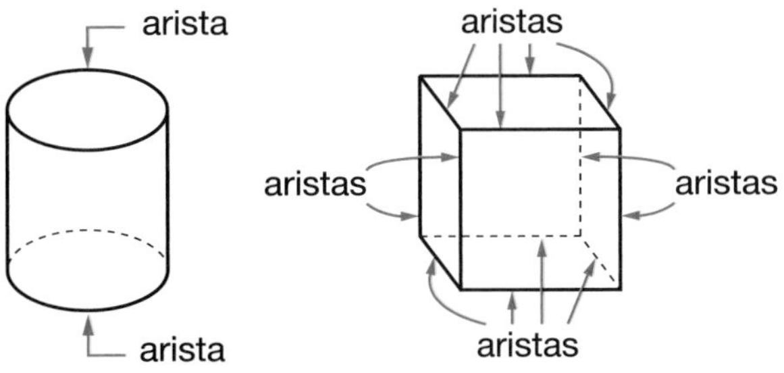

B

Base Nombre usado para un lado de un polígono o una cara de una figura tridimensional.

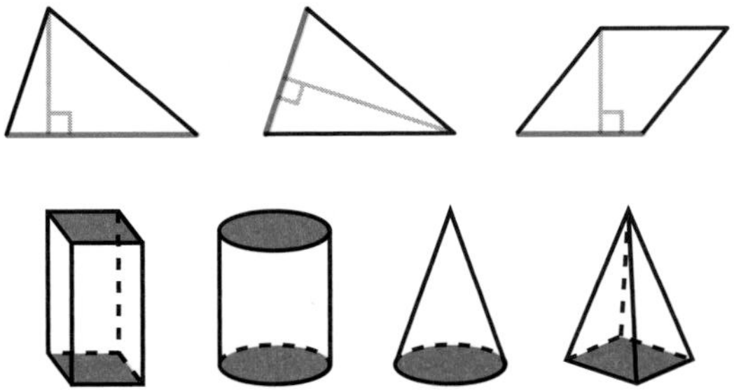

Las bases se muestran en rojo.

Bidimensional Que tiene longitud y ancho pero no grosor. Las figuras planas que ocupan un área pero no ocupan espacio son bidimensionales. Por ejemplo: los rectángulos, triángulos, círculos y otras figuras dibujadas sobre un papel o una superficie plana son bidimensionales.

C

Caja de coleccionar nombres En *Matemáticas diarias,* es un lugar para escribir *nombres equivalentes* de un mismo número.

50		
	$100 \div 2$	5×10
	$10 + 10 + 10 + 10 + 10$	
	1 más que 49	$25 + 25$
	cincuenta	*fifty*

caja de coleccionar nombres

Cálculo aproximado Una estimación aproximada que puede ayudarte a resolver un problema o comprobar una respuesta.

Capacidad (1) La cantidad que cabe en un recipiente. Es el *volumen* de un recipiente. La capacidad se suele medir en unidades como los galones, las pintas, las tazas y los litros. (2) El peso más pesado que puede medir una báscula.

Cara Una superficie plana en la parte de afuera de un cuerpo geométrico.

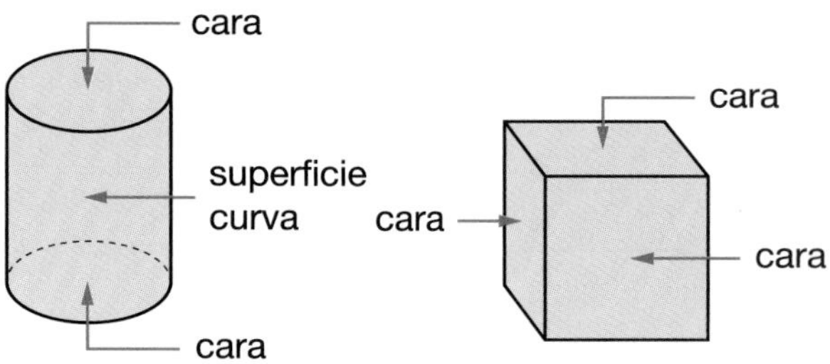

Celsius La escala de temperatura usada en el sistema métrico decimal.

Centro El punto del interior de un círculo o esfera que está a la misma distancia de todos los puntos del círculo o esfera.

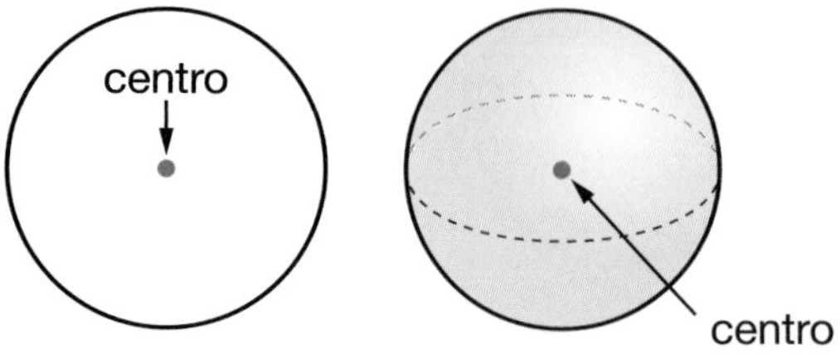

Cilindro Un cuerpo geométrico con dos *bases* circulares paralelas y del mismo tamaño que se conectan por una superficie curva. Una lata de sopa tiene forma de cilindro.

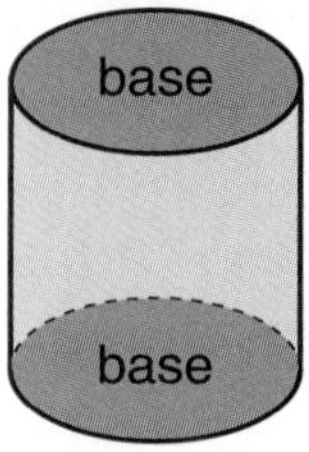

cilindro

Círculo Una línea curva que forma una trayectoria cerrada sobre una superficie plana, de tal forma que todos los puntos de la trayectoria están a la misma distancia de un punto llamado *centro*.

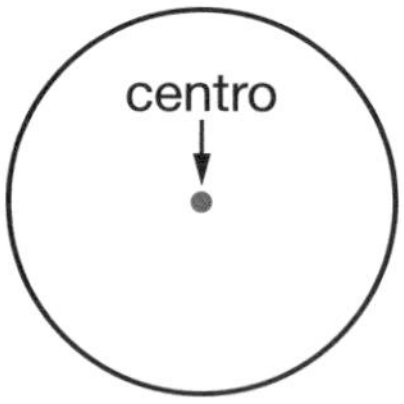

círculo

Circunferencia La distancia que rodea un círculo; el *perímetro* de un círculo.

Cometa Polígono de 4 lados con dos pares de lados iguales. Los lados iguales están uno junto al otro. Los cuatro lados no pueden tener el mismo largo. (Entonces, un rombo no es una cometa.)

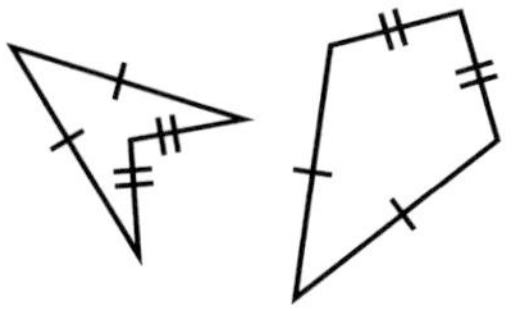

cometas

Cono Un cuerpo geométrico que tiene una *base* circular y una superficie curva que termina en un punto llamado *ápice.*

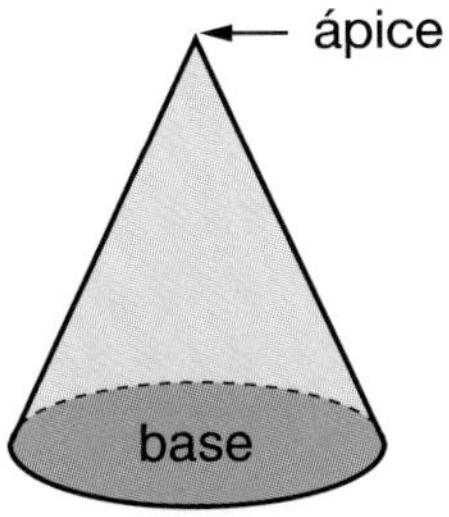

cono

Coordenadas Véase *par ordenado*.

Cuadrado Un *rectángulo* cuyos lados tienen todos el mismo largo.

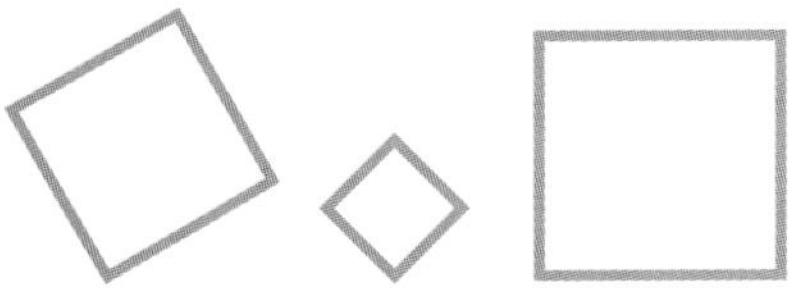

cuadrados

Cuadrángulo Un *polígono* que tiene cuatro ángulos. Es lo mismo que un *cuadrilátero.*

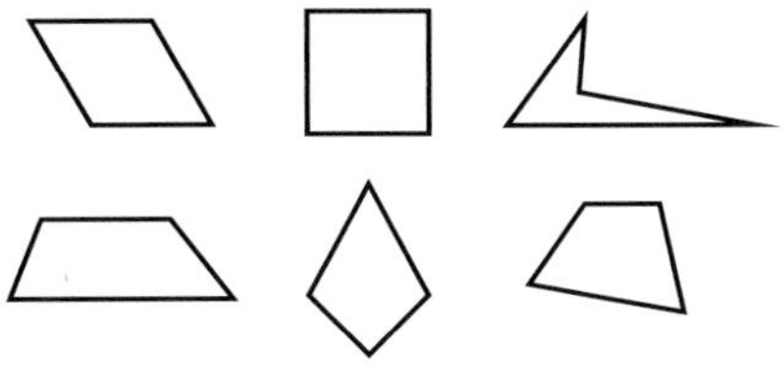

Cuadrícula o gráfica de coordenadas Gráfica que se forma dibujando dos rectas numéricas que forman ángulos rectos. Las rectas numéricas se intersecan en sus puntos cero. Puedes usar *pares ordenados* de números para localizar puntos en las gráficas de coordenadas. (Los números en cada par se llaman *coordenadas.*) Los mapas suelen basarse en gráficas de coordenadas.

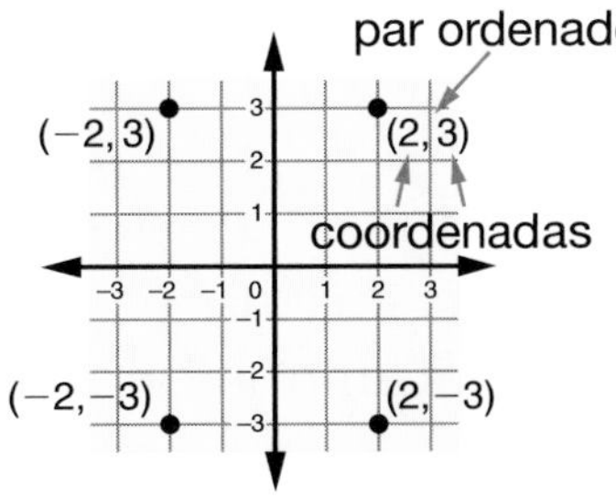

gráfica de coordenadas

Cuadrícula de números Una tabla con filas y columnas que enumera los números en orden. Un calendario mensual es un ejemplo de una cuadrícula de números.

Cuadrilátero Un *polígono* que tiene cuatro lados. Es lo mismo que un *cuadrángulo*.

Cuerpos geométricos Figuras tridimensionales, como prismas, pirámides, cilindros, conos y esferas.

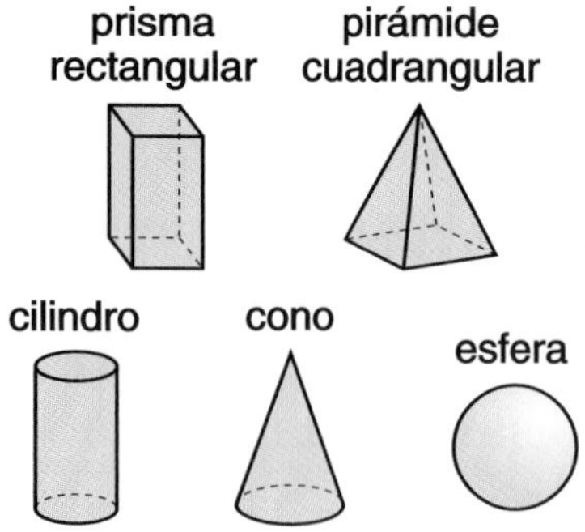

D

Datos Información que se recopila contando, midiendo, haciendo preguntas u observando.

Decimal Un número, como 23.4, que contiene un *punto decimal.* Las cantidades de dinero, como $6.58, son números decimales. El punto decimal en el dinero separa los dólares de los centavos.

Denominador El número que va debajo de la línea en una fracción. Por ejemplo: en $\frac{3}{4}$, 4 es el denominador.

Diagrama de puntos Un bosquejo de datos que usa X, palomitas u otras marcas sobre una recta numérica para mostrar cuántas veces aparece cada valor en una serie de datos.

Diámetro (1) Un segmento de recta que pasa por el centro de un círculo y cuyos extremos están en el círculo. (2) La longitud de este segmento de recta. El diámetro de una esfera se define de la misma manera. El diámetro de un círculo o una esfera es igual a dos veces el largo de su *radio.*

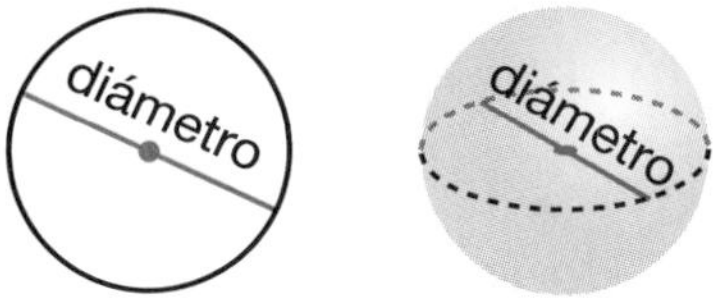

Dibujo a escala Un dibujo que representa un objeto o región reales pero de diferente tamaño. Los mapas son dibujos a escala. Los arquitectos y los constructores usan dibujos a escala.

Dígitos Los símbolos 0, 1, 2, 3, 4, 5, 6, 7, 8 y 9 que se usan para escribir cualquier número en nuestro sistema numérico.

E

Esfera Un cuerpo geométrico con una superficie curva que se parece a una pelota o a un globo. Todos los puntos en una esfera están a la misma distancia de un punto llamado *centro.* Véase *radio.*

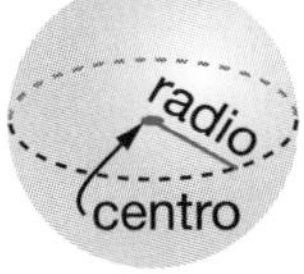

Estimación Una respuesta que debe acercarse a una respuesta exacta. *Estimar* significa dar una respuesta que debe acercarse a una respuesta exacta.

Extremo El punto al final de un *segmento de recta* o una *semirrecta.* Para darle nombre a un segmento de recta, deben usarse las letras que denominan cada extremo del segmento. Para darle nombre a una semirrecta, deben usarse la letra que denomina su extremo y una letra que denomine otro punto sobre la semirrecta.

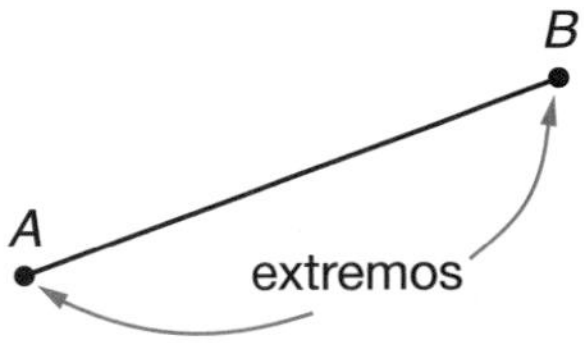

segmento de recta *AB* o *BA*

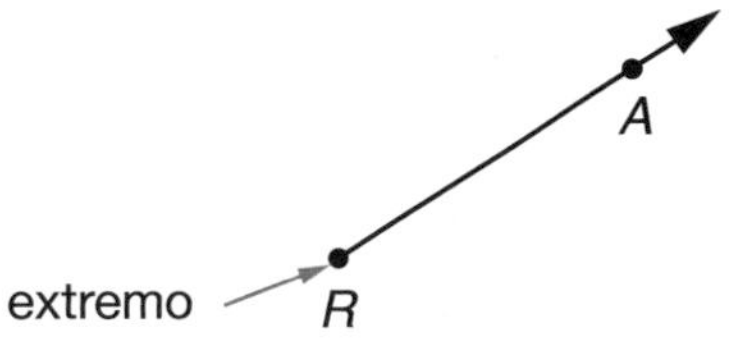

semirrecta *RA*

F

Factor (1) Cualquier número que se multiplica para hallar un producto. Por ejemplo: en $4 \times 7 = 28$, 28 es el producto y 4 y 7 son los factores. (2) Cualquier número que divide a otro número sin que haya residuo. Por ejemplo: 8 es un factor de 24 porque $24 \div 8 = 3$, sin residuo.

Fahrenheit La escala de temperatura usada en el sistema tradicional estadounidense.

Familia de operaciones (1) Un conjunto de operaciones básicas relacionadas de suma y resta. Por ejemplo: $5 + 6 = 11$, $6 + 5 = 11$, $11 - 5 = 6$ y $11 - 6 = 5$ forman una familia de operaciones. (2) Un conjunto de operaciones básicas relacionadas de multiplicación y división. Por ejemplo: $5 \times 7 = 35$, $7 \times 5 = 35$, $35 \div 5 = 7$ y $35 \div 7 = 5$ forman una familia de operaciones.

Figuras congruentes Figuras que tienen la misma forma y el mismo tamaño. Dos figuras sobre una superficie plana son congruentes si sus bordes coinciden perfectamente cuando se las superpone.

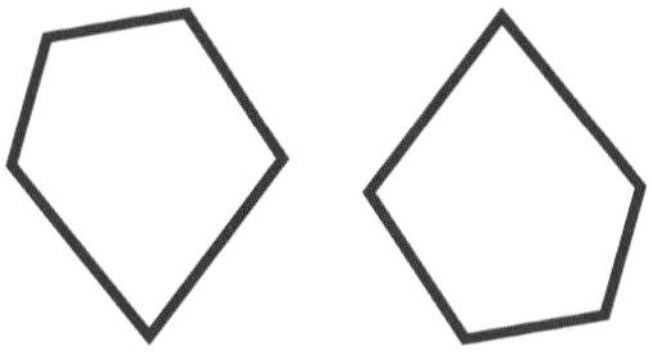

pentágonos congruentes

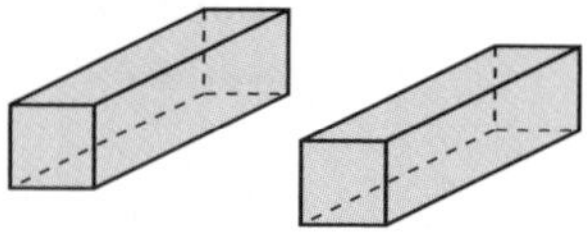

prismas congruentes

Fracción Un número con esta forma: $\frac{a}{b}$ o a/b. El número a se llama *numerador* y puede ser cualquier número cardinal o 0. El número b se llama *denominador* y puede ser cualquier número cardinal excepto 0. Uno de los usos de las fracciones es denominar una parte de un entero o una parte de una colección.

G

Geometría El estudio de las figuras.

Grado (°) (1) La unidad de medida para los ángulos. (2) Una unidad de medida para la temperatura. En ambos casos se usa un pequeño círculo elevado (°) para indicar grados.

Gráfica de barras Una gráfica que usa barras horizontales o verticales para representar datos.

Flexiones realizadas por estudiantes de tercer grado

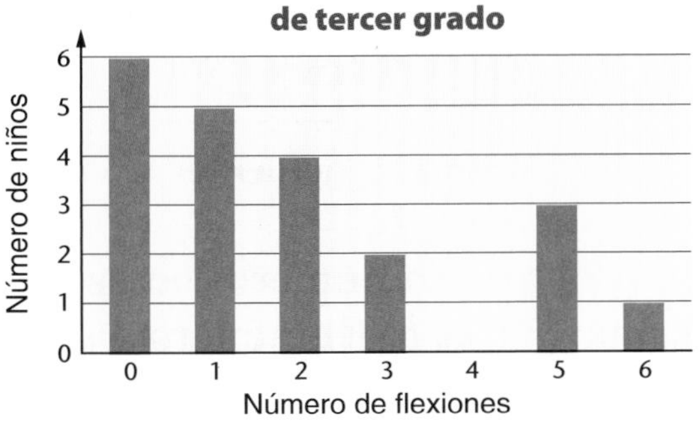

Gráfica lineal Una gráfica que usa segmentos de recta para conectar los puntos de los datos. Las gráficas lineales se suelen usar para mostrar cómo cambia algo con el transcurso del tiempo.

Temperatura exterior a las 2 p.m.

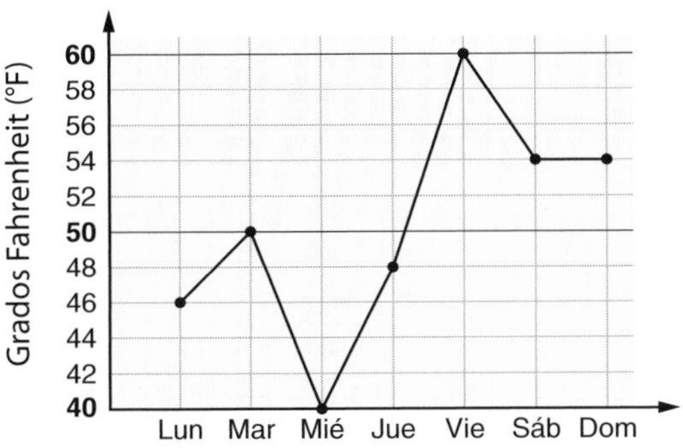

Grupos iguales Colecciones o grupos de objetos que contienen la misma cantidad de objetos. Por ejemplo: las cajas que contienen 100 clips cada una son grupos iguales. Y las filas de sillas con 6 sillas por fila son grupos iguales.

H

Historia de cambio Una historia de números donde una cantidad aumenta (historia de cambio a más) o disminuye (historia de cambio a menos). Se puede usar un diagrama de cambio para registrar los números y la información que falta en tales problemas.

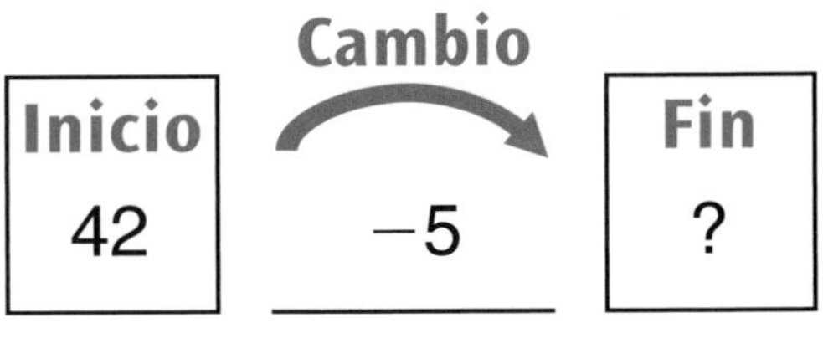

42 − 5 = ?

Historia de comparación Una historia de números en donde se comparan dos cantidades. Se puede usar un diagrama de comparación para registrar los números y la información que falta en tales problemas.

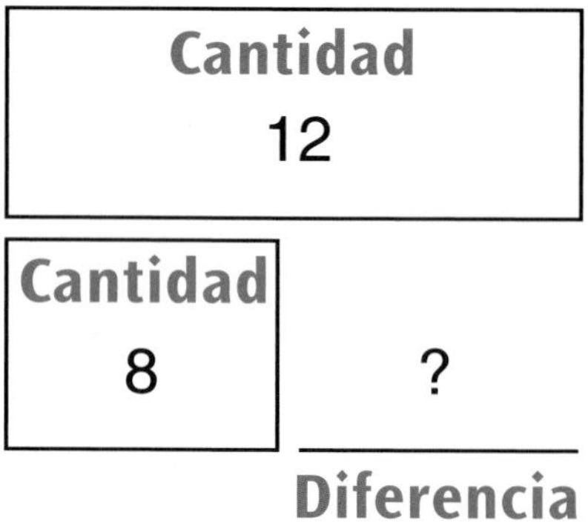

12 − 8 = ? ó 8 + ? = 12

Historia de las partes y el total Una historia de números en donde se combinan dos partes para hallar el total. Un diagrama de las partes y el total se usa para llevar un registro de los números y la información que falta en este tipo de problemas.

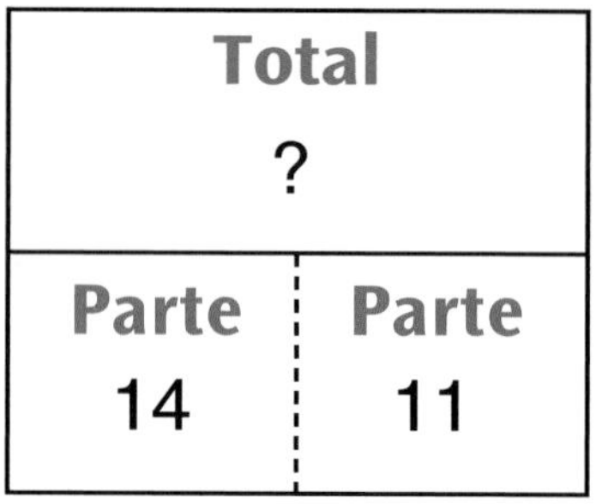

14 + 11 = ?

Historia de grupos iguales Una historia de números donde se divide una colección total en *grupos iguales*. Se puede usar un diagrama para registrar los números y la información que falta en este tipo de problemas.

equipos	jugadores por equipo	jugadores en total
?	9	54

Cada grupo tiene 9 jugadores. ¿Cuántos grupos se pueden formar con 54 jugadores?

Historia de partes iguales Una historia de números en donde un grupo de cosas se divide en partes iguales, llamadas *porciones*. Se puede usar un diagrama para registrar los números y la información que falta en este tipo de problemas.

niños	manzanas por niño	manzanas en total
4	?	24

Si se dividen 24 manzanas en porciones iguales entre 4 niños, ¿cuántas manzanas hay en cada porción?

I

Igualmente probable Dos o más sucesos que tienen la misma probabilidad de ocurrir. Por ejemplo: cuando lanzas un dado de 6 lados, cada lado tiene iguales probabilidades de caer boca arriba.

Intersecar Encontrarse o cruzarse.

segmentos secantes

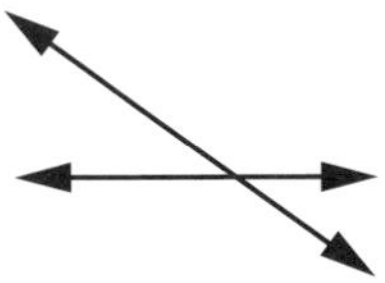

rectas secantes

L

Lado (1) Una de las semirrectas o segmentos que forman un ángulo. (2) Uno de los segmentos de recta de un polígono. (3) Una de las caras de un cuerpo geométrico.

M

Máquina de funciones Una máquina imaginaria usada en *Matemáticas diarias* para cambiar números de acuerdo con una regla dada.

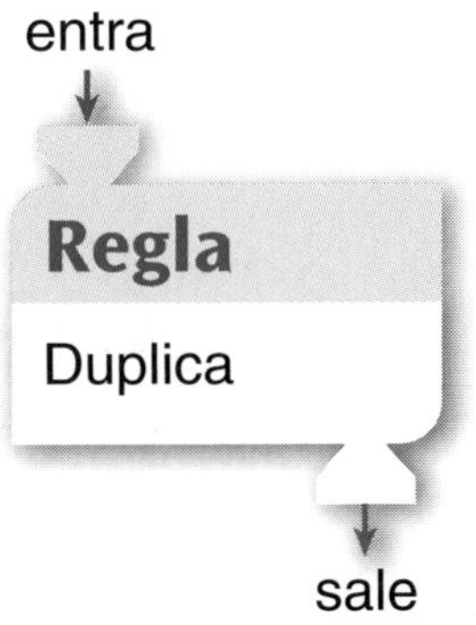

entra	sale
1	2
3	6
5	10
10	20
100	200

Marcos y flechas Un diagrama usado en *Matemáticas diarias* para mostrar un patrón o una secuencia de números.

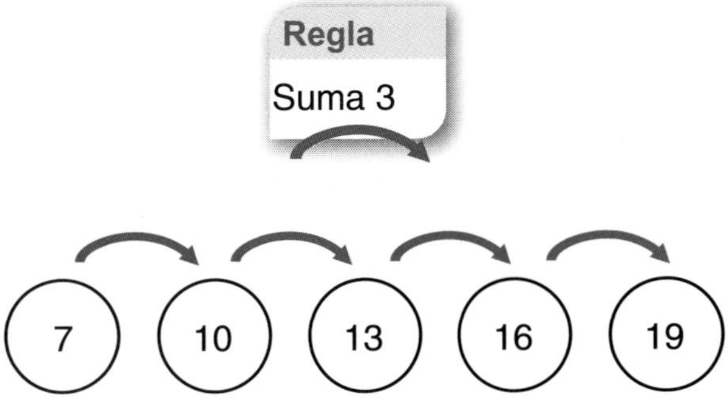

Matriz Una disposición de objetos en filas y columnas que forman un rectángulo. Todas las filas y las columnas deben estar completas. Cada fila tiene el mismo número de objetos. Y cada columna tiene el mismo número de objetos.

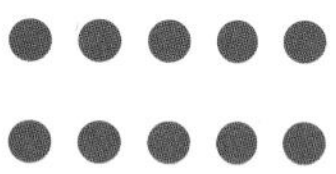

Matriz de 2 por 5
(2 filas, 5 columnas)

Máximo La cantidad más grande. El número mayor en un conjunto de datos.

Media El número *promedio* en un conjunto de datos. La media se halla al sumar el valor de todos los datos y después dividirlo entre el número de datos del conjunto.

Mediana El número de en medio en un conjunto de datos cuando los números están en orden de menor a mayor o de mayor a menor. La mediana también se llama *número de en medio* o *valor de en medio.*

Método de productos parciales Un método para resolver problemas de multiplicación.

Método de resta cambiando primero Un método para resolver problemas de resta.

Método de sumas parciales Un método para resolver problemas de suma.

Método reticulado Un método para resolver problemas de multiplicación.

Mínimo La cantidad más pequeña. El número menor en un conjunto de datos.

Moda El número o valor que aparece con más frecuencia en un conjunto de datos.

Modelo numérico Un grupo de números y símbolos que muestran cómo se puede resolver una historia de números. Por ejemplo, $10 - 6 = 4$ y $10 - 6$ son modelos numéricos para la siguiente historia:

Yo tenía 10 galletas. Regalé 6. ¿Cuántas me quedaron?

N

Nombres equivalentes Diferentes maneras de denominar el mismo número. Por ejemplo: $2 + 6$, $12 - 4$, 2×4, $16 \div 2$, $5 + 1 + 2$, ocho, VIII y 𝍸 ||| son nombres equivalentes para el 8.

Numerador El número situado sobre la línea en una fracción. Por ejemplo: en $\frac{3}{4}$, el numerador es 3.

Número compuesto Un número cardinal que tiene más de dos *factores* diferentes. Por ejemplo, 4 es un número compuesto porque tiene tres factores: 1, 2 y 4.

Número impar Un número cardinal que no puede dividirse exactamente entre 2. Cuando un número impar se divide entre 2, siempre hay un residuo de 1. Los números impares son 1, 3, 5, etc.

Número negativo Un número menor que cero. Un número que se ubica a la izquierda del cero sobre una recta numérica horizontal. Un número que se ubica debajo del cero sobre una recta numérica vertical. Puede usarse el símbolo – para escribir un número negativo. Por ejemplo: "5 negativo" se escribe frecuentemente -5.

Número par Un número cardinal que puede dividirse entre 2 sin residuo. Los números pares son 2, 4, 6, 8, etc.

Número positivo Un número mayor que cero. Un número que se ubica a la derecha del cero sobre una recta numérica horizontal. Un número que se ubica sobre el cero sobre una recta numérica vertical. Puede usarse el símbolo + para escribir un número positivo, aunque generalmente se omite. Por ejemplo: $+10 = 10$.

Número primo Un número cardinal con exactamente dos *factores* diferentes que son números cardinales: el propio número y 1. Por ejemplo, 5 es un número primo porque sus únicos factores son 5 y 1. El número 1 no es un número primo porque tiene un solo factor, él mismo.

Números cardinales Los números que usamos para contar: 1, 2, 3, 4, etc. A veces el cero se considera un número cardinal.

O

Operaciones en orden inverso Los números se pueden sumar o multiplicar en cualquier orden. $3 + 5 = 8$ y $5 + 3 = 8$ son operaciones de suma en orden inverso. $4 \times 5 = 20$ y $5 \times 4 = 20$ son operaciones de multiplicación en orden inverso. No hay operaciones en orden inverso de la resta ni de la división si los números son diferentes.

P

p.m. Una abreviatura que significa "después del mediodía". Se refiere al período entre el mediodía (12 p.m.) y la medianoche (12 a.m.).

Paralelogramo Un *polígono* de 4 lados cuyos lados opuestos son paralelos. Los lados opuestos de un paralelogramo son también del mismo largo. Y los ángulos opuestos en un paralelogramo tienen la misma medida.

paralelogramo

Paralelos Siempre separados por la misma distancia sin unirse ni cruzarse, sin importar cuánto se extiendan. Los segmentos de recta son paralelos si forman parte de rectas numéricas paralelas. Las bases de un prisma son paralelas. Las bases de un cilindro son paralelas.

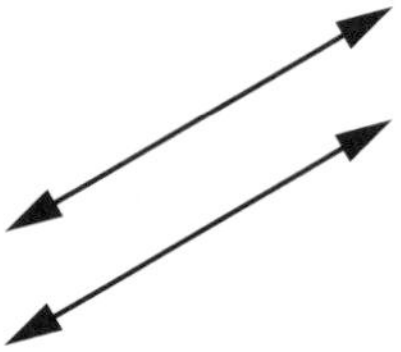

rectas paralelas

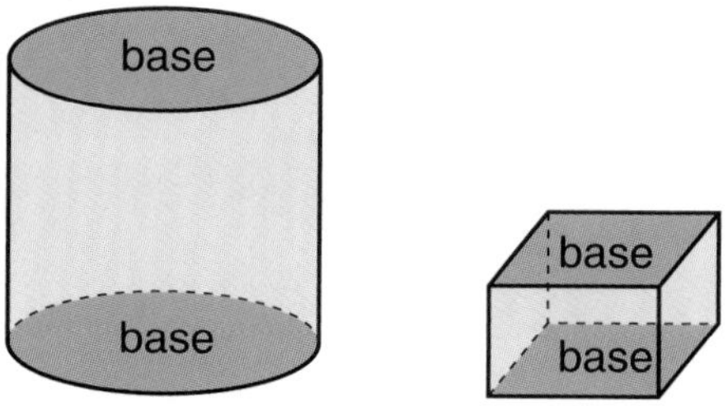

cilindro prisma rectangular

bases paralelas

Par ordenado Un par de números, como (5,3) o (1,4), que se usa para hallar una ubicación en una gráfica de coordenadas. Los números de un par ordenado se llaman *coordenadas*. Véase diagrama en *cuadrícula o gráfica de coordenadas.*

Patrón Figuras o números que se repiten de una manera regular, por lo que se puede predecir lo que sigue.

Perímetro La distancia que rodea un polígono u otra figura. El perímetro de un círculo es su *circunferencia.*

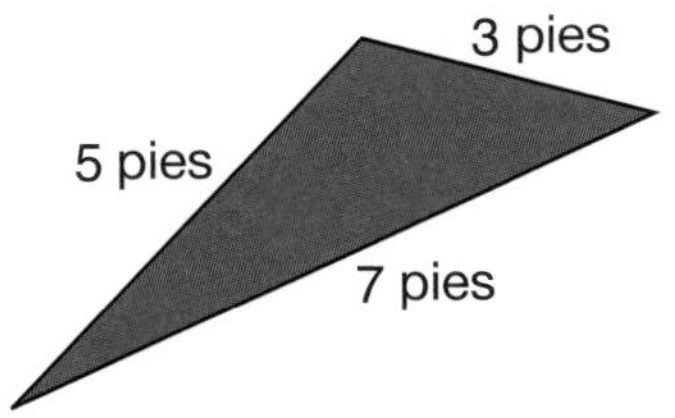

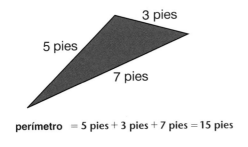

perímetro = 5 pies + 3 pies + 7 pies = 15 pies

Peso Una medida de lo pesado que es algo.

Pictograma Una gráfica que usa figuras para representar números. La *clave* en un pictograma indica el valor de cada figura o símbolo.

Número de autos lavados

Pirámide Un *poliedro* cuya *base* puede tener la forma de un polígono. Todas las demás caras son triángulos que se unen en un vértice llamado *ápice*. Las pirámides obtienen sus nombres de la forma de su base.

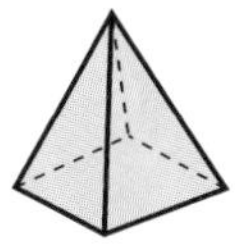

pirámide rectangular

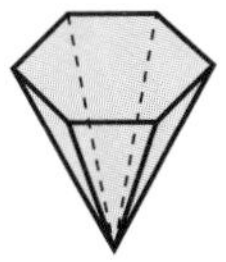

pirámide hexagonal

Poliedro Un cuerpo geométrico cuyas superficies (llamadas *caras*) son planas y están formadas por *polígonos*. Un poliedro no tiene superficies curvas.

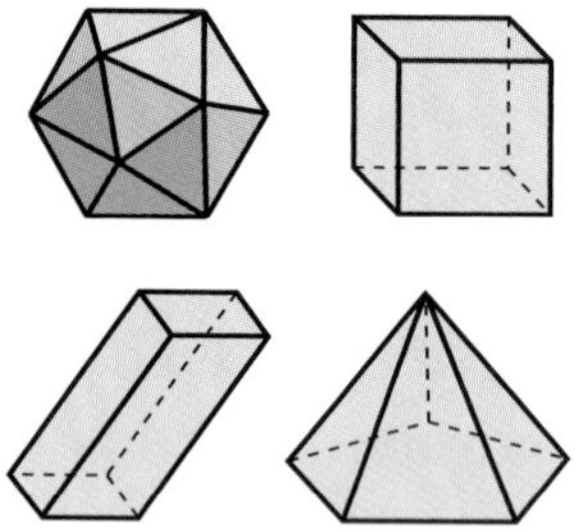

poliedros

Polígono Una figura cerrada en una superficie plana formada por segmentos de recta unidos de extremo a extremo. Los segmentos de recta de un polígono no se cruzan.

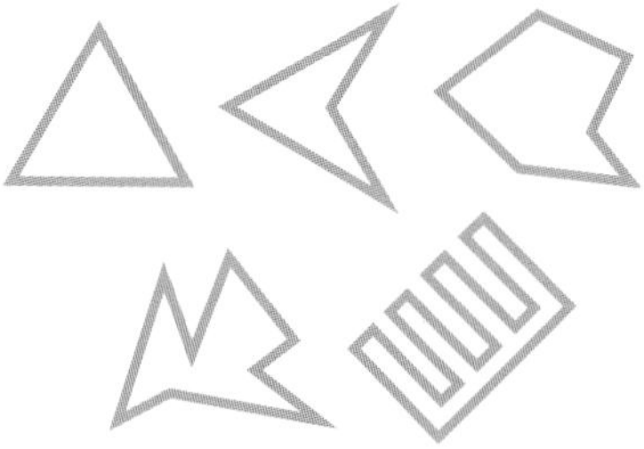

polígonos

Polígono regular Un *polígono* cuyos lados tienen el mismo largo y cuyos ángulos (internos) tienen el mismo tamaño.

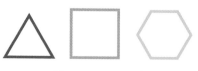

polígonos regulares

Por "Para cada" o "en cada". Por ejemplo: "tres boletos por estudiante" significa "tres boletos para cada estudiante".

Posibilidad Se aplica a algo que puede ocurrir. Por ejemplo: cuando lanzas una moneda, la posibilidad de que caiga en cara es igual a la posibilidad de que caiga en cruz.

Prisma Un *poliedro* con dos *bases* paralelas formadas por polígonos del mismo tamaño y forma. Las otras caras unen las bases y tienen forma de *paralelogramos*. A menudo son rectángulos. Los prismas obtienen su nombre de la forma de sus bases.

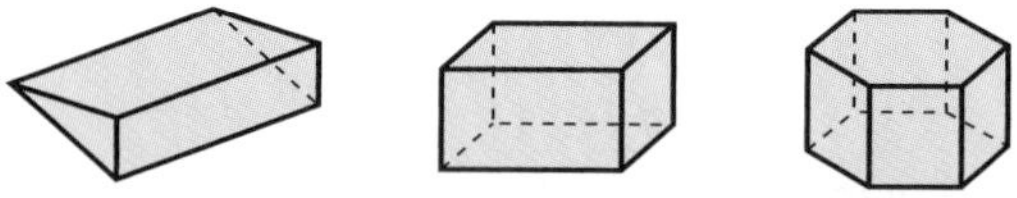

prisma triangular — prisma rectangular — prisma hexagonal

Probabilidad Un número entre 0 y 1 que se usa para expresar la *posibilidad* de que ocurra un *suceso*. Mientras más cercana a 1 sea la probabilidad, mayor es la posibilidad de que ocurra el suceso.

Promedio Véase *media*.

Punto Un lugar exacto en el espacio.

Punto decimal Un punto que se usa para separar el lugar que ocupan las unidades del lugar que ocupan las décimas en los números decimales.

R

Radio (1) Un segmento de recta desde el centro del círculo a cualquier punto de éste. (2) El largo de este segmento de recta. El radio de una esfera se define de la misma manera. El radio de un círculo o una esfera es igual a la mitad del largo de su *diámetro*.

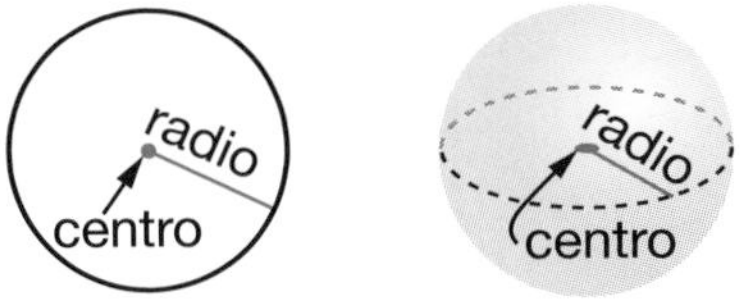

Rango La diferencia entre el número mayor (*máximo*) y el número menor (*mínimo*) en una serie de datos.

Recta Una línea recta que continúa indefinidamente en ambas direcciones.

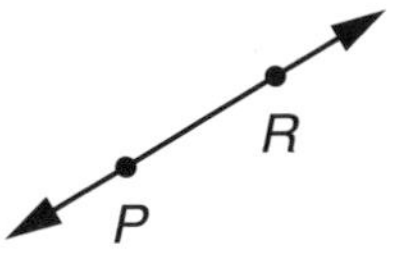

recta *PR* o *RP*

Recta numérica Una línea que tiene números marcados en orden.

Rectángulo Un *paralelogramo* cuyas esquinas son todas ángulos rectos.

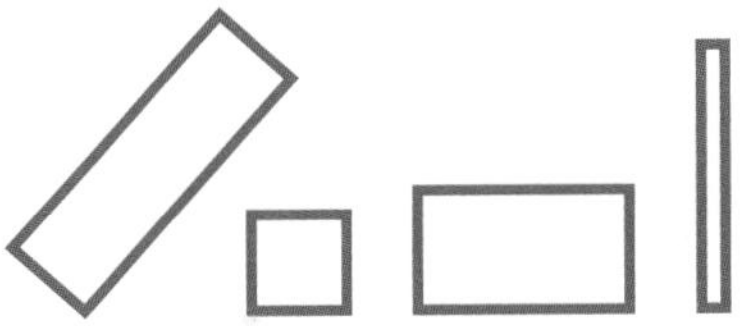

rectángulos

Redondear Ajustar un número para que sea más fácil trabajar con él. Frecuentemente, los números se redondean a la decena, centena, millar, etc. más cercanos. Por ejemplo: si se redondea el número 864 a la centena más cercana, se obtiene el número 900.

Residuo La cantidad que sobra cuando algo se divide o reparte en partes iguales. A veces no hay residuo.

Rombo Un *paralelogramo* con cuatro lados del mismo largo. Todos los cuadrados son rombos, pero no todos los rombos son cuadrados.

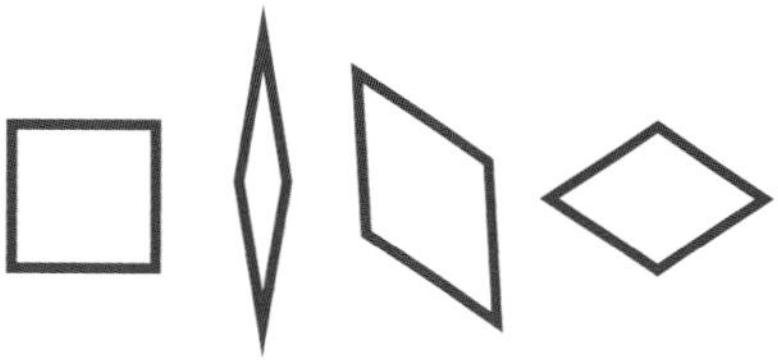

rombos

S

Segmento de recta Un sendero recto que conecta dos puntos. Estos puntos se denominan *extremos* del segmento.

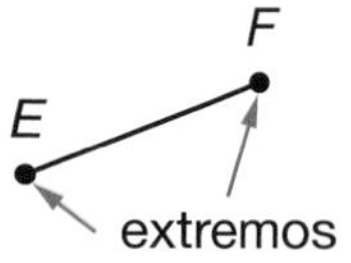

segmento de recta *EF* o *FE*

Semirrecta Un sendero recto que tiene un extremo y continúa indefinidamente.

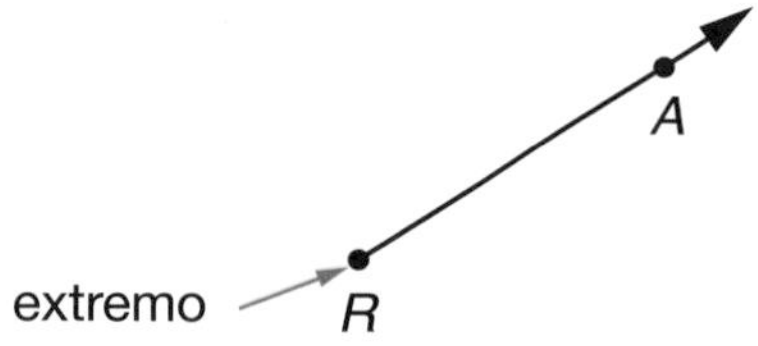

semirrecta *RA*

Simetría axial Una figura tiene simetría axial si puede dividirse con una línea en dos partes exactamente iguales, pero orientadas en direcciones opuestas. La línea divisoria se llama *eje de simetría.*

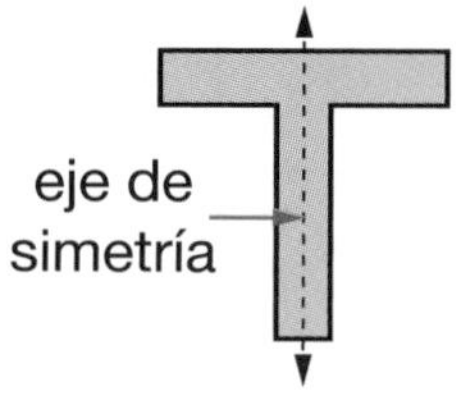

Sistema métrico decimal Un sistema de medida usado por científicos de todo el mundo y en la mayoría de los países, excepto en Estados Unidos. El sistema métrico es un sistema decimal. Se basa en múltiplos de 10. Véase las Tablas de medidas de las páginas 246 y 247.

Sistema tradicional de EE.UU. Un sistema de medidas que se usa más comúnmente en Estados Unidos. Véase las Tablas de medidas de la página 246.

Suceso Algo que pasa. Lanzar una moneda para que caiga en cara es un suceso. Tirar un dado y sacar un número menor que 5 es un suceso. La *probabilidad* de un suceso es la posibilidad de que ocurra.

T

Tabla de conteo Una tabla que usa marcas llamadas *marcas de conteo* para mostrar cuántas veces aparece cada valor en un conjunto de datos.

Número de flexiones	Número de niños
0	𝍸 /
1	𝍸
2	////
3	//
4	
5	///
6	/

Tabla de operaciones básicas Una tabla con filas y columnas que muestra todas las operaciones básicas de suma y resta o todas las operaciones básicas de multiplicación y división.

Temperatura Una medida de lo caliente o frío que está algo.

Trapecio Un *polígono* de 4 lados con exactamente un par de lados paralelos.

trapecios

Triángulo Un *polígono* que tiene 3 lados y 3 ángulos.

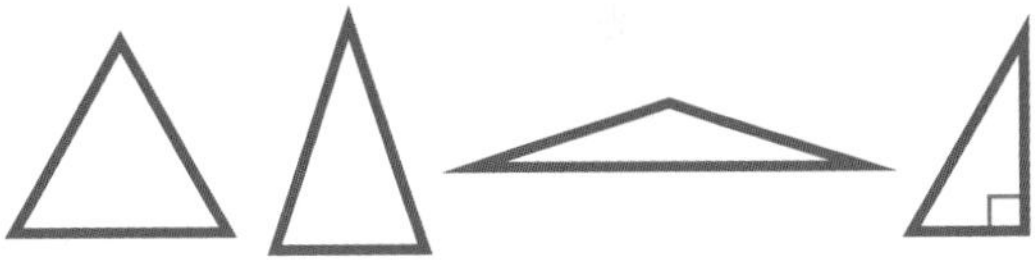

triángulos

Triángulo equilátero Un triángulo con los tres lados de la misma longitud. En un triángulo equilátero, los tres ángulos tienen la misma medida.

triángulo equilátero

Triángulo rectángulo Un triángulo con un ángulo de 90°.

triángulo rectángulo

Triángulos de operaciones Tarjetas con forma de triángulo que muestran *familias de operaciones*. Los Triángulos de operaciones se usan como tarjetas visuales que te ayudan a memorizar operaciones básicas de suma, resta, multiplicación y división.

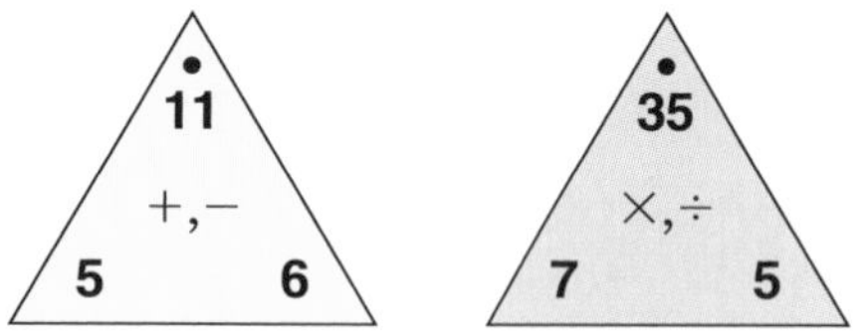

Tridimensional (3-D) Que tiene longitud, ancho y grosor. Los objetos sólidos que ocupan un lugar en el espacio, como pelotas, rocas, cajas y libros, son tridimensionales.

U

Unidades estándar Unidades de medida que tienen el mismo tamaño con independencia de quién las use y cuándo o dónde se usen.

V

Valor posicional Un sistema para escribir números en donde el valor de un dígito depende de su lugar en el número.

Vértice El punto donde se unen los lados de un ángulo, los lados de un polígono o las aristas de un poliedro; cualquier esquina en un cuerpo geométrico.

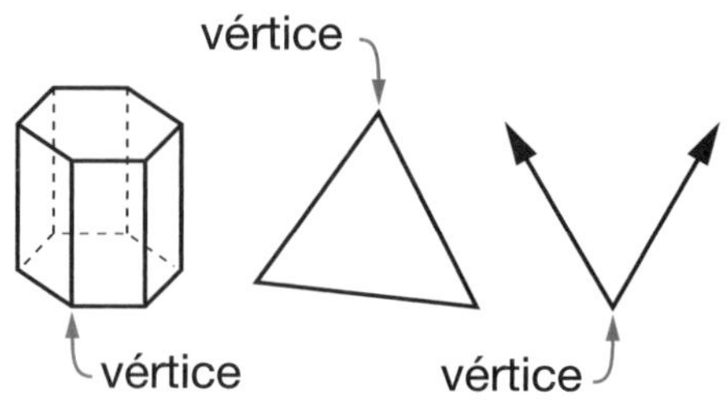

Volumen El espacio dentro de un objeto tridimensional. El volumen se mide en unidades cúbicas, como centímetros cúbicos o pulgadas cúbicas. El volumen o la *capacidad* de un recipiente es una medida de la cantidad que cabe en él. La capacidad se mide en unidades como los galones o los litros.

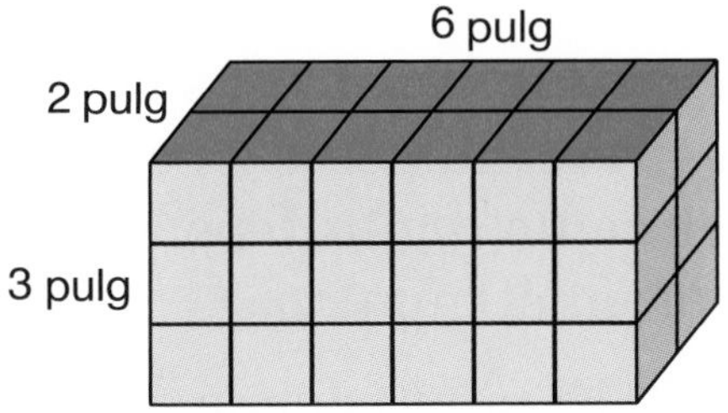

volumen = 36 pulgadas cúbicas

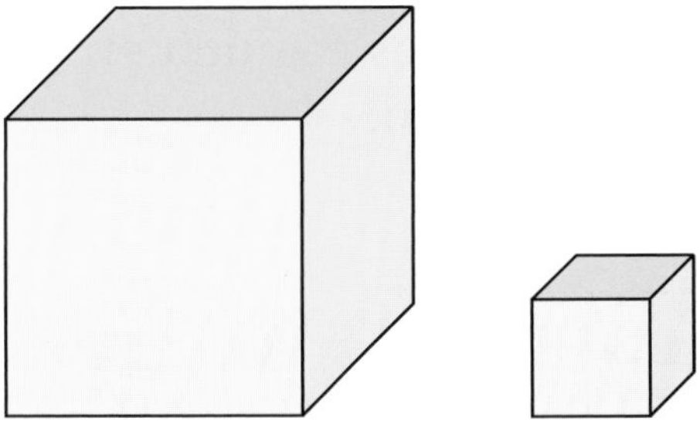

1 pulgada cúbica **1 centímetro cúbico**

Si el centímetro cúbico fuera hueco, podría contener exactamente 1 mililitro (1/1000 de litro).

Página 5

1. medir
2. código
3. contar
4. ubicación
5. comparar
6. medir
7. ubicación
8. medir
9. contar
10. comparar
11. ubicación
12. medir
13. ubicación
14. contar
15. ubicación
16. ubicación

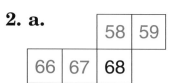

Página 9

1. a. 30

b. 25

c. 35

2. a.

		58	59
66	67	68	

b.

213		215	216
	224	225	

c.

	31		33	
40		42		44

Página 12

1. 30, $30\frac{1}{3}$, $30\frac{2}{3}$, 31, $31\frac{1}{3}$, $31\frac{2}{3}$, 32

2. 63, 63.2, 63.4, 63.6, 63.8, 64

Página 14

Ejemplo de respuestas: 3×4; 1.2×10; doce; $3 + 3 + 3 + 3$; $12 \div 1$

Página 15

1. 9

2. **6** Ejemplo de respuestas:

3×2 seis

$6 \div 1$

$9 - 3$ $1 + 5$

Página 17

1. $(20 - 12) + 5 = 13$

2. $30 = 5 + (5 \times 5)$

3. $4 \times (7 + 14) = 84$

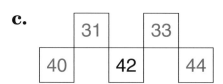

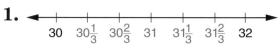

4. $16 = 2 \times (3 + 1) \times 2$

Página 21

1. 152, 162, 172, 182, 192, 202, 212, 222, 232, 242
2. 82,076
3. a. 4,789
   b. 8,890
4. a. 6,671
   b. 1,874
5. 753

Página 23

1. a. $\frac{5}{16}$
   b. $\frac{2}{3}$
   c. $\frac{4}{3}$
2. a. $\frac{1}{2}$; un medio
   b. $\frac{4}{9}$; cuatro novenos
   c. $\frac{6}{10}$; seis décimos
   d. $\frac{8}{8}$; ocho octavos

Página 25

1. 1 pulgada
2. $1\frac{1}{2}$ pulgadas
3. $1\frac{1}{4}$ pulgadas

Página 29

Ejemplo de respuestas: $\frac{2}{3}$; $\frac{4}{6}$; $\frac{8}{12}$; $\frac{40}{60}$; $\frac{200}{300}$

Página 32

1. $>$
2. $<$
3. $=$
4. $<$
5. $=$
6. $<$
7. se acerca a 0
8. se acerca a 1
9. se acerca a 1
10. se acerca a 0
11. se acerca a 0
12. se acerca a 1

Página 34

1. $\frac{80}{100}$; 0.80
2. $\frac{65}{100}$; 0.65

Página 36

1. 4.6
2. 0.6
3. 1.4

Página 51

1. $8 + 9 = 17$; $9 + 8 = 17$; $17 - 8 = 9$; $17 - 9 = 8$

2. $5 + 7 = 12$; $7 + 5 = 12$; $12 - 5 = 7$; $12 - 7 = 5$

3. $3 + 8 = 11$; $8 + 3 = 11$; $11 - 3 = 8$; $11 - 8 = 3$

4. $9 + 9 = 18$; $18 - 9 = 9$

Página 53

1. $8 \times 9 = 72$; $9 \times 8 = 72$; $72 \div 8 = 9$; $72 \div 9 = 8$

2. $5 \times 7 = 35$; $7 \times 5 = 35$; $35 \div 5 = 7$; $35 \div 7 = 5$

3. $3 \times 8 = 24$; $8 \times 3 = 24$; $24 \div 3 = 8$; $24 \div 8 = 3$

4. $9 \times 9 = 81$; $81 \div 9 = 9$

Página 55

1. a. $4 + 9 = 13$

$9 + 4 = 13$

$13 - 4 = 9$

$13 - 9 = 4$

b. $6 \times 8 = 48$

$8 \times 6 = 48$

$48 \div 6 = 8$

$48 \div 8 = 6$

2. a.

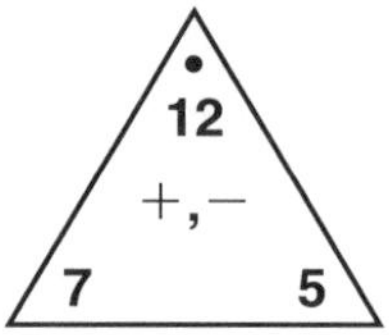

b.

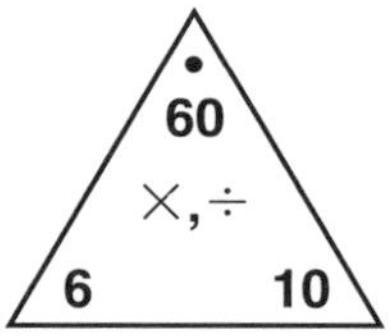

Página 57

1. 96

2. 122

3. 579

4. 801

Página 60

1. 38

2. 17

3. 176

4. 151

Página 63

1. 57

2. 172

3. 384

4. 372

Página 67

1. 32 sillas

2. **a.** $4 \times 5 = 20$

   b. $3 \times 9 = 27$

Página 69

1. 222
2. 406
3. 11,018
4. 2,346

Página 72

1.

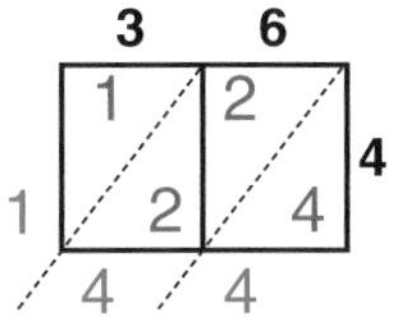

$4 \times 36 =$ 144

2.

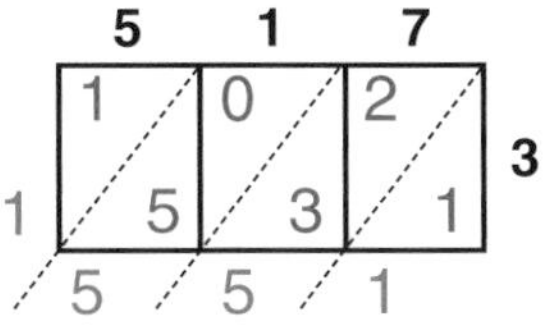

$3 \times 517 =$ 1,551

3.

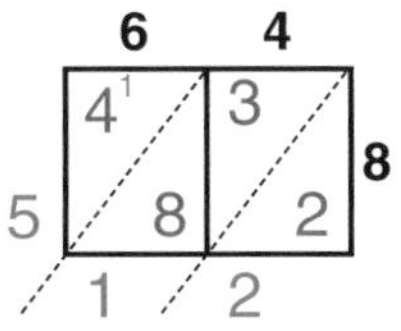

$64 \times 8 =$ 512

4.

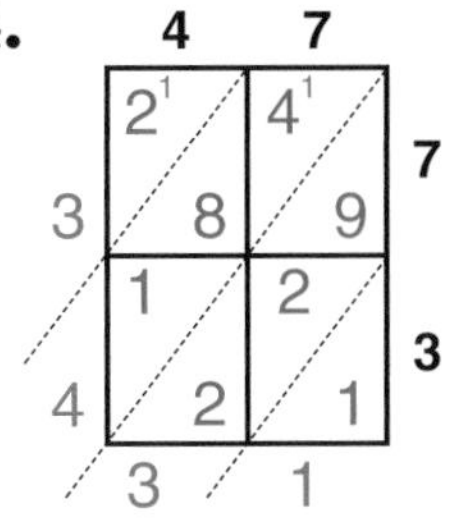

$47 \times 73 =$ 3,431

Página 76

1. 3
2. jugo de tomate; agua

Página 78

1. **a.** viernes

   b. martes

   c. 4 niños

   d. 25 niños

2.

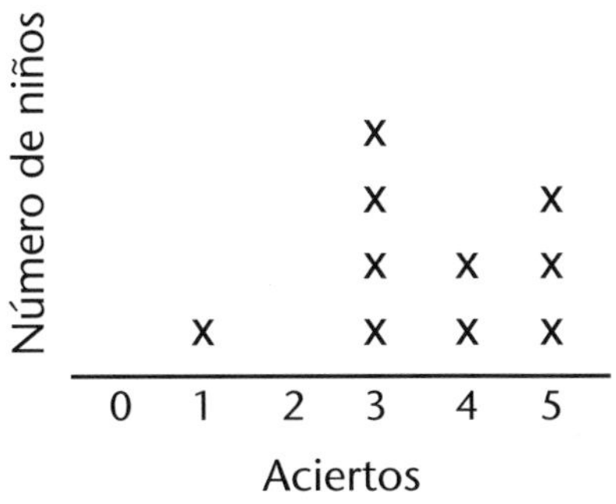

Página 82

1. Mínimo: 23

   Máximo: 45

   Rango: 22

2. a. Mínimo: 0

Máximo: 10

Rango: 10

b. 6

c. 7

3. 6

Página 85

1. 16

2. 8

Página 91

1. a. 60°F

b. 40°F

c. sábado y domingo

d. alrededor de 50°F porque ésa es la temperatura mediana (La temperatura media es aproximadamente 50.3°F.)

e. 7

2.

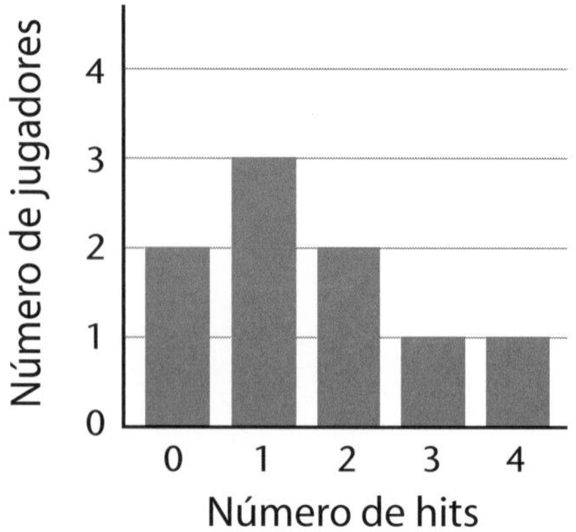

Página 103

1. a. hexágono

b. cuadrángulo o cuadrilátero

c. decágono

d. octágono

e. dodecágono

2. Ejemplo de respuestas:

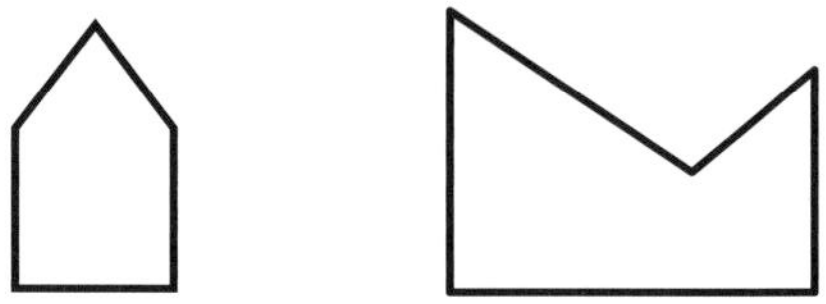

Página 111

1. 1 pulg

2. $1\frac{1}{4}$ pulg

3. $\frac{1}{2}$ pulg

4. 1 cm

5. 3 cm

6. 2 cm

Página 121

triángulo C

Página 123

1.

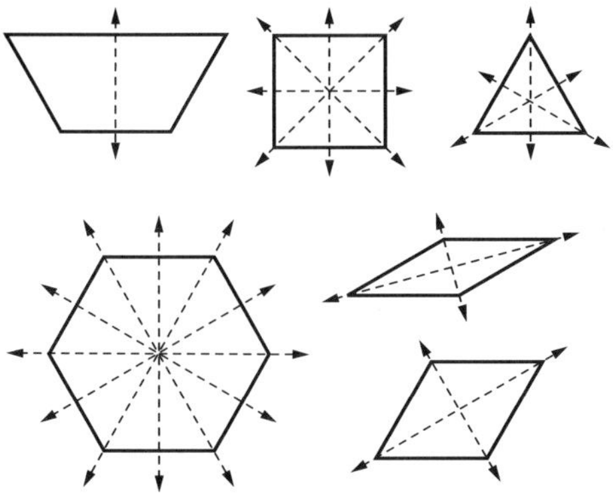

2. infinitos; toda recta que pasa por el centro del círculo es un eje de simetría

Página 136

1. **a.** 100

   b. 10

   c. 1,000

2. milímetro; gramo; metro; centímetro

3. **a.** un segmento de recta de 4 cm

   b. un segmento de recta de 40 mm

   c. Ambos segmentos de recta tienen el mismo largo.

Página 142

1. 10,000 metros

2. **a.** 300 cm

   b. 350 cm

3. 4 cm

4. metros

5. **a.** 2 km

   b. 2,000 m

6. aproximadamente 2.5 cm (25 mm), porque un *dime* mide aproximadamente 1 mm de grosor.

Página 145

1.

2. $2\frac{3}{4}$ pulg

3. **a.** $\frac{1}{2}$ pulg

   b. 1 pulg

   c. $1\frac{3}{4}$ pulg

   d. $2\frac{3}{8}$ pulg

   e. $3\frac{1}{8}$ pulg

   f. $3\frac{1}{2}$ pulg

Página 149

1. **a.** 21

   b. 24

   c. 2

   d. 72

2. 63 pulg

3. 12

4. 100 yardas; 300 pies

5. 6 millas

Página 151

1. 15 pies

2. 60 mm

3. 39 pulg

Página 153

1. alrededor de 21 mm

2. alrededor de 63 mm

3. *dime*

4. alrededor de 36 pulg

Página 156

1. 14 cm cuadrados

2. 27 pulg cuadradas.

3. 1 metro cuadrado, porque 1 metro es más largo que 1 yarda (véase página 142)

Página 159

1. 1 metro cúbico, porque 1 metro es más largo que 1 yarda (véase página 142)

2. a. 9 centímetros cúbicos

b. 10 pulg cúbicas

c. 60 pies cúbicos

Página 161

1. a. 20

b. 4

c. 3

2. alrededor de 40 tazas

Página 163

Sí. 1 libra = 16 onzas. 1 onza es aproximadamente igual a 30 gramos. Así que 1 libra es aproximadamente 16 × 30 gramos, o sea, 480 gramos.

Página 164

1. 1 gramo; 1 onza; 1 libra; 1 kilogramo

2. a. 1

b. 1

c. 1,000

d. 0.6

e. 160

f. 4

3. la precisión de la balanza

Página 173

1. **a.** 100
   b. 32
   c. 98.6
   d. alrededor de 20
   e. −18
2. 38°F
3. 80°C
4. 38°F

Página 175

1. antes del mediodía y después del mediodía
2. 12:00 a.m.; 2:55 a.m.; 4:15 a.m.; 10:50 a.m.; 12:00 p.m.; 3:05 p.m.; 7:30 p.m.; 9:45 p.m.
3. 10 años
4. 300 años
5. 24
6. 28
7. 3,600 segundos

Página 177

1. enero; marzo; mayo; julio; agosto; octubre; diciembre
2. jueves
3. 26 de mayo
4. viernes, 6 de junio

Página 179

1. del 21 de marzo al 20 de junio al norte del ecuador; del 22 de septiembre al 21 de diciembre al sur del ecuador
2. Houston tiene cerca de 4 horas más de luz solar que Seward el 22 de diciembre.

Página 181

1. **a.** B
   b. J
2. **a.** (2,2)
   b. (5,7)
3. **a.** (1,2)
   b. (6,4)
   c. (5,0)
   d. (3,1)
   e. $(4, 5\frac{1}{2})$
   f. $(1\frac{1}{2}, 4\frac{1}{2})$

Página 194

1. 80
2. 30
3. 90
4. 600
5. 4,000
6. 300 + 50 = 350

Página 197

1. 

2. 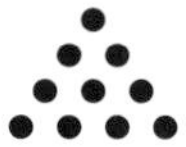

Página 229

1. pelota de croquet, pelota de baloncesto, pelota de boliche
2. pelota de boliche
3. sí, salvo las pelotas de croquet

Página 238

1. alrededor de 500 (2,562 – 2,072)
2. alrededor de 600 (896 – 272)

Página 239

1. A, E, N, O y T
2. J, K, Q, X y Z
3. 82 + 130 + 65 + 80 + 25 = 382

Página 242

1. Theodore Roosevelt
2. Ronald Reagan

Página 252

1. Cada amigo recibió 5 *pennies*.
2. El perímetro del rectángulo es 50 cm.
3. Cada marcador costó 14¢.
4. Los números son 3 y 4.
5. Hay 14 varones en la clase.

Página 257

Total	
80	
Parte	**Parte**
36	?

Ulla leyó durante 44 minutos.

Página 266

1. 7
2. 12
3. 30
4. 8
5. 5, 8, 11, 14, 17, 20
6. 10, 8, 6, 4, 2, 0

A

B

C

N

O

P

Q

R

S

Photo Credits

©Theo Allofs/Corbis, p.127 *top*; ©Bettmann/Corbis, p.185 *right*; p.186 *top left*; ©Jonathan Blair/Corbis, p.209 *top*; ©Ed Bock/Corbis, p.235; ©Tom Brakefiel/Getty Images, p.207 *bottom*; ©The British Museum, p.46 *top*; ©José Manuel Sanchis Calvete/Corbis, p.187 *top*; ©Laurie Campbell/Getty Images, p.206 *bottom*; ©Steve Carp, pp.133, 150; ©Ralph A. Clevenger/Corbis, p.174 *bottom*; ©Clouds Hill Imaging Ltd./Corbis, p.125 *center*; p.129 *top right*; ©Corbis, p.45 *center left*; p.126 *top* and *center*; p.130 *top left*; p.183 *bottom*; ©Richard Cummins/Corbis, p.129 *center*; ©DK Limited/Corbis, p.209 *center*; ©Bob Daemmrich/Photo Edit, p.40; ©W. Treat Davidson/Photo Researchers, Inc., p.219 *bottom*; ©Tim Davis/Getty Images, p.128 *center inset*; ©Araldo de Luca/Corbis, p.45 *top*, p.186 *bottom right*; ©Goupy Didier/Coribs, p.207 *top*; ©Don Farrall/Getty Images, p.233; ©Felix/Zefa/Corbis, p.130 *top right*; ©Peter M. Fisher/Corbis, p.188 *top*; ©Tim Flach/Getty Images, Cover; ©D. Fleethan/OSF, p.218 *top left*; ©Natalie Fobes/Corbis, p.206, *bottom inset*, p.208 *bottom inset*; ©Tony Freeman/Photo Edit, p.78; ©GC Minerals/Alamy, p.129 *top left*; ©Jeff Greenberg/Index Stock, p.104 *bottom*; ©Christel Gerstenberg/Corbis, p.46 *bottom left*; ©Getty Images, Cover, *bottom left*; v, vi, vii; p.127 *center*; p.128 *bottom*; ©Todd Gipstein/Corbis, p.47 *center*; ©Darrell Gulin/Corbis, p.130 *bottom*; ©Handout/Reuters/Corbis, p.45 *center right*; ©Martin Harvey/Corbis, p.206 *top inset*; ©Inglolf Hatz/Zefa/Corbis, p.186 *top right*; ©Jason Hawkes/Corbis, p.104 *bottom right*, 184 *top*; ©Sharon Hoogstraten, pp.25, 142, 144, 145, 152, 160, 172, 216 *bottom right*, 217 *top right*, 251, 255, 307; ©Kit Houghton/Corbis, p.207 *bottom inset*; ©Mimmo Jodice/Corbis, p.104 top; ©Dmitry Kessel/Stringer/Getty Images, p.185 *top*; ©Nick Koudis/Getty Images, p.45 *bottom*; ©LWA-JDC/Corbis, p.43 *bottom*; ©Frans Lanting/Corbis, p.130 *bottom inset*; ©David Lees/Corbis, p.44 *top*; ©Charles and Josette Lenars/Corbis, p.113; ©George D. Lepp/Photo Researchers, p.218 *second from top*; ©Library of Congress, p.242; ©Renee Lynn/Getty Images, p.128 *center*; ©Tom McHugh/Photo Researchers, Inc., p.209 *bottom*; ©Jean Mahaux/Getty Images, p.192; ©Leo Meier/Australian Picture Library/Corbis, p.206 *top inset*; ©Lawrence Migdale/Getty Images, p.82; ©Roy Morsch/Corbis, p.208 *bottom*; ©NASA/Corbis, pp.118 *bottom center*, 128 *top*; ©C. Netscher/Corbis, p.186 *bottom left*; ©Eric Nguyen/Jim Reed Photography, p.129 *bottom*; ©R. Andrew Odum/Peter Arnold, Inc., p.218 *bottom left*; ©Darren Padgham/Getty Images, p.113; ©photolibrary.com, p.48 *right*; ©Judd Pilossof/Getty Images, p.76 *center*; ©Carl and Ann Purcell/Corbis, p.47 *top*; ©H. Reinhard/Zefa/Corbis, p.126 *bottom left*; ©Roger Ressmeyer/Corbis, p.125 *bottom*; p.183 *right*; ©Joel W. Rogers/Corbis, p.188 *bottom*; ©Norbert Rosing/Getty Images, p.210 *right*; ©Anderson Ross/Getty Images, p.3; ©Kjell B. Sandved/Visuals Unlimited, p.219 *third from top*; ©E. Sauer/Zefa/Corbis, p.130 *center*; ©Scala/Art Resource, NY, p.46 *bottom right*; ©Kevin Schafer/Corbis, p.127 *bottom*; ©Science Museum, p.48 *left*, p.185 *bottom*; p.187 *center* and *bottom*; ©Ariel Skelley/Corbis, p.43 *center left*; ©Don Smetzer/Photo Edit, p.40; ©Paul A. Souders/Corbis, p.205 *top*; p.208 *top*; ©Ruben Sprich/Reuters/Corbis, p.175; ©SSPL/The Image Works, p.72; ©Chase Swift/Corbis, p.183 *top*; ©Steve Terrill/Corbis, p.128 *bottom inset*; ©Tom Thistlethwaite/Corbis, p.113; ©David Turnley/Corbis, p.47 *bottom*; ©Vanni Archive/Corbis, p.184, *center*; ©Kennan Ward/Corbis, p.210 *left*; ©Michele Westmoreland/Corbis, p.44 *bottom*; ©Staffan Widstrand/Corbis, p.174 *top*.